我国经济高质量发展
驱动力研究
—— 基于科技创新视角

黄珏群◎著

DRIVING FORCE

吉林大学出版社

·长春·

图书在版编目（CIP）数据

我国经济高质量发展驱动力研究：基于科技创新视角 / 黄珏群著 . -- 长春：吉林大学出版社，2022.7（2024.4重印）
ISBN 978-7-5768-0096-8

Ⅰ.①我… Ⅱ.①黄… Ⅲ.①中国经济—经济发展—研究 Ⅳ.① F124

中国版本图书馆 CIP 数据核字（2022）第 136415 号

书　　名：我国经济高质量发展驱动力研究——基于科技创新视角
　　　　　WO GUO JINGJI GAOZHILIANG FAZHAN QUDONGLI YANJIU
　　　　　——JIYU KEJI CHUANGXIN SHIJIAO

作　　者：黄珏群　著
策划编辑：李伟华
责任编辑：李伟华
责任校对：蔡玉奎
装帧设计：中北传媒
出版发行：吉林大学出版社
社　　址：长春市人民大街 4059 号
邮政编码：130021
发行电话：0431-89580028/29/21
网　　址：http://www.jlup.com.cn
电子邮箱：jldxcbs@sina.com
印　　刷：廊坊市海涛印刷有限公司
开　　本：710mm × 1000mm　　1/16
印　　张：16.75
字　　数：250 千字
版　　次：2022 年 7 月　第 1 版
印　　次：2024 年 4 月　第 2 次
书　　号：ISBN 978-7-5768-0096-8
定　　价：82.00 元

前　言

以经济建设为中心是兴国之要，经济发展是解决我国所有问题的关键。只有推动经济持续健康地发展，才能筑牢国家繁荣富强、人民幸福安康、社会和谐稳定的物质基础。科学技术作为先进生产力的重要标志，对于推动社会生产力的发展有着非常重要的作用。

基于此，本书以"我国经济高质量发展驱动力研究——基于科技创新视角"为选题，在内容编排上共设置七章：第一章，我国经济高质量发展概述，内容涵盖经济高质量发展的内涵阐释、经济高质量发展的体系建设、经济高质量发展的指标体系、推动我国经济高质量发展的保障措施；第二章，经济高质量发展与科技创新，内容包括经济新常态下科技创新驱动机制、科技创新与金融发展的协同关系，以及新时期科技创新的趋势与对策；第三章，科技创新驱动经济高质量发展的国际经验借鉴，重点对科技创新驱动经济高质量发展的国际概况、科技创新驱动经济高质量发展的国际经验、国际科技园区的发展经验对我国的重要启示进行探讨；第四章，科技创新载体的发展研究，围绕科技创新载体的发展概况、功能与组成要素、科技创新载体的未来发展策略来探讨科技创新载体的发展前景；第五章，科技创新资源的建设与发展研究，主要涉及科技创新资源的内涵阐释、服务平台的构建、成效与市场化模式，以及科技创新资源开放共享机制的构建目标与策略；第六章，科技创新的人才培养与团队建设，内容涉及科技创新人才的内涵阐释、培养流程、职业发展，以及科研创新的团队建设；第七章对科技创新能力评价及其指标体系、税收政策对科技创新研究的影响进行论述。

笔者在撰写本书的过程中，得到了专家学者的帮助和指导，在此一并表示诚挚的谢意。由于笔者的水平有限，加之时间仓促，书中所涉及的内容难免有疏漏之处，希望各位读者多提宝贵意见，以使笔者对内容做进一步的订正和完善。

目　录

第一章　我国经济高质量发展概述 ·· **001**

第一节　经济高质量发展的内涵阐释 ···································· 001

第二节　经济高质量发展的体系建设 ···································· 005

第三节　经济高质量发展的指标体系 ···································· 022

第四节　推动我国经济高质量发展的保障措施 ···················· 028

第二章　经济高质量发展与科技创新 ·································· **031**

第一节　经济新常态下科技创新驱动机制 ························· 031

第二节　科技创新与金融发展的协同关系 ························· 051

第三节　新时期科技创新的趋势与对策 ···························· 085

第三章　科技创新驱动经济高质量发展的国际经验借鉴 ·········· **090**

第一节　科技创新驱动经济高质量发展的国际概况 ·········· 090

第二节　科技创新驱动经济高质量发展的国际经验 ·········· 094

第三节　国际科技园区的发展经验对我国的重要启示 ········ 114

第四章　科技创新载体的发展研究 ·································· **118**

第一节　科技创新载体的发展概况 ···································· 118

第二节　科技创新载体的功能与组成要素 ························· 143

第三节　科技创新载体的未来发展策略 ···························· 158

第五章　科技创新资源的建设与发展研究　·······································**165**

　　第一节　科技创新资源的内涵阐释　·······························　165

　　第二节　科技创新资源服务平台的构建　·······················　168

　　第三节　科技创新资源服务平台的成效与市场化模式　·······　182

　　第四节　科技创新资源开放共享机制的构建目标与策略　·····　186

第六章　科技创新的人才培养与团队建设　···························**192**

　　第一节　科技创新人才的内涵阐释　·······························　192

　　第二节　科技创新人才的培养流程　·······························　195

　　第三节　科技创新人才的职业发展　·······························　209

　　第四节　科研创新的团队建设　···································　213

第七章　科技创新能力评价与税收政策研究　·····················**221**

　　第一节　科技创新能力评价及其指标体系　·······················　221

　　第二节　税收政策对科技创新研究的影响　·······················　236

结束语　···**253**

参考文献　···**254**

第一章　我国经济高质量发展概述

第一节　经济高质量发展的内涵阐释

随着社会经济的发展，人类因为不同的需求，进行不同的经济活动。经济活动产生供给关系与体系，而供给体系的质量、效率和稳定性高是经济高质量发展的根本保障。

一、发展

发展在不同领域的学科中，有着不同的解释，如哲学领域认为：发展主要指的是事物在不停地运动，会逐渐由低层过渡到高层，由量变积累变成质变，其宗旨是新的事物代替旧的事物。广义的发展是从世界观层面来看待的，是事物运动的普遍现象，在事物上升和进化中产生运动变化的过程；狭义的发展专指一个社会或某一社会的运动变化。

发展主要有两层含义：①特指经济增长，包括经济总量的增加、国民生产总值的增长以及人均 GDP 的增长；②"发展"是经济增长基础上的政治、文化、社会、法律、观念、习俗等一系列制度的变革，是数量增长基础上的效率、结构、体制的变革和改善，包括发展理念、发展方式、发展目标、发展战略的调整和变动，也包括经济内部效率和结构的改善、制度和技术的变迁，最终达到人与自然的和谐、人与社会的和谐（平等、公正的社会关系）。

当生态、道德等方面随着以物质为基础的增长而出现不同的危机，人类也由此全面地考虑发展的含义，最终形成新的发展理念，即社会变革和经济增长要实现统一。

二、经济活动

生产吃、穿、住、行等生存必需的物质资料，既是人类社会不可或缺的需求活动，也是人类首批开始的经济活动。人类依靠自身的劳动生产出各种物质，而物质生活的丰富也让精神文化得到了发展，由此推动了人类社会的进步。生产关系出现在人类的物质生产过程中，人与人之间在生产时产生了相应的联系；人们按照生产关系结合不同的生产要素，将其变为真实的社会生产力，而生产关系也要与生产力的发展达成一致，因此，我们要用辩证统一的观点来看待生产力和生产关系之间的关系。

站在宏观经济学的层面看，只有国民经济（产品和服务）的总量得到不断提升，才能有更加均衡的经济结构、更好的投入产出比、更高的经济水平和更完善的社会福利，从而保证经济高水平、高质量的发展。从发展经济学的角度出发，对经济发展产生影响的要素主要包含劳动、自然资源、资本、技术进步、人力资本、开放制度等。要想保证经济的良性发展，就要合理组合这些要素，并且提升其效率。从质量经济学的角度出发，生产的产品、提供的服务与顾客的需求相一致，就是经济活动的最终目的。

三、高质量发展与经济高质量发展

（一）高质量发展

我国经济已由高速增长转向高质量发展阶段成为了中国经济发展的基本标志，这一阶段性特征刷新了人们关于发展的认知，随后中国学界对新时代经济发展的主题，即"高质量发展"的理论内涵进行了积极回应，并从经济新常态、新发展理念、社会主要矛盾转变、宏中微观、资源有效配置等多个角度进行了相关阐述。

（1）基于新常态的视角，高质量发展是在"认识新常态、适应新常态、引领新常态"基础之上的更为深入的课题，是在保持经济平稳运行的同时，对经济结构、质量和效率等方面作出的更高要求。

（2）体现新发展理念，高质量是坚持新发展理念要求的发展，其中创新是高质量发展的动力，协调是高质量发展的途径，绿色是高质量发展的恪守，开放是高质量发展的要求，共享是高质量发展的目标。

（3）高质量发展就是围绕新时代，人民在经济、政治、文化、社会、生态等方面的期盼，不断满足人民日益增长的美好生活需要。

（4）立足宏中微观层面，高质量发展在宏观层面研究国民经济的整体质量和效率，包括经济增长质量、国民经济运行质量、经济发展质量、公共服务质量、对外贸易质量、高等教育质量和经济政策质量等。解决的是生产力质量不高的问题，可以从建立质量效益型的宏观调控新机制、转变宏观调控目标、建立完善供给体系、用全要素生产率或国际竞争力来衡量等入手，实现生产力质的提升。中观层面围绕产业结构、产业低端锁定、投资消费结构和收入分配结构展开，解决的是经济结构不平衡的问题，目标是实现经济结构的平衡以及产业链的中高端锁定。微观层面围绕产品质量和服务质量展开，解决的是供给与需求不平衡的问题，目标是产品和服务质量的普遍提升。

（5）反映资源有效配置的要求，高质量发展是高效率的投入和高效益的产出。

（二）经济高质量发展的内涵

从宏观经济学角度看，经济高质量发展是在国民经济（产品和服务）总量扩大的基础上实现经济运行更平稳、投入—产出效率更高、经济结构更均衡、社会福利更全面的发展。在发展经济学视角下，自然资源、劳动、资本等物质投入要素与人力资本、技术进步、制度、开放等要素共同构成影响经济增长和发展的因素，因而要素效率的提高和优化组合可以推动经济可持续发展。在质量经济学视域下，经济活动的目的是能够产出满足顾客需求的产品和服务。质量定义从"产品为中心"的客观属性演变为"以顾客为中心"的主观属性，体现了顾客多样化的需求及产品差异化的要求，对应的是产品和服务质量达到更高标准。

经济高质量发展的内涵包括以下内容。

（1）提高要素投入产出比率，指的是产出在投入了既定要素之后有所提升，或是在既定产量条件下投入少部分的生产要素，提高要素投入效率，从而获得经济的增长。其重点在于，用要素投入的效率代替投入的数量，从以往的测算出增长的全要素生产率到发现影响生产率增长的因素，实现了有效的经济增长。

（2）优化和完善国民经济系统的内部结构，主要在于调整结构性深度，达到"调整存量、结构的优化升级，做优增量"，进而不断地提高产品供给质量，平衡经济系统的结构。

（3）经济发展的主要动力来自于创新，要用知识要素，如管理创新投入、劳动力素质提高、制度的创新、技术的创新等来代替以往的劳动、资本等要素，使其成为经济增长的动力源泉。

第二节　经济高质量发展的体系建设

随着时代的进步，我国社会经济的发展不再仅追求速度上的突破，而是转向追求经济发展质量上的提高。为了进一步提升我国经济发展质量、完善经济机制，应以新的发展理念为导向，进而推动改革的步伐。

高质量的经济发展体系的建设主要包括以下分支体系。

一、高质量的供给体系建设

促进社会经济高质量发展需要建设高质量的供给体系，而我国现有的供给体系难以满足经济高质量发展的服务需求，所以，应将完善供给机制、推动经济改革作为切入点，以提升我国在国际经济领域上的竞争力。

（一）建设现代产业新体系，提升整个供给体系的质量

现代产业体系涵盖了实体经济、现代金融、科技创新等方面的有序发展，这也是优化供给机制的主要方式，同时也是进一步增强国家经济实力的有效手段。

1. 做实、做优实体经济

我国经济在不断发展的过程中，应主要以实体经济为基础，注重实体经济的质量发展，尊重市场规律、自然规律和社会规律，制定相关的政策机制，为实体经济注入更多的资金、人力和资源，进而实现实体经济的长效发展。除此之外，还应注重产业结构的优化、改革，并加快产业政策的转型，改进和完善供给结构体系，推动制造业的战略性转变。

随着互联网技术的快速发展和广泛应用，我国的经济发展水平也在逐步提升，在此基础上，为了打造经济强国，缩小各地区的经济差距，国家支持各地方探索实体经济的发展，鼓励各地方实体企业将互联网技术应用于生产和制造中。特别是一些高端制造行业，应在其领域中不断地创造新的增长点，进一步推动传统产业转型升级，即朝着智能化、数字化、信息化的方向发展，最终走向国际化，实现我国产业发展的全球覆盖。

近年来，我国出现了一些新兴产业，如信息技术、生物医药、绿色低碳等，这些产业作为战略性新兴产业，对于现代产业体系的构建具有引领的作用。推动经济高质量发展不仅需要构建现代产业体系，优化各资源的配置，支持各实体企业建立密切的合作关系，而且还应该开辟一条集中发展的道路，鼓励各产业向高端集聚，以打造产业竞争新优势。

现阶段，我国在制造业方面的服务水平还有些不足，服务的方式也较为单一，对于这些问题，应该采取相应的措施，制定创新发展战略目标，尽可能地通过发展服务型制造业来推动我国走向国际化。

2. 增强现代金融服务实体经济的能力

国家政策制度方面的不断完善不但可以帮助企业缩减成本，同时还可以进一步强化实体经济的力量。但是大部分的中小企业在融资方面常常会遇到一些困难，为了进一步解决此类问题，国家要健全和完善现代金融体系，将货币政策的引导功能充分发挥出来，通过改革使市场利率成本下行，大力推行直接融资的方式，打造健康有序的资本市场，营造和谐的社会发展氛围，帮助中小型企业摆脱困境，从而快速实现融资目标。此外，还应进一步深化银行体系的市场化改革，制定相应的引导策略，改变银行的经营理念，增加银行对中小企业的贷款额度，提高企业的信用资质，缓解中小型企业的融资压力。

3. 提高科技创新在实体经济发展中的贡献率

科技创新具有强大的经济贡献能力，应进一步运用科学技术的力量来促进经济发展，同时引导不同领域的社会力量进行创业。只有优化创业环境，注重科技创新，才能推动国家经济质量的不断提升。良好的投资环境、市场环境、营商环境是创新创业必备的外部环境，政府应给创新创业者提供便利条件。

目前中小企业亟须解决的是技术、人才、资金短缺等问题，还有转型困难的问题，在这种情况下，增加公共产品和服务就显得十分必要。政府要在创新链上发挥自己的作用，如在共性技术问题和技术转让方面设立机构，作为除大学、科研机构、企业外的另一股力量，帮助中小企业解决现实问题。只有各相关部门紧密合作，实现科技成果的转化，提高科技创新在实体经济发展中的贡献率，构建全球创新网络，才能加快国际创新要素聚集。

4. 优化人力资源对实体经济发展的支撑作用

创新是我国经济社会发展的第一动力，而人才是我国经济社会发展的第一资源。优化人力资源对实体经济发展的支撑作用如下。

（1）以人为中心，重视人才的培养以及相关激励体系的构建。在引进高层次人才时，明确政府对其住房、教育等方面的相关补贴政策，实现人才资源的进一步发展。

（2）吸纳更多的人才，构建一支高、精、尖的人才队伍，形成世界人才网。高科技人才的引进和培养要依据企业的需求，与国家重大战略相符合。

（3）培养创新管理人才和企业家。创新人才应具有一定的战略性思维，同时还要肩负一定的社会使命，因此，应进一步提升其创业创新能力，使他们能更好地引领企业的发展。

（二）推动网络化发展，高效精准优化生产和服务资源配置

在网络快速发展的时代背景下，制造业与互联网的融合发展是一种新型的发展模式，也是智能化生产下的创新模式。推动新型模式的发展需要做到以下几个方面。

1. 打通信息集成通道与协同整合

作为制造企业，要充分利用大数据、互联网、人工智能等网络技术，打通各个层级之间的信息流转通道，如监控层与操作层、运营层与管理层等，从而实现企业的智能化发展。在产业层面，通过产业大数据打破"信息孤岛"，为不同行业之间的信息交流提供平台，促进各产业领域的智能化发展以及升级转型。

通过先进网络技术的应用，将企业所涉及的不同程序高度地联系在一起，不但可以提升企业的生产能力，同时还可以为其降低成本，进而加速企业的发展，促进企业的改革与升级，最终从传统型企业发展成智能化企业。

2. 提高网络基础，建设跨境网络

推动网络改造升级、提速降费，大力推动企业内外网建设。企业互联网的建设与发展实现了大数据的自动化采集，有利于构建网络功能体系，打造新型网络设施，促进产业从传统化发展转向智能化发展，进一步推动实体经济与网络技术之间的融合发展。

通过跨境网络的建设，既能够实现科技层面上的对外交流，又能够促进产业朝着国际化的方向发展。换言之，建设跨境网络能够有效地引导科技创新遵循"引进来和走出去"的原则，利用互联网技术将全球供应链系统和我国各企业生产系统连接起来，形成一个庞大的信息交流中心，从而实现信息资源的共享。

3. 推动产业智能化改造

（1）智能生产要依靠储存在云计算数据中心的生产大数据进行，而这些数据来自企业信息系统与信息物理系统（CPS）。

（2）通过数据管理、数据采集、智能化制造、订单管理、定制平台等各种信息技术来完成大范围的定制。大数据应用需要定制数据达到相应的量级，而精准匹配、流行预测、社交应用、营销推送、时尚管理等都可以在挖掘大数据之后实现。制造业企业可以通过大数据来提高生产资源投入的效率，减少物流和库存的费用，实现有针对性的营销。此外，配送、仓储和销售也会在大数据的分析之后实现成本的降低和效率的提高。

（三）形成优质高效、多样化的供给体系

随着社会经济的快速发展以及人们生活水平的提升，大多数消费者不再满足于基本的物质需求，而是转向更高品质的物质需求，即从基础消费开始向品质消费升级。因此，各企业在生产产品的过程中，要注重增加高质量产品的有效供给，创建优质高效且多样化的供给体系，推动供给体系实现转型升级，从而满足市场对优质产品的大量需求。

1. 树立质量意识，增强创新力与核心竞争力

企业在生产与制造过程中应进一步提升其产品的质量水平，同时应强化监督与管理，为社会大众提供质量较高的产品。此外，企业还要树立良好的品牌形象，大力弘扬企业文化和工匠精神，坚持重质量和讲诚信的经营理念，积极开展有关经营理念的主题活动，让消费者产生足够的信任感和消费欲望，真正做到在满足消费者需求的同时还能够为其提供质量保障。另外，可以深入开展群众性主题活动，引导社会成员共同监督产品的质量，在企业诚信经营的基础上促进社会发展。

政府应不断地改进和完善普惠性政策体系，鼓励和支持各企业创新发展，

创建国家技术转移机构，培养大量兼具专业能力和创新能力的优秀工作者，强化知识产权创造、保护以及运用。通过成熟的投资环境和市场环境，引进国外的科技人才为中国服务，并给予其丰厚的报酬和奖励，促进科技成果快速实现转化，从而达到建设质量强国的目的。

除此之外，企业要建设良好的品牌形象，应积极实施品牌战略，促进企业文化建设，建立品牌管理体系。在品牌建设的过程中，包含设计、定位、管理等多个环节，而每个环节的内容都要不断地进行改善，因为只有这样才能提升品牌的竞争力。产品的质量是树立良好品牌形象的前提条件，因此，企业一定要严格把控产品质量，生产高质量的产品，提升产品服务水平，以满足消费者对优质产品的需求。

2. 提升产品与服务质量

（1）强化质量管理。加强质量管理是企业发展的基本保障，因此，在生产和运营的整个过程中，企业一定要严格把控每个环节，确保每个环节的内容都符合要求，尤其是产品的质量必须要达到标准。不仅如此，还要适当提高产品和服务的要求标准，使其成为高质量的代表，进而提升我国在国际上的影响力和竞争力。

（2）强化质量监督。第三方质量检测专业机构的主要职责是监督企业生产的产品达到质量标准，除此之外，它还是消费者、企业、政府三者之间的纽带，不但为消费者提供了一定的质量验证帮助，同时还为企业建立了质量追溯体系。

3. 加强政府监管力度，建设自由贸易港

我国企业要积极吸取国外先进的管理方法和管理理念，比如，学习日本的基层质量管理方法，构建完善且全面的质量管理体系。与此同时，政府相关部门也应强化监督与管理作用，使得企业可以实现稳定发展。

政府要通过新平台（自由贸易港）的建设探索对外开放的新高度，这既是提升我国国际影响力和竞争力的新路径，也是"一带一路"产业快速发展的突破口。可以将自由贸易港建设成为全球化的指挥部，涉及物流、信息、金融和生产等多个方面，也就是说，在这里聚集大量的物流、资金、信息、人才，既可以展开信息交流，也可以进行产品创新，等等。

二、高质量的需求体系建设

为了使居民的消费需求，尤其是中等收入群体的消费需求得到最大化的满足，首先需要解决制约这一目标达成的主要问题，从而在此基础上实现供给端的全面升级以及更高层次上的供需平衡。

（一）增加群体收入比重，提高新型城镇化质量

提高新型城镇化的质量不仅在潜移默化中增加了中等收入者的比重、提高了城镇化率，更衍生出了巨大的消费需求潜力。

（1）通过提高城镇化率，扩大消费者消费潜力。通常来讲，中等收入群体大多是由城镇就业的劳动者转化而来的，所以，为了提高城镇化率，需要加大力度开展户籍制度改革，为具备一定生活能力和经济基础的农业转移人口迁移到城市生活提供制度保障，充分保证其与城镇居民享受同等的权利和义务。

（2）通过公共产品供给的增加，带动新型城镇化发展质量的显著提升。首先，进一步完善公共交通体系，提高便民服务设施（如菜市场、停车场等）对群众的服务质量。其次，确保城中村、老旧小区的改造工程稳步推进，为符合条件的小区加装电梯，提升百姓的生活质量。最后，全面推进地下综合管廊、排涝管网的建设。

（3）提升新型城镇化管理的人性化水平和服务的精细化水平，充分尊重和保障每个个体享有平等的发展机会，保障居民的生活幸福感。

（二）扩大居民消费是促进高质量需求的关键

消费是加快释放内需潜力、增强经济持续健康发展动力的主要着力点。扩大居民消费是促进高质量需求的关键，具体内容如下。

（1）提高消费能力。居民消费能力的提高与经济的发展、就业的扩大密不可分，只有以后者为前提，使居民收入水平，尤其是农民和低收入群体的收入水平显著提升才能刺激消费，提升消费能力。

（2）改善供给结构。就现阶段而言，城乡居民的消费需求日渐多元化和多层次性，因此，要扩大供给结构以满足城乡居民的消费需求，比如刺激各种服务性消费（如旅游）等。

（3）引导消费预期。人们在养老、医疗和教育等层面的焦虑是制约消费预期的另一大因素，因此，要进一步健全社会保障体系。

（4）大力推进新兴消费的扩大化、传统消费的稳定化、潜在消费的深度挖掘。首先，深度挖掘重点领域（如教育培训、养老、健康、体育、文化、旅游等）的潜在需求，以服务供给的增加带动服务品质的提升；其次，对传统意义上的实物消费进行转型与改革，积极掌握现代社会的大众消费需求；最后，进一步促进快递、网购等产业的发展，鼓励消费模式的创新。

（5）持续优化消费环境。对消费环境的持续优化要坚持为人们提供更大的便利，让人们放心消费的基本方向，因此，就需要对市场秩序加以规范，同时加强对食品、药品安全的监督力度，使居民的境外消费转移到国内消费上。

（三）优化就业创业环境，加强全方位公共就业服务

（1）推动出台有针对性的就业措施。如改善多层次职业教育和技术培训体系，发展远程教育、终身教育和老年教育体系，提供婴幼儿、学龄前义务教育保障体系。如加大职业技能培训规模，充分发挥互联网的优势，开展互

联网＋的企业模式。

（2）加强就业政策宣传。严格落实国务院有关部署要求，加强宣传解读，减少企业担忧。杜绝市场上的一切违法行为，对企业增大扶持力度，激发其发展信心。

（3）加强就业形势监测、分析研判。对社会就业、失业情况进行动态监测，建立多个监测点，对一些重点企业加强监测。采取企业直接报送、实时在线监测等途径，准确掌握就业形势，增强决策的科学性。要做好特殊人群的就业安排，如完善退役军人的工作安置，大力帮扶残疾人等相关人员的就业。

（4）保障重点人群就业。对应届大学毕业生、农民工等主要的就业人群，应作出相关的就业方案；对就业存在困难的人员进行一对一帮扶，保证此类人员的就业率。如加大对农民工权益的保障力度，解决拖欠工资的问题。同时，要进一步健全劳动关系争议协商机制，杜绝就业时的性别和身份歧视，形成公平的就业环境，多措并举稳就业。

（5）以创业带动就业。对中小型创业企业进行扶持，以便为社会提供更多的工作岗位。

三、高质量的投入产出体系建设

高质量的发展就是高质量的投入带来高质量的产出，要想改变实体经济投资多、回报少的弊端，就要提高劳动力、土地、资本等投入产出的效率。

（一）发挥人力资本红利，提高劳动生产率

（1）在教育的影响下，人力资本迅速积累，劳动生产率也因此得到了显著提高。高中阶段教育的全面普及有效地增加了高等教育的人口比重，改善了我国劳动力结构以低教育水平和低技能为主的现状，并朝着高技能、高教育水平的方向发展。政府在 GDP 中增加科研经费投入，为重点领域技术人才的教育培训提供了强有力的资金保障。

（2）社会保障、医疗、教育等社会基础设施领域能够推动人力资本的积累，因此，要积极引导对这些领域的投资。

（3）为了有效地改善结构性失业现状，要在就业政策的调整上优先考虑结构性失业人群，应不断提升劳动者的职业技能，使其能够与产业结构的变化相适应。

（二）节约集约利用资源，推动可持续性发展

地球上的资源是有限的，我们在保护环境的同时也要做到节约资源，这样才能保证高质量的发展，充分、合理、节约地利用矿产、土地、能源等资源，实现可持续性发展。

（1）将资源节约集约循环进行利用，彻底改变资源的利用方式，在整个过程中都进行节约管理，让资源利用产生更高的效益。

（2）进一步构建矿业行业中的绿色示范区，合理利用我国的矿产资源，为节约型社会的构建贡献力量。推行矿产资源保护和储备工程、矿产资源节约与综合利用示范工程。

（3）注重勤俭节约，提高资源利用效率，建设循环经济发展模式。

（三）提高全要素生产率，推动经济质量提升

只有让全要素生产率得到不断的提升，才能让投入产出达到高质量，让中国经济实现质量上的提升，而不再只是规模上的扩张。

（1）运用一定的科学技术，提升生产效率。为了进一步提升经济发展效益，不但需要加大生产要素的投资力度，同时还离不开一些无形要素的支持，如组织管理、技术和体制等。例如，企业用创新的工艺和技术研究出新的产

品扩大市场，完善体制和管理方式，让员工的积极性得到提高，进而获得更高的全要素生产率。

（2）以重组生产要素为前提，带动配置效率的提升。对于政府税收增加、企业经营效益提高、员工收入水平提升以及投资与回报相匹配，乃至创新创业积极性的显著提高而言，可通过优化各种生产要素（如管理、资本、土地、技术、劳动力等）来提升利用效率。为此，要在重组生产要素的过程中，始终贯彻质量第一、效益优先的基本原则，使低质低效领域的资源要素逐渐流向优质高效领域。以劳动力生产要素为例，要积极引导其由生产率较低的农业部门流向生产率较高的非农业部门，对于全要素生产率的显著提升具有直接连带作用。

（3）健全市场机制，营造良性竞争环境。具体来讲，就是要建立健全的"创造性破坏"机制，使有能力者继续前进、资质平庸的人退出、无能力的人被淘汰，从而将生产要素集中到高效率的企业、产业和行业中。

四、高质量的分配体系建设

首次分配与再分配之间的关系是：应实行以按劳分配作为主要分配方式，与其他分配相结合的分配制度，并根据时代的变化和发展情况进一步完善这种分配制度。

（一）提升初次分配的效率

在坚持按劳分配原则的基础上，使按要素分配制度得到进一步完善，对于初次分配领域收入分配的合理化、有序性具有重要意义。具体来讲，需要注意以下几点：第一，为使工薪劳动者的合法权益得到切实保障，要确保最低工资标准制定的合理化；第二，为推动工薪劳动者收入的稳步增长，要进一步完善职工工资正常增长的机制；第三，为确保劳动者能够按时、足额享受劳动工资，要进一步完善工资支付保障机制；第四，为使高技能人才享受到更优质的待遇，在分配政策的制定和落实上要始终坚持以增加知识价值为导向；第五，在实现知识、技术和管理要素参与分配途径的进一步扩展方面，要充分利用收入分配政策的正向激励作用。

政府一方面要对勤劳、守法从而走向富裕的人进行鼓励，使低收入群体的收入逐步增加，对过高收入现象进行有效调节，从而增加中等收入人群的比重，坚决抵制和杜绝非法收入。另一方面要对财产性收入和城乡居民劳动收入渠道进行进一步拓宽，积极鼓励和引导新业态的发展，使劳动收入渠道以及租赁服务、实业投资和金融产品投资等增收空间更加多元化，进一步夯实保护公民财产权的法律基础。

（二）加大再分配调节的力度

要充分发挥税收调节、精准扶贫等政策在再分配环节中的重要作用，使财富差距过大的现象得到有效改善，最终实现调节高收入、提升中等收入、有效保障低收入的目标，使社会流动性得到显著提高，阶层固化现象得到有效避免。

（1）使税收的调节作用得到有效发挥。首先，在个人所得税制度的建立上，更加凸显综合和分类的结合与统一，在消费税收征收范围中新增高消费行为和高档消费品；其次，积极鼓励回馈社会和扶贫济困的行为，并在税收政策上对这些行为进行适度的减免。

（2）在动态社会保障兜底机制的健全上，紧紧围绕困难群体为中心展开。增加民生支出在财政支出中的比重，增加用于保障民生的公共资源出让收益比重，最终实现公共财政中国有资本收益上缴比例逐步提高的目标。

五、高质量的宏观经济循环体系建设

为确保生产、流通、分配、消费的循环畅通，要将阻碍高质量经济循环的各种"毒瘤"环节予以疏通，只有这样才能确保国民经济重大比例关系和空间布局的合理性，才能从对"有没有"的关注转向对"好不好"的关注，才能改善以往经济发展所呈现的扩张总量趋势，开始趋向于结构优化，从而使生产要素的高效配置水平得到显著提高，推动经济的可持续性发展。

（一）实现各环节循环顺畅

政府要不断地优化国民经济重大比例关系和空间布局，优化城乡区域结构，让协调成为内生特点。

1. 协调国民经济重大比例关系

对国民经济中的重大比例进行协调，主要涵盖了：①调整营业盈余、生产者报酬等相关指标之间的比值关系，使得劳动者、政府、企业之间的关系达到一定的平衡状态；②掌握消费与投资间的关系，进而使得经济可以实现长效发展，保证社会大众可以体会到经济发展带来的红利；③调整好供求之间的关系，使得经济增长具有一定的协调性；④调整好现实货币、数字货币之间的关系。

2. 协调区域空间布局

（1）为薄弱地区的发展提供强有力的动力支持，全面推进贫困地区、边疆地区、民族地区和革命老区生活生产条件的改善进程；协调"四大区域板块"，坚定其协同发展方向，即充分发挥中部地区特色优势，带动中部地区崛起，大力支持东北老工业基地的深化改革和全面振兴，积极开创西部大开发的全新发展格局，优化整合东部地区资源，实现东部地区的创新化发展；继续落实"三大战略"，以"一带一路"倡议为核心，将生态优先、绿色发展作为长江经济带发展的重要理念；在城镇格局的打造上紧紧围绕城市群的核心，

实现大中小城市和小城镇的协调发展，使农业转移人口快速地融入城市。

与此同时，全面推进乡村振兴战略规划，进一步提升农业生产机制、经营机制的现代化水平；进一步处理三农相关问题；进一步完善与优化新型农业经营主体、社会化服务机制。缩减城乡距离还有更重要的一点，那就是进一步提升城乡一体化发展战略和重大政策的制定，以及国土整治、资源合理开发利用规划的编制方面的参与度，并和其他相关部门共同参与政策规划的实施与管理。

（2）彻底变革以往的市场垄断和流通垄断现象，带动同城经济一体化发展。根据国际上的成功经验可知，实现区域内城市之间的密切合作和优势互补对于区域经济社会协调发展和一体化发展具有重要意义。因为在这种方式的影响下形成的都市圈或城市群通常会呈现出分工合理、发展融合、联系紧密的基本特征。

与此同时，同城化发展步伐的加快与区域经济的整合密不可分，通过对经济格局的打破，可以对生产力进行进一步解放，从而使资源配置在更加广阔的区域内得到优化，不同资源的优势能够相互影响、相互作用，使原本受到地理位置、生产要素、产业结构等因素的影响而出现的城市间不同经济职能的体现得到进一步协调，最终在区域范围内实现规模经济和积聚效应的最大化。

（3）突破城乡二元土地限制，应进一步完善相关的法律体系，使得农村的集体建设用地可以进入市场，并且应逐步优化税收政策，为集体建设用地入市提供坚实的保障。同时，对抵押融资办法和配套体系进行进一步完善，对入市土地类型进行进一步拓宽，当使用权到期之后，要及时制定相应的指导意见，确保区域统筹机制的针对性。

3. 缓解经济运行当中存在的失衡

金融与实体经济、实体经济与房地产和供求关系等存在失衡现象，而这些失衡现象都是经济运行过程失衡状态的集中体现。

（1）在平衡供需关系方面，确保供需匹配渠道的畅通。

确保政策传导渠道的畅通无阻是规则统一的金融市场实现进一步建设的重要保障。与此同时，金融为实体经济提供服务并进行引导，还需要使金融市场监管协调得到进一步强化，使中央银行的监管作用得到严格落实和进一步强化，以统一化的监管规则来发挥金融市场对内、对外双向开放的促进作用。

（2）在平衡实体经济与金融关系方面，确保金融服务实体经济渠道的畅通。

①突破银行垄断，使我国金融体系得到进一步完善。对于不同领域的投资者、融资者在金融方面的需求，要给予一定的满足，从而引导不同的资本进行公平竞争，为金融市场注入新的活力，进而促进金融体系的进一步完善，比如为愿意投资实体经济的流动性民营资金降低银行准入门槛。另外，要充分保障企业的自主选择权，拓宽实体经济融资渠道，使企业的实际融资成本得到有效降低。同时，以更加完善和健全的金融监管协调机制带动互联网金融的健康发展。对跨境资本流动进行密切监测，严格规避系统性和区域性的金融风险，为金融体系注入持续的活力与生机。

②进一步开拓融资方式，不断优化资本市场机制。对于不同领域的投资者、融资者在金融方面的需求，要给予一定的满足。在市场资源利用率显著提高的基础上，有效防范各种风险。

（3）在平衡房地产与实体经济关系方面，明确"房子是用来住的，不是用来炒的"定位。

建立五大调控机制：第一，房地产调控长效机制。这一机制的建立需要综合调动立法、投资、财税、土地、金融等多重手段的作用。第二，土地调控长效机制。这一机制的主要作用在于使拍卖土地价格、用地结构比例和土地供应总量控制在合适的范围内。第三，金融调控长效机制。严格把控开发商的土地购买情况，杜绝向多账户借款来获取土地购买资金的现象出现，严守自有资金购买土地的底线，同时严格监管住房按揭贷款。第四，税收长效机制。为对房产税、物业税的适时征收以及土地增值税的研究提供强有力的差别化税率体系支持。需要特别注意的一点是，要确保该税率体系的低端层面得到保障、中端层面得到鼓励、高端层面得到有效遏制。第五，租赁市场长效机制。以该长效机制的制定和实施来带动政府公租房体系的完善和商品房租赁市场的培育。

与此同时，严格落实地票制度，即对农村建设用地（如农村公益公共设施用地、乡镇企业用地、农民的闲置宅基地及其附属设施用地等）进行耕地复垦，从而产生全新的建设用地指标。对于以往土地资源配置所面临的空间局限问题，因地票制度的实施而有了有效的改善，同时给予了农民更多的财产权。另外，还应对新农村建设给予大力支持，带动农业转移人口向城市融入。

此外，还要以完善的法律法规保障民众的住房权利。在这一点上，可从其他国家吸取成功的经验，比如，为了鼓励银行放款向中低收入家庭适当倾斜，可以通过立法、机构设置和法规约束等方式来实现。

（二）健全经济政策协调机制

我国经济存在一定的周期性、总量性，与此同时，也出现了一些问题。而经济发展失衡的主要原因是结构的配置不合理。要想平衡供求关系，就要将切入点放在供给侧结构性的改革上。

对宏观调控进行完善和创新，构建的制度环境体系要符合高质量发展的要求。从高质量发展出发，既要实施"四个全面"的战略布局，又要兼顾"五位一体"的总体布局，严格实施供给侧结构性改革，将稳增长、惠民生、调结构、促改革、防风险等工作稳步有序地推行，进一步深化改革开放、推进精准脱贫、防范化解重大风险、污染防治等工作，加快变革质量、动力和效率，以改善民生状况，提高预期结果，让经济社会实现可持续性的发展。

经济的高质量发展离不开市场、政府、社会这三方面的作用。如果把经济比作一个人体，那么一些重大的项目、基础设施等就是这个躯体的主干。要解决经济循环发展问题，就要疏通人体中的"毛细血管"，市场、政府、社会这三种力量要形成一股合力。市场在经济调控中就像"无形的手"，无形之中将市场资源配置好，对市场秩序和企业经营模式的转型起到促进作用。相对于市场而言，政府的调控手段被称为"有形之手"，政府通过大家都能看得到的政策规定等行政手段调控经济发展，营造良好的营商环境。政府应规定市场经济发展的秩序，在经济发展方面缩减行政审批手续，制定税收优惠政策，给企业充分的发展空间。社会作为"和谐之手"，要营造出良好的社会氛围，倡导尊重人才、尊重知识的社会风尚。

政府还要持续推进混合所有制经济发展。混合所有制在我国金融体系中还没有形成高效的结构。在我国的金融行业中，国有企业占比过大，这说明金融行业被国企垄断，市场机制起不到调节作用，市场竞争力不足，金融行业效率也就不高。要想解决这一问题，就要将非公有资本、集体资本引入金融行业，交叉持股，相互协调发展。

应进一步推进我国农村土地制度改革，深化农村集体产权制度改革，促进城乡发展，加快公有制经济改革步伐。国有企业也应引导不同领域的资本注入，鼓励与引导混合所有制的发展。

（三）加快现代财政制度建立

（1）保证中央和地方之间的财政关系达到财力协调、权责清晰、区域均衡，构建现代化的财政制度。（2）推进绩效管理的实施步伐，保证预算制度的约束力、科学性和透明度。（3）进一步改革税收制度，完善地方税体系；进一步改革金融体制，让金融服务实体经济能力得到不断的提高；进一步拓展融资范围，助推市场发展，建立多元的市场发展模式。（4）国家在进行宏观调控的过程中，也要不断地优化货币政策，保证双管齐下，加快改革利率和汇率的市场化。另外，要完善金融监管体系，避免系统性金融风险的出现。

（四）坚持目标导向，建设高质量标杆

（1）提高经济发展质量，提升创新环境，增强现代金融服务实体经济的能力，构建国际化、法治化、市场化环境，与全国、全球的一流水平对标。

（2）坚持目标导向，使得经济可以实现全面发展，注重提升单元建设用地的产出率。涵盖人均收入、企业效益、税收等指标。

（3）建立消费品标准，培育挑剔的中产者（中产者的定义就是有品位的消费者）。

（4）建立企业生产的质量和环境标准。需要在生产制造环节切实落实，而不是简单的指标体系的规划。

第三节　经济高质量发展的指标体系

经济无法实现自发的高质量发展，需要依靠国家建立的经济高质量发展指标体系才能产生客观的评价和分析，并对其进行监督，保证社会的发展是良性的。该体系是一种结构系统，其构成包含了很多的要素，而且这些要素的组成需要遵循相应的规则才能提供高质量、高价值的信息。

经济高质量发展指标体系的构建与完善需要不同的指标，既要从经济高质量发展具备的特征出发，也要从其内涵出发。根据国家统计局的官方统计和国内外理论界当前的研究结果能够发现，有四个一级指标能够对高质量发展的指标体系进行衡量。

一、经济增长效率

在市场经济下，市场资源配置的效率就是市场经济的效率，换句话说，就是单位生产要素的投入与产出之间的比率。在设计衡量经济质量发展高低指标的时候，要充分考虑经济增长的效率与效益。

反映生产效率的指标是指生产过程中每一单位生产要素投入的产出量。从国家经济发展的宏观视角来看，可用资源生产率、劳动生产率、物质要素生产率、全要素率指标来衡量。

经济活动的质量、有效产出和水平都可以通过经济效益这把尺子进行检验。所有的经济活动都是为了实现经济效益，企业只有不断提升经济效益才能有更强的竞争力，才能有更多的收益。经济活动的产出是否与市场需求相符，是否能够在市场交换的过程中体现出价值，以及是否有效才是考察经济效益的主要方面。以下这些指标内容能够体现出经济增长效率。

（1）人均利税额。人均利税额是指社会在一定时期内，将相应的劳动力要素投入到生产中所带来的经济效益，参与对比的是平均的从业人员人数与全社会年上缴利税额。当社会劳动生产率不变时，人均利税额会随着越来越高的社会满意程度而提高，效率越高，效益越高。

（2）物质消耗的有效产出率。通过物质消耗的总产率以及全国年上缴利税，便可以体现出生产中物质要素的效益情况，进而可以判断其产出结构与社会当前的需求结构是否一致。

（3）社会成本利税率。对比物质生产部门的总成本和上缴的利税总额，只有完成产品和劳务的销售才能产生上缴利税，这体现了生产经营中产生的经济效益。一个国家或地区的宏观经济效益和社会成本利税率是成正比的，能够体现出生产经营的质量。

（4）资金利税率。即全社会资金平均占用额与全社会上缴利税额的比值。国民经济效益越高，这个数值就越大。

（5）国内生产总值能耗。在社会生产活动过程中，可以通过国际标准每吨标准煤燃料占 GDP 的比重来体现能耗。经济效益越高，就代表国内生产总值综合能耗越低。

（6）社会投资效益。社会投资效益可以通过单位内固定资产的投入与新增加的 GDP 指标来衡量。单位内固定资产投入产生的 GDP 越高，说明其投资效益越高；反之，投资效益就低，它是一个正向指标。

二、经济增长结构

有很多因素会对经济结构的优化起到一定的影响作用，其中，社会对于最终产品的实际需求是最重要的一点。除此之外，对于经济增长结构的变化来说，科学技术的进步影响也是十分重大、深远的。所以，关于经济增长结构，我们主要关注以下三个指标。

（一）产品供给质量

对于产品来说，其结构升级是有方向的。在过去，其占比最多的，即占据主导地位的是低附加值产业，随着产品结构的升级，才开始逐渐演进成以高附加值产业为主导。对产品供给质量进行衡量主要有三个指标。

（1）产品质量指标。产品质量指标可以分成三个子指标，即产品合格率、优等品率、不良品率。在三个子指标当中，产品合格率是指在所调查的产品总数中合格品的数量所占的比重，而优等品率则是优等品数量和合格品数量的比值结果。优等品率越高，就代表着该产品的供给质量越高。次品、废品、回收品、返修品等都属于不良品，而所有的不良品数量在产品总量中所占据的百分比就是不良品率。

（2）产品在市场上的占有率。市场占有率是指在同一时间和同一市场范围内，企业所生产的产品在市场中的销售数量占同种产品总的销售数量的比重。市场占有率和产品竞争力是正相关的关系，占有率越高，竞争优势越大。

（3）高附加值产品的占比。要想提升产品的内在附加值，就需要对产品结构中的科技含量加大投入，使其所能产生的边际效益逐渐增加。

（二）需求结构优化

关于需求结构优化，可参考的主要指标如下。

一是消费结构的升级，涵盖最终消费对经济增长的贡献率与固定资本形成对经济增长的贡献率、货物和服务净出口对经济增长的贡献率之比，以及居民消费率、恩格尔系数、电子设备及通信消费支出占比、文教娱乐用品及服务支出占比、家庭设备用品及服务支出占比指标。

二是反映投资结构不断优化的指标，包括高技术产业投资比重、高端制造业投资比重、民间资本投资比重、工业技术改造投资占工业投资比重、人力资本投资指数等。

三是反映出口结构升级的指标，包括出口产品附加值比重、自主品牌出口（自主品牌企业增加值占 GDP 比重）、高技术产品出口占货物出口额比重、高技术产品占本国制造业产品出口比重、高新技术产品出口占本国全部出口比重、服务贸易出口占全部出口额比重、FDI 占全社会固定资产投资额比重、实际使用外商直接投资额、境外投资中方协议金额与协议利用外资之比等质量指标，这些指标更加说明技术和服务在一个国家进出口贸易中的重要地位。

（三）产业结构升级

在国民经济结构当中，各个产业之间的组合比例关系就是产业结构，而产业结构的优化就是指在各个产业间国民经济总产值和劳务的优化配置。通常来说，产业结构的升级会遵循一定的方向，包括：①农、轻、重、服务业的交替演变，即从农业演变到轻纺织工业，再演变为重化工业，最终转向现代服务业；②在"三次产业"分类之下，占据主导的从第一产业逐渐转向第二产业，最终递进转向第三产业；③根据占据主导地位的不同生产要素的分类，从劳动密集型产业（即主要依靠劳动力要素投入）逐渐转向资本密集型产业（即主要依靠资本要素投入），最终转向知识密集型、技术密集型产业；④根据产业附加值的程度对其进行划分，从以低端产业为主逐渐升级转向以高端产业为主；⑤根据能源消耗程度的不同对其进行划分，从以高污染、高能耗产业为主，逐渐转向以低污染、低能耗产业为主，从中可以对产业结构的演进规律和方向进行一定的反映——过去我们的产业主要是粗放型的产业，随着发展，逐渐演变成集约型产业。而产业要进行升级转型，技术进步是关键，所以我们要对先进的技术进行引进，并以此为基础进行消化吸收，同时进行研究、创新、改进，最终建立自己的技术体系。

三、创新驱动发展

创新对经济的驱动力强弱主要与信息化的水平有关，通常来说，信息化的水平越高，创新对经济的驱动力也就越强。对于新时代的中国来说，创新是对经济高质量发展进行驱动的一种引领，其驱动力的增加主要是通过对无形要素的投入，使生产率得到有效提升，这也使得科学技术发明的成果在生产经营过程中得到了广泛的传播和应用。在进行科技创新的同时，人力资本也发挥了重要的作用，使国民收入分配中居民收入所占的比重以及初次分配中劳动报酬所占的比重得到了提升，这对于社会和谐稳定的增进以及居民生活质量的提升发挥了推动作用。我们可以将对创新驱动经济进行反映的指标设计成三种：信息化水平、人力资本水平、科技贡献水平。

信息化水平越高，代表创新驱动经济力越强，可用互联网上网人数占总人口的比重、移动电话占总人口的比重来衡量。

人力资本水平衡量指标包括公共教育占 GDP 比重、人均公共教育支出、财政性教育经费投入占国内生产总值比重（公共教育支出占 GDP 比重）、人均受教育年限、学前三年教育毛入学率、高中入学率、高等教育毛入学率等。

科技贡献水平衡量指标包括研究机构人数、技术研发使用率、研究与试验发展投入强度（经费支出占 GDP 比例）、部门每百万人中研究员人数、技术市场成交额、科技活动人员中科学家和工程师的比重、每万人发明专利授权数、居民专利技术申请量、科技成果转化率等。

四、绿色经济发展

绿色经济是传统经济发展到一定程度后出现的一种新形势的经济模式。环境保护与经济发展能够和谐共处、齐头并进，就是绿色经济。绿色经济的出现是环境与经济发展的共同需要，它是一种全新的经济发展状态。

我们要重视绿色经济，统筹绿色经济发展，目的是避免有些经济体在发展经济的过程中肆无忌惮地向环境索取，破坏生态环境，造成难以弥补的损失。使资源环境的供给和经济增长的需求能够达到长期的平衡，是在经济增长过程中可持续发展想要实现的目标。所以，我们需要从环境容量、环境压力、资源供给、资源需求这四个方面对经济的绿色发展二级指标进行构建，以实现经济的高质量发展。

对环境容量进行反映的三级指标，主要包括环境的总承载力、绿化率、生活垃圾的无害化处理率、工业废水的处理率、工业固体废弃物的综合利用率，以及工业废气的处理率等。在这些指标当中，绿化率主要是指地表的植被覆盖情况，其测量主要是借助于草场面积覆盖率、森林面积覆盖率等更加具体的指标。

对环境压力进行反映的三级指标主要包括单位生产耗能、环境污染程度、废弃物排放量、国内生产总值中污染治理投资所占比重等。通常来说，对单位生产消耗的资源的增减情况进行测量时，我们一般会采用单位 GDP 能耗下降率、单位生产的水量降低率等比较具体的指标作为参考。如果环境压力越小，则说明环境受破坏越轻。

对资源供给进行反映的三级指标主要包括能源总产量、人均水资源量、陆地面积以及人均耕地面积等。

对资源需求进行反映的三级指标则主要包括能源强度、能源最终消费总量、水消耗强度等。如果能源和水资源的消耗程度越高，则代表着经济对资源的需求越大。

第四节　推动我国经济高质量发展的保障措施

一、加强规划引领，完善宏观调控的体制机制

国家制定的发展规划具有一定的导向作用，但发展规划要有具体的实施方案，分阶段划分工作重点和突破点，制定发展线路图，合理安排时间，明确责任分工，以保证规划能够落地实施。地方政府相关部门也应依照上级单位的要求、本区域的现实状况，以当地的特色为主要内容，建立科学的方案，突出高质量发展的整体效应。

其中，经济体制最好的状态是：市场机制有效、市场主体有活力、宏观

调控有效果，从而为经济质量、效率、动力的变革提供保障。市场在资源配置中起决定性作用，这是社会主义市场经济必须坚持的。要继续推进行政体制改革，杜绝市场垄断行为，通过市场价格引导资源配置，实现"无形之手"和"有形之手"合力最大化。

政府要完善对科研成果利益分配的激励机制。创新激励政策也适用于国企，要鼓励国企创新，提高产品质量，与世界一流企业竞争，加大吸引人才力度并建立人才上升通道等。另外，政府要集中有效资源做大事，扶持重点企业，简化相应手续；政府办的职业学校要与企业实际工艺需求相结合，对企业自办培训予以补贴。

协调方面，完善财政转移支付体制，建立公共服务均等化机制。绿色环保方面，完善环保违法惩罚机制，加大惩罚力度，提高环保违法成本。

二、完善部门联动机制与地区互动机制

（1）完善部门联动机制。成立领导小组，负责经济高质量发展联动机制工作，与不同层级之间进行互动协商，设立相应的办公室，其具体责任是协调、督促、引导相关部门进行工作。下属的各级成员单位应有固定的联系人，将责任与任务划分到位。另外，各区域应依照自身情况构建相应的工作小组。

（2）完善地区互动机制。地区发展要平衡、协调，东中西部要各自发挥优势，通过区域合作、干部交换、体制建设、跨境网络建立地区间的协调机制。特别要重视基本公共服务的均等化，人均收入水平差距不能过大。

（3）推动制定发达地区省份和全国干部交流制度。沿海地区省份培养和积累了一大批德才兼备、年富力强的优秀干部，应建立省内和全国范围内的干部交流机制，创造条件鼓励这些优秀干部带着先进管理经验和管理模式到中西部地区交流，支持和带动中西部地区发展。

三、实施企业主体机制

（1）为企业家营造健康环境。注重发挥企业家的作用，全社会形成尊重企业家、爱护企业家的氛围，保护企业家的合法财产；打造诚信、公平的市场经营环境；建立帮扶机制，对创业者进行帮助。

（2）进一步强化企业创新主体地位。推动科技资源和政策措施向企业倾斜，加快产业政策向功能型政策转型。提升骨干企业创新能力，培育壮大高新技术企业，培育一批科技型中小企业，培育一批初创型企业。大力发展多层次职业教育和技术培训体系，为企业培养更多合格的高素质员工。企业应进一步提升创新能力，注重科学技术的研发，构建创新激励机制，使其成为企业发展的驱动力。在创新管理模式的过程中，进一步提升企业的执行力，打造符合自身发展品牌的同时，强化企业在社会中的凝聚力与影响力。

（3）增强企业主体的责任意识。企业应当牢牢树立质量安全的主体责任意识，维护消费者的合法权益，共同铸造质量诚信市场氛围，把消费者往高质量消费上引导。伴随着市场经济的不断发展，供给机制也在发生着变化，与此同时，衍生出不同的消费需求，企业应充分考虑自身发展情况，以积极创新的方式应对市场变化；注重品牌打造，强化核心竞争力，进而为产品和服务的发展提供平台；满足居民的消费需求，从而形成多样化的产品供给体系。

（4）积极实施品牌战略。品牌实际上就是质量、品质、美誉度的集中体现，是综合实力和核心竞争力的重要标志。

（5）实现民营经济向正规军的转型。在更高层面进行制度设计，破解人才、技术、资金、渠道等瓶颈。

第二章　经济高质量发展与科技创新

第一节　经济新常态下科技创新驱动机制

创新是一切发展的动力。以创新为核心的发展内容涉及多个要素，主要包括科技、市场、产业、企业、产品、人才、管理方式等，其中最重要的是科技创新，其引领了其他内容的创新发展。创新驱动发展战略的核心是科技创新，这对经济发展起着绝对性的作用，可以通过创新的作用来转变发展方式、调整发展结构，实现经济可持续性发展。

一、科技创新驱动的理论依据

经济学理论是国家文化软实力建设的重要组成部分。在经济学理论创新中，要正确看待经济理论的共同价值与本土价值，以开放的精神、求实的态度，吸收一切有利于我国经济发展的理论成果，构建符合中国国情、具有国际竞争力和强大吸引力的中国特色社会主义经济学有利于增强国家文化软实力。

（一）经济发展方式中的创新

想让创新助推经济的发展，想让创新成为经济发展新的驱动力，需要提高科技水平，提升劳动者素质，提升管理者管理水平。创新在经济当中的应用对经济发展产生的驱动主要体现在文化创新方面、科技创新方面、商业模式创新方面以及制度创新方面。而在上述内容中，和发展的全局息息相关的核心内容就是科技创新。

要想让创新驱动经济发展，就必须对经济发展的方式进行改变。我国过去的很长一段时间对于经济增长的推动都是借助于物质要素进行投入的，这个阶段的要素驱动是典型的由投资带动的。我们的资源和环境都是有限的，采用这样的经济增长方式难免会触及其极限。当下，物质资源已经逐渐趋近极限，低成本的劳动力供给也表现出明显不足的态势，我国的经济发展要素驱动也开始发生转变，由过去的投资驱动和要素驱动逐渐向创新驱动转向。这里提到的驱动，从概念上来说，指的是对经济增长进行推动的主要动力。

我国目前的新发展理念包含创新、绿色、协调、开放、共享，其中创新稳居第一位，同时也是其他四个理念的引领者。

1. 创新引领发展方式转变

对发展方式进行转变离不开创新。创新，尤其是自主创新，是对经济发展方式进行转变的一个重要抓手。

第一，对于我国的经济增长来说，目前我国的资源容量难以对其进行支撑，因此一定要寻找对经济增长进行驱动的新动力。实际上，所谓"创新"就是对新的发展要素进行创造，或者说在物质要素的投入方面进行节约，使要素的使用效率得到有效提升。所以，采取创新作为驱动力，可以使物质资源的投入得到有效降低，但经济却能得到增长。

第二，目前我国的产业结构还处在低水准阶段，在国际竞争力方面还有所欠缺，因此，对于产业创新的能力必须进行提升和增强。产业的创新能力和国家的竞争力息息相关，所以才能作为创新的着力点存在，我们必须依靠科技和产业创新来推动产业的转型，使其向中高端方向转换，在世界经济科技领域占据制高点。

2. 创新引领技术模式转变

对发展进行驱动的科技是先从外部产生的，而后才转为内生，这种转变的发生同时也需要技术进步模式发生转变。我国长期以来对发展进行驱动的那些先进技术大多是外生的，比如从外部引进其他国家的先进技术或者模仿先进技术。而我国主要的先进产业基本是做产品的加工或者产品的代工，这一类型的技术创新都是在我国范围内对国外创新技术的一种扩散，但并不是掌握了关键技术、核心技术，因为相关新技术在国外其实已经发展成熟。所以，这一类型的技术创新最大意义就是能够和国际缩小技术方面的差距，但是距离进入国际前沿行列仍有差距。

目前，我国已经是世界上的第二大经济体，在对新技术进行自主研发方面也有了一定的能力，应立足全球对创新进行谋划和推动，对集成创新、原始创新、引进消化吸收再创新的能力进行提升。

3. 创新引领发展新经济

观察经济的发展史，可以发现每个历史时期都有新出现的技术、新形成的产业，都产生了新的发展动能，这些新生事物被称作"新经济"。随着时代的发展、技术的创新和进步，必然会出现新经济，经济的发展必然会产生新的动能。在1980年，"新经济"概念横空出世，它主要涉及以信息技术发展为主要内容的美国信息产业，以及与之相关的信息经济，它彻底改变了人们日常生活以及工作学习的方式。

新经济的出现不仅让人们获取信息的来源更加丰富，还使企业进行信息交换更加方便，让消费者之间的信息交流有了更多的方式。在人们的生活中，涌现出了越来越多的新型经济方式，在线教育、在线交流、在线新闻、在线交易、在线娱乐等成了人们主要的经济活动。

作为一个新兴产业，新经济因为互联网和智能技术的发展才得以产生。它渗透到了多个领域，比如，商业和高科技制造业、智能制造、大规模定制生产等。在新经济时代，我国必须像发达国家一样站在制高点，掌握核心技术，占据压倒性优势，为我国的经济发展和经济转型提供新动力。

4. 创新引领经济新常态

创新引领经济新常态有以下三个迹象：一是转变速度，增长速度从高速转向中速，发展方式从规模和速度向质量效益转变；二是优化创新结构，调整优化现有的经济结构；三是动力转变，发展动力需要转变为以创新为主，摒弃之前的劳动力和资源等因素。我们需要让创新成为当今发展的主要驱动力，让创新引导质量的提升、效益的增长，实现整个经济结构的完善和升级。特别是我们实行的供给侧结构性改革，需要依靠技术创新才能完成，才能达到理想的改革效果。

总而言之，根据创新发展的发展思路，经济发展不仅要对当前的发展资源进行科学的规划，还要继续开发新的资源，不断地解决当前遇到的发展阻碍和瓶颈。对于新资源的创造来讲，涉及新能源的创造、新材料发现、新技术开发等技术创新，也就是发展创新型经济。

（二）激发体制机制的创新

1. 孵化和研发新技术

创新驱动的重要环节是孵化和研发新技术。众所周知，技术进步的路径源头为科学发现，在这一路径中，最为重要的环节就是研发和孵化新技术。在这一环节当中会产生很多新的产品，因此，对于"产学研"协同创新平台来讲，这一环节是根本、是基础，也是创新投资的重要环节。但是，这个环节也有它的不足——风险比较高、成功率比较低，但是可以获得的潜在收益也是非常高的，需要深度结合金融和科技来保证足够的资金。

过去对企业创新能力的衡量通常以销售收入中的企业研发投入比重作为指标，发展将企业作为源头的技术创新模式。目前的科技创新模式最为突出的是以科学发现为源头的模式，所以，衡量一个地区能否走向创新驱动型经济，关键是其阶段指标逐渐转为拥有多少金融资本来进行新技术的孵化。

2. 企业成为技术创新主体

如果一个技术的进步模式是以企业创新为源头，那这个模式中的导向多数为市场，研发过程也可能在企业内部进行，新技术的采用方式为模仿和购买。我们需要着重强调一点，企业也应该参与科技创新，并且是以创新主体的身份开展科技创新活动。

科技创新有很多主体和对象，不是由单一主体完成的，而是产、学、研各个主体的合作成果。在"产学研"协同创新中，企业应当作为主体引导整个创新，并投资于新技术的研发和孵化。在企业中，创新组织者的存在是企业成为创新主体的前提。在创新理论中，企业是实现创新的主体，企业家承担着创新职能。

以大学知识创新和企业技术创新两大系统为基本，集成协调新技术孵化活动中的多主体组织就是科技企业家的职能。"产学研"合作创新是以企业家向科技企业家转化为主观条件的，只有企业家拥有了相应的知识，才能够明确科技创新的方向和知识产品的开发方法。

3. 建立集聚人才的制度

科学技术如果是第一生产力，那么第一要素就是人才。除了高端科技人才、高端管理和创业人才，拥有特殊技能的工匠都属于驱动创新的人才，所以创新投资将人力资本投资作为重点。

高端人才会被产业高地所吸引，又会反过来创造产业高地。以下是高端创业创新人才集聚需要解决的两个突出问题：首先，对国际高端人才的引进。这需要调整对国际要素的引进和利用战略，过去增长是重点，资本牵引着增长要素的走向，因此，外资的引进需要被突出。如今，创新成为重点，人才牵引着创新要素的走向，所以要突出高端产业创新人才的引进。其次，对低成本发展战略认识的改变。在发展中国家低劳动力和土地成本上是低成本战略理论的强调内容，也许在贸易领域这种低成本的比较优势能够产生效益，但并不适用于创新型经济。要想提升创新，必须增加人力资本的供给，因为只有低素质劳动力才会被低价位的薪酬吸引，而高端人才只会被高价位的薪酬吸引，进而为其创造竞争优势。

4. 知识产权保护与新技术推广

新技术和新知识有溢出效应。全社会是创新驱动经济发展的对象，所以除了要求新发明转化为某个企业的新技术之外，创新驱动还包括成果的自主创新，并推广于全社会。与物质要素不同，知识和技术等创新要素的使用存在规模报酬递增特点，所以必须要广泛地使用新技术和知识。要想确立驱动经济发展，就必须使自主创新成果应用于全社会。

在创新即创造性的毁灭过程观点中，各个企业会在较强的市场竞争机制中对先进新技术争相采用；除了对创新者的权益加以保护之外，严格知识产权保护制度的实施还能对创新成果的扩散进行推动，从而创造知识产权价值。另外，还有两个方面的建设是创新成果扩散于全社会的需求：一是让公众学习多样化的知识，掌握多样的技能，进而形成学习型社会；二是将新技术和新知识通过通信网络和计算机向外传播，进而形成信息社会。

5. 促进构建创新驱动体制

体制的保障对科技创新和创业是必需的。科技创新创业不仅需要市场机制，还需要激励性体制，具体包括创新成果与产业、经济和科技、创新项目和现实生产力等，这一新的机制能够推动创新成果的研发和产业化。

在机制的设立方面，创新型政府的建设十分重要，这样的政府能够对创新能力进行集成。想要实现创新驱动，就需要先进行制度的创新，而制度的创新需要政府来完成。传统的市场经济理论把政府排除在经济发展之外，但是创新的引入十分需要政府的引导和介入。因此，政府是重大科技创新计划制定的主体，代表社会为创新的社会成本买单，并借助公共财政来投入此类创新。

（三）创新经济学的重要概念

从经济学分析，创新同样需要研究创新投入和效益的关系，要尽量找出创新的特点，遵循创新的相关规律，努力追求创新的原创性，同时也要注重创新的多元化，寻求高质量创新。

我们也可以通过学习借鉴来完成创新，不仅要对创新的未来做出战略部署，还要针对当下的创新需求快速地进行创新研究。除此之外，我们还需要号召大众进行创新，让所有人积极参与到创新创造当中来。要让所有人都参与进创新创造中，首先要让他们了解一些创新经济学中的概念，以下进行简要介绍。

1. 知识创新

知识创新主要涉及两个方面：一个是基础知识的研究，一个是应用知识的研究。进行知识创新，我们可以发现之前从来没有被探索过的技术和知识。

对于创新来讲，知识创新非常重要，它可以发现新的事物规律、新的理论性方法，而且知识创新是进行后续技术创新的前提。不仅如此，一切新技术、新发明的出现都离不开知识创新。

换句话说，正是因为知识创新的存在，技术才能飞速进步，经济才能实现增长，而且知识创新为人类打开了新的世界大门，让人类可以了解更多的知识和理论，以更多的方式去创造世界、改变世界。可以说，人类在创造世界的过程中离不开知识创新这一动力的支持。

2. 创新型经济

创新的内容主要包括集成创新和原始创新，具体步骤为先引进内容，随之消化内容，然后再吸收其中的精华，最后一步是进行再发明。

创新型经济就是利用知识、技术、企业组织体系等诸多创新要素，对现有的物质要素以及有形要素进行重组，再通过创新技术和知识来转化物质资本，从而让科学管理得到进一步加强。创新型经济响应了环保节约的需要，聚焦新产品和新技术，专注自主知识产权，支持人才发展，在创新的驱动下促进经济的发展。

3. 科技创新

企业进行的创新是一般所说的技术创新，而现在从源头上发生了改变，创新转向了科技创新。如今，科学发现是大多数技术进步的来源。新技术会由新发现的材料、技术上的突破而产生。这种科技进步模式的基础是科技创新，源头是科学发现，反映了紧密衔接的技术创新和知识创新，从根源上改变了技术进步的路径。

4. 国家创新体系

OECD（organisation for economic co-operation and development，经济合作与发展组织）在对知识经济时代特征进行总结时，提出了国家创新体系的概念：创新需要带动企业、科学机构、实验室和消费者等不同行为者的交流，并反馈在产品开发、科学研究、生产制造、工程实施等方面。所以，创新就是互动和交流的产物。国家创新体系就是上述的整体。

国家创新体系加快建设主要涉及两个方面：一是加强构建技术创新体系，技术创新体系的创新主体是企业，企业的发展受市场的影响，企业进行技术创新可以联合高校和研究院；二是优化知识创新体系，加强前沿技术的研究、基础技术的研究、公益技术的研究，努力走向科技发展战略的最高点。

5. 产业化创新

中央经济工作会议在2014年底提出，在新的增长点的培育和形成方面更多依靠产业化的创新，切实将创新成果转化为创新活动。产业化创新存在于产业和科技创新之间，是产业创新的动力。在实践中，产业化创新的概念体现在作为产业创新和科技创新的连接点或将方向与理念提供给科技创新。

产业化创新重视新增长点的培育，致力于将科技创新的成果直接向新产业和技术转化，将供给和市场需求连接起来。除此之外，机制对于产业化创新更重要，机制能够有效地衔接科技创新和知识与技术创新。

6. "产学研"协同创新

当前，科学创新主要来源于知识创新以及科学发现，如果想要快速地进行创新，那么不可以单纯地依靠企业这一单一主体，还需要联合学校、科学研究所的专家进行共同研究，这就要求进行"产学研"协同创新。当前"产学研"协同是指高等学校、企业和科研院所之间的合作，合作中的技术需求方为企业，技术供给方为高等学校或科研院所。

本书使用了三个"产学研"协同创新的概念：第一个，新技术的创新和研发需要产、学、研所有主体的积极努力、积极参与，构建可以开展"产学研"共同研究的平台和机制；第二个，协同科学研究、人才培养和产业发展三方功能；第三个，合作创新如果拥有了组织，就能够更快地生产出创新成果，因此，大学和企业要共同建立组织。除了研发共同体之外，大学和企业之间也建立起了利益共同体，二者互利共赢。

"产学研"相结合不一定是在企业中建立研究机构，更重要的是机制的建立，重点促进知识转化为生产力和知识创造之间的融合，不仅要解决当前研究院和高校开展的课题向商业化应用的问题，还要解决企业在高科技研究方面的投资问题。

7. 商业模式创新

商业模式创新是指企业为了适应市场环境，通过科技创新成果来调整市场行为、市场关系和经营组织架构，最大限度地发挥创新成果的市场价值是其目标。

商业模式创新通常涉及的内容包括：一是供应链的创新，这与创新供应商关系和整合供应链的各个环节有关；二是对产品与服务价值的主张进行改变，即对现有产品的价值进行延伸或对新的服务和产品进行开发的主张；三是寻找新的市场，创新目标客户。

8. 科技金融

资金对于科技创新来说是必要的，因此需要深度结合金融与科技。科技金融的实质是在其主体中纳入各类金融机构，其中包括商业性银行。科技金融有两个方面内容：其一是直接的科技金融，这种资金的提供者通常为风险投资家，涉及股权融资和交易市场；其二是间接的科技金融，与银行提供的信用相关。二者在现实的经济运行中是互相融合的。

在直接的科技金融中也会存在一定的间接科技金融，例如风险投资家也需要通过银行进行融资，并投入到科技创新中。

9. 产业创新

产业创新的重要性体现在其本身的良好发展前景和高效益，更体现在一个国家和地区的竞争优势是其产业竞争力，国家和地区的产业升级与创新能力就是其竞争力。

整个产业结构都会在创新的新兴产业下受到带动而优化升级，所以在某个时期，一个国家和地区的竞争优势和竞争力主要在于其本身是否有这个时代在地位上领先的新兴产业，这标志着拥有领先的竞争力。

除了战略性新兴产业的发展之外，产业创新还涉及传统产业的创新。创新驱动对于传统产业的发展来说也是必要的。

二、科技创新各个阶段的驱动主体

（一）知识资本

知识资本是新技术孵化的核心内容，是指知识转化为技术，而非知识的创造。在新增长理论中，对知识资本的作用予以了明确规定——知识在增长模型中是独立存在的，且现代经济增长是建立在知识的积累基础之上的。知识对自身和资本、劳动力等生产要素都会产生递增效应，从而促进了递增收益的实现，让整个经济出现递增效应。

引导性投入是促进知识形态的资本向新技术转变的重要因素，从本质上来说，是通过知识产生对资本的吸引力。引导性投入不仅仅涉及研发投入，还涉及政府投入，之所以产生这样的现象是因为科学发现与新技术有明显的外溢性特征，它们能够将社会生产力提升到一个较高的水平。新技术的孵化需要承担一些风险，并非所有的孵化都会有所成就，为此减少了很多的私人投资活动，这也体现出了政府参与的必要性。政府是代表社会利益的，对知识生产和新技术研发有着不可推卸的责任。政府对孵化新技术环节的重视也有利于科技创新的转化，不过政府在新技术孵化时只能引导，不能强制企业进行投资。

（二）风险资本

科技创业要打造的是以科技为主的企业，必须具备构成企业的基本元素，如企业资本、劳动力。但和其他企业不同的是，科技企业的创设还需要知识专利和技术知识，这是企业能够成立的前提。通常情况下，科技人员想要创建科技企业，代表已经掌握了知识和技术，但是可能没有资本。科技企业创业的风险比较高，同时又可能带来高收益，所以得到的基本都是风险投资。而且和其他企业不同的是，科技企业是通过知识、技术来吸纳资本，所以直接受到知识产权和技术的决定性影响。硅谷之所以能够成为全球知名的高新科技园区，不仅仅是因为它建立在大学城旁边，它还拥有很多的风投公司，风险投资对科技创业非常重要。

目前，我国对科技创业是非常支持的，但是更多的还要依赖风险投资。即使政府投入了很多资金，但是仍然需要参与市场运作。没有风险投资活动的支持，就不会诞生科技创业活动。虽然对创业进行投资有很多的不确定性，但是投资者们追求的并不是成为新企业的股东，然后收取股权收益，而是通过股权的转让来获得高额利润，然后再去投资新的创业企业。也正是因为有这些风险投资者的存在，所以现在的经济市场才充满创新活力。

（三）科技企业家

在科技创业发展到利用新技术指导高新技术产业化的整个过程中，企业家的影响也越来越显著。科技创业不仅要做好科技创新活动的组织工作，更要做好企业经营和市场活动等。科技创业具有团队性，并集聚了大量的专业人才，此外还包括了市场人才、销售人才以及经营管理人才等，因此，可以说科技创业是大型的综合性活动。

将科技创业的企业家统称为"科技企业家"是为了将其和普通的企业家区分开来，这类企业家既要具备一般企业家的素质，又需要具备更广阔的视野和科学家素质。

（四）创新成果

创业让企业可以享受到创新成果，并将其潜在价值予以充分的挖掘，经过不断创新来实现创新成果的商业模式创新和改进，让创新成果本身的价值有所提升，这也是对高新技术产业化发展的一种促进。

以物质资本为核心的企业一般都具有明确的目标，也就是追求最大化的利益，但是如果企业是依赖科技成果建立起来的，那么就会体现出不同：首先，资本构成是丰富的，包括知识资本、人力资本、风险资本；其次，创业依赖的是整个经营团队企业，融合了创业和创新，所有的参与者都要在创业过程中显现自己的价值，也都会共同享受创新带来的价值。

创新成果的共享来源于共享创新的信息资源基础之上，而企业整体价值、企业创造的整体创新成果会对所有参与者的收益产生影响。所以，所有的创业者都以科技创新成功和企业整体价值的提升为目标，然后所有的参与者，包括风险投资者，才能从企业上市或者企业股份转让获取的企业整体价值提升中获得收益。如此一来，科技创业企业不是简单地追求利润最大化和经营规模最大化，而是看重其创新价值。以某项创新成果为基础进行创业是科技创业企业的主要特征，并以实现其成果价值为运行基础，不过在企业成立后，不会局限于这一项创新项目，而是不断地对新技术进行研发。

三、创新驱动经济发展的方式转变

经济发展在不同的阶段有不同的特点，所以，不同阶段的经济发展依赖的动力也是有差别的。

（一）要素与投资驱动的转变

我国的经济增长主要依赖的是物质投入，所以，我国当前的经济发展处于投资驱动阶段。虽然我们一直在提倡技术创新，但是技术创新对社会经济发展产生的影响还是比较微弱的。但是，经过不断的努力，我国的经济资源供求之间发生了很大的变化。如果长期使用物质要素投入带动经济增长的发展模式，那么未来的发展必然会遇到一定的困难，面临着经济发展的局限性。

我国经济增长也正在朝创新为主导的方向转变，不再以投入资源为主，本质上需要打破上述经济发展的自然局限，为经济发展拓展新的局面。在当今情况下，经济增长已经具有向创新发展转型的相应条件。

从世界范围看，科技日益成为经济社会发展的主要动力，创新引领发展是发展趋势。新的科技革命和产业变革正在发生，全球科技创新到了关键时期。随着新技术出现，劳动密集型经济开始被取代，这都是经济社会发展的大势所趋。

我国的经济技术发展潜力巨大，GDP 总量自 2010 年以来第一次领先于日本，工业化发展进程到了中期阶段。人均 GDP 也已经和中产阶级相当，我国已经成为世界第二大经济体。在这种情况下，我们要增强危机意识，抓住机遇，适时调整发展战略，把创新作为新的发展重点。

推动经济发展的创新举措在科技创新中层出不穷。科技创新除了需要注重科学研究以外，更应该注重科学在相关领域的应用，即将科技成果转变为新技术的可能。随着社会的发展，科学因素开始被人们有目的地加以利用，以前所未有的规模应用在生活中。在现代经济学中，创新有了新的定义，即它在科学的发现和应用中得到了明确的定义，创新意味着新的工艺或产品成为世界某处的新生产方式。

转向以创新为主导的举措是经济发展方式的关键。通过新知识、新发明的结合，各种物质要素增强了创新能力，这些创新举措减少了物质资源投入，从而实现了经济增长。

（二）供给侧的结构性改革

供给侧结构性改革是为了提高供给效率，为供给体系提供质量更加优质的产品，让经济增长有更强的动力支持，从根本上提升社会生产力的总体水平。

我国的经济增长速度之所以从高速转向中速，其主要原因是低成本劳动力以及资源供给的推动力有所消退，因此消费需求对于经济增长的拉动力开始被高度重视。但不能就此判断今后只有需求才是经济增长的动力，而忽视供给侧所具有的推动力。因为经济增长的影响要素既包括供给要素，同时也包括需求要素。当经济下行的趋势无法被需求所拉动时，经济增长过程中供给侧的推动作用不能被忽视。在经济增长率当中，一些潜在因素对实际增长率有着直接影响，比如劳动力要素、物质要素，另外还有结构、制度、效率、技术等。目前只是低成本的劳动力以及物质资源方面的推动力有所消退，但存在于供给侧的其他动力因素还可以被开发利用，比如提高生产效率、创新驱动能力、调整产业结构等，这些因素都可以成为经济增长过程中供给侧被开发的新的动力因素。与需求侧拉动力相比，供给侧的这些潜在推动力对经济增长所产生的影响更为长期。

要素所表现出的生产率是经济增长过程中供给侧所产生的主要推动力。全要素生产率理论指的是所有要素共同参与生产创造的生产率总和要比单一要素所产生的生产率之和大，这两种生产率的差额就是所谓的全要素生产率，也被称为广义技术进步。全要素生产率指的是通过改进其他因素，比如提高管理水平、推动技术进步、提升劳动力综合素质、充分发挥要素使用效率等措施来增加产出，是对各种生产要素加以综合利用所产生的，在经济增长过程中表现为质量的提升和效益的增长。

我们在衡量经济增长率的时候，使用的衡量标准是全要素生产率，假设全要素生产率的数值偏低，那么我们可以判定经济属于粗放型增长；假设全要素生产率的数值偏高，那么我们可以判定经济属于集约型增长。全要素生产率素质的高低主要是受制度影响，所以我们要想让经济以集约型形式增长，那么就必须改变供给侧的结构制度。

在经济增长过程中，经常会出现有效供给不足的情况，这属于结构性短缺，因此建立起长效的供给机制、增加供给结构的灵活性以及适应性是供给侧改革的重点所在。当前的供给体系存在的最主要问题是收入一直较低，具体表现在以下几个方面：一是供给品的科技含量不高；二是目前这个阶段存量结构的发展存在缺陷，导致出现很多的无效产能，进而对有效供给产生了不良影响；三是目前这个阶段创造出的供给水平还无法满足中等收入阶段广大消费者的需求，包括其对于供给品在安全、质量、卫生等方面的需求，产品与服务还无法被消费者完全信任。因此，必须要进一步提升供给的能力，这是开展供给侧改革的关键所在，消费者的信赖也由此才能产生。而通过科技创新来提升供给产品的质量以及档次是关键。

创新要注重产品的创新，不能仅仅追求高端，要建立起利于创新的体制和机制，更要实现产品创新与科技创新的有效结合。

（三）创新经济的发展方式

经济增长通常是通过两种方式：第一种方式是向生产当中投入更多的要素；第二种方式是提高要素的使用率。假设经济增长是通过要素投入增加实现的，那么我们就说经济是粗放型增长；假设经济增长是通过要素使用率提高实现的，那么它就是集约型经济增长。

在过去很长一段时期内，我国经济增长基本属于粗放型和外延型，资源供给相对宽裕，经济增长主要通过高消耗、高投入来实现，追求的是更大的规模、更多的数量以及更快的速度，但这种方式所带来的结果是增长质量难以提高，经济效益较差，结构容易失衡。到了现阶段，有限的资源供给已经难以支撑过去那种粗放型的增长方式，而我国也积累了一定的经济发展能力，足以支持对经济增长模式的改变。

我国使用的物质要素供给方式已经影响了经济的可持续发展，所以当前要转换经济的发展方式。集约化的经济发展显然有着技术进步的影响，但并没有去除促进经济增长的物质要素结构。也就是说，除了把物质要素供给转变成集约型经济发展方式之外，还需要注重经济发展方式的创新。经济创新发展可以从两个方面入手。

第一，注重投资，加大出口力度。也就是说，通过促进消费实现经济的发展，这也是当前市场经济转型当中非常重要的一点。过去，我国经济发展是通过投资和出口两者的作用来拉动的，但现在仅靠这种增长模式已不可持续。所以，在新经济峰会的背景下，我们必须调整经济增长动力，一方面要从内部需求的角度入手，扩大内需，保证经济发展的基础是稳定的。我国当前正在进行工业化的建设，特别是非常注重基础设施的建设，所以有很多的投资机会，市场当中存在巨大的消费需求潜力，调整转型是一种符合经济发展规律、能在外部经济环境中发挥积极作用的选择。与此同时，这也避免了经济发展受到不稳定因素的影响后出现大起大落的变动，调整转型能够真正实现经济发展的良性循环。另一方面，消费刺激措施的实施平衡了生产与消费之间的关系，这也是经济增长的关键，能够满足消费者的消费需求。通过制度的改革可以提高城乡居民的消费能力，主要包括改革收入分配体制、商品流通体制和消费体制。

第二，经济增长方式转变为以创新驱动为核心。促进经济增长的物质资源是有限的，尤其是供给自然都有其极限，同时劳动力成本也在逐日上升，环境生态约束趋紧。在这种情况下，我国只能依靠创新实现可持续的中速增长。所谓创新引领是指经济增长在技术、劳动力和管理等多种因素的辅助下，以技术创新为核心进行发展。利用创新的知识和技能，转化物质资本达到创新管理，提高生产力，让有限的物质资源得到节约以及有相应的替代。

通过上述分析可知，从过去粗放型经济增长方式向集约型经济增长方式的转变已然成为当下的共识。集约型经济增长方式指的是对物质要求进行集约使用，从而进一步提升要素的使用率。创新驱动这种经济增长方式不仅能提升生产效率，同时更主要的是整合人力、物力、知识以及制度创新等无形要素，实现各种要素的创新组合。在社会生产和商业活动中，广泛运用科学技术成果是对增长要素的创新。相比集约型经济增长方式，创新驱动的层次更高、水平更高，增长方式也更有益。

四、创新驱动产业结构的优化升级

目前，经济结构调整已经从依赖能量的模式转变成了依赖存量的调整、增量的优化。这一转变代表我国经济的发展已经进入一个新的常态，它开始向中高端发展。

（一）产业向中高端方向转变

产业水平是决定一个国家在世界上的竞争能力的度量单位，一个国家的产业升级与创新能力决定着它在国际上的竞争能力。新兴产业担负着优化与提升产业结构的重任。目前我们已进入了全球化、网络化、信息化的新发展时代，我们要全力促进产业的创新以及科技的进步，开展科技革命，推进产业革命，不遗余力地发展新兴产业，争取在世界上占领科技以及经济的制高点，努力提高我国产业在全球市场上的综合竞争力。

通常情况下，当一个国家、一个社会进入现代经济增长期后，经济发展能够形成自我持续和自我加强的能力，其主要动力来源于产业结构的提升与变动。我国在产业结构转型和升级方面尚不具备足够的能力，目前还处于中低端，因此在国际市场中缺乏足够的竞争能力。这是由我国现有产业结构的特点所决定的：一方面，这种产业结构主要迎合了低收入发展阶段的需要；另一方面，这种产业结构契合了高速增长的结构变化常态。这种产业结构主要有以下几个特点：较高的能源消耗，更多的污染行业，以制造业为主等。中国制造的很多产品尚处于价值链中下游，由于很多高科技的关键性技术和环节均被国外的机构及人员所掌握，所以经济体量虽然较大，但并不强，产值虽然较高，但附加值较低。

我国进行产业结构转型升级时，需重视三个方面的内容：首先，三次产业结构当中要加大第三产业的比重，尤其是第三产业当中的现代服务业；其次，制造业要达到中端水平，甚至高端水平；最后，要向全球价值链的中端和高端发展。当然，以上三个方面都需要以科技创新、产业创新为基础。

（二）产业创新是基本路径

当前，经济发展已经进入了全球化、信息化以及网络化的时代，各国有均等的机会去开展科技创新以及产业创新。我国的经济发展已经到达全新的历史发展阶段，相较于之前有了巨大的提升，科技创新以及产业创新在世界上也具备了一定优势，而不再是跟随状态。在这种形势下，我国完全能够在科学技术以及产业创新方面做出更大的努力，推进产业结构不断向中高端转变。

第一，大力培育具有战略意义的新兴产业，做好前瞻性规划。国家在国际竞争中能够占据什么样的位置，归根结底是由国家的产业优势决定的，而大力发展具有战略意义的新兴产业则是重点所在。这种新兴产业与科技深度融合，决定着科技创新的方向与能力，也决定着产业发展的方向与能力。现阶段，世界范围内的第三次产业革命已经兴起，这次革命集合了新能源、新材料以及互联网运用。自 2008 年金融危机爆发以后，世界各个国家都调整了自己的国家发展战略，并且出台了相关政策，大力培育各自的新兴产业，在第三次产业革命中全力角逐。欧美地区兴起了新工业革命，这次工业革命的主导就是新能源产业，日本、韩国对低碳产业的发展给予了更多关注，德国也制定了旨在推动工业进一步发展的相关战略。在这种国际形势下，我国更要大力培育和扶持具有战略意义的各类新兴产业的发展。

第二，在传统制造业领域全力提升生产率，创新相关技术和产品。传统产业并非是过去所认为的夕阳产业，如果有新技术的结合，传统产业也能够成为活力十足的现代产业。目前在我国经济发展的过程中，一些涉及面广、体量大的传统产业也面临着创新与发展的关键问题。这种创新可以通过以下两个方面来进行：一方面，引导传统制造业向着新兴产业不断转型；另一方面，在传统制造业中推广新技术，比如运用新技术进行产品的生产与制造，增加产品的高科技含量，提高产品的附加值，减少能源的消耗，其主要路径包括：实施产业的转型与升级，引导传统行业主动参与新产业的生产与经营，引导传统行业主动与信息化相融合。

第三，引导服务业实现自身的升级与转型。在我国目前经济发展的形势下，必须要对传统服务业实施转型和升级，发展更加高效的现代物流业，创新信息服务业，拓展租赁、研发等服务业。此类服务业是知识经济的主要体现，在整个价值链中有着较大的附加值。

（三）科技创新推动产业创新

当今世界经济的发展趋势体现在，科技创新的同时产业也会实现快速创新，当有了新的科学发现后，新产业革命随之而来。新科技革命正在全球兴起，由此也催生了环保、新能源、新材料、生物技术等相关的新兴产业，实现了高科技的产业化。当今世界，产业与科技发展的总趋势可以通过科技创新所促成的产业创新来体现。这种产业创新建立在新科技革命的基础之上，所采用的是最前沿的科技成果，有着更高的技术含量、更高的附加值，绿色环保的理念也更加突出。实施技术创新、知识创新的最终目标是促成产业创新，在技术上实现更大跨越，在产业结构上获取革命性的发展和变化。由此可见，若想顺利实现产业结构的优化与升级，必须要以新兴产业的创新作为基础，在此过程中，科技创新对于产业创新的引领作用至关重要。只有实现了科技与产业的创新，才能达到产业结构中高端化的目标。

在产业结构高端化的过程中，技术创新以及创新结果的扩散运用起着非常重要的作用，只有实现了科学技术的突破，才会有新产业不断出现，想从整体上提升产业结构水准，离不开新技术的扩散。

第二节　科技创新与金融发展的协同关系

经济高质量发展的全流程离不开金融部门持续的服务和支持，而在金融部门的发展过程中科技创新亦扮演了重要角色，因此可以说，科技和金融在交互作用下破浪前行，促进了经济的高质量发展。

一、科技创新与金融发展协同的背景

（一）科技革命浪潮的周期性更迭

18世纪末至21世纪初的经济增长过程中，都是以科技创新的革命浪潮周期作为划分依据的，这些浪潮催生了新的"技术—经济"范式，通过科技创新集群带来生产效率的量子式跃迁。尽管科技革命在长期内属于世界性的现象，但每次科技革命都会率先爆发在某个特定的国家（地区）——该国在当时是世界范围内的经济领袖，随着时间的推移，科技创新成果逐渐向外围地区扩散。

1771年，Arkwright在英国诺丁汉郊区设立工厂，利用水流作为动力开展纺织作业，使得通过机械化削减生产成本、利用机械化提升生产效率有了清晰的发展方向；1829年，Stephenson发明了"火箭号"蒸汽机车，这一实验的成功表明时代已经进入了蒸汽动力时代；1875年，Carnegie在宾夕法尼亚州创办第一家制造钢轨的酸性转炉钢铁厂，自此拉开了钢铁时代的大幕，这也直接带动了美国的发展，美国经济在这一阶段迅速崛起；1908年，美国的福特工厂创造出了第一辆T型车，它是后来这类车型生产的原型，以这个为

原型进行了大量同类车型的生产，直接促进了大众消费的形成；1971 年，英特尔公司的微处理器宣告问世，这是最早的、最简单的"芯片上的计算机"，被视为信息时代诞生的标志。这五次诱发"大爆炸"的事件表面上看起来相互孤立，但对于每一次科技革命浪潮的导入与后续展开过程都具有划时代的意义。随着新能源、生物电子、纳米材料、人工智能、3D 打印等新技术在全球范围内的迅速推广，第六次科技革命浪潮的轮廓日渐清晰。

每一次科技革命浪潮基本都经历两个发展阶段——在科技革命浪潮的前二十年到三十年是科技的导入期间，这一期间主要是完善基础设施，优化关键产业，它们的发展虽然会受到旧范式的抵抗，但是发展也受到了金融资本的推动。后二三十年为展开期，前期形成的不可持续的结构性矛盾在制度框架的调整下得以缓和，科技革命带来的变革力量扩散到整个经济之中，这种力量充分发挥了财富生产潜力。

在导入期和展开期之间存在一个转折点，通常表现为一次严重的衰退，它为制度重组和框架调节提供了机会，有利于实现科技革命的全部成就，使经济增长重新进入可持续增长模式。可以进一步将每一时期进行阶段细分：在大爆炸之后的第一阶段，新技术和新产品接踵而至，广阔的利润空间吸引了金融市场的潜在投资者，这些企业在金融资本的支持下获得扩张条件，强烈冲击着旧范式主导的经济秩序，界定了未来发展的轨道法则。在导入期的第二阶段，新技术体系和新基础设施伴随投资规模的扩大得以集中开发，新范式牢牢扎根于经济中，并做好了充分展开的准备。但在这一阶段，较高的利润预期吸引了金融资本的狂热追求，加剧了社会中的不平衡状况，这种不平衡既存在于核心产品的需求规模和供给潜力之间，也存在于账面价值和真实价值之间，最终导致资产膨胀和非理性繁荣。对于这种结构性紧张关系，需要通过对各种制度框架进行根本性变革，才能使经济从金融标准塑造的狂热方式转变为依托于生产能力的协同方式，金融危机为此创造了机会。第三阶段是展开期的前半段。经过前期的积累，生产和范式扩张的条件都已准备好，在适当的制度框架下，金融资本向实体经济回归，服务于科技创新和实际生产的需要，经济增长以一种稳定的节奏向前推进。展开期的后半段是浪潮的第四阶段，作为经济增长引擎的核心产业面临市场饱和、创新收益递减等困境，科技革命的动力逐渐衰竭，对新技术的有效需求随之出现，闲置的金融资本做好了承担风险的准备，下一次科技革命浪潮开始酝酿。

轨道并非是永恒的，当一种范式的潜力达到极限，表现出增长动力不足时，新的科技创新便会异军突起，支撑起下一轮的发展，这是不可逆转的规律。在金融资本的支持下，新旧技术的转换更迭将推动经济的持续增长。

（二）科技革命中科技与金融的交互作用

科技创新提高了劳动生产率，金融发展解放了财富驱动力，二者相互交织、彼此依赖、协同演进，这在历次科技革命浪潮中屡见不鲜。科技创新如果缺少了金融资本燃料的助力，难以成为经济增长的引擎；金融部门也在此过程中享受到了科技创新带来的红利，通过优化公司业务处理条线、拓宽金融产品空间提升了金融服务的质量和效率。

1. 金融服务迎合科技创新的需求

科技创新意味着风险，未知前景充满了不确定性，金融市场除了为其筹集必要的发展资金外，还作为一条重要的风险分散渠道来发挥作用。虽然部分原始创新可以借助个人财富积累和亲戚朋友帮助得以实现，但随着科技创新的持续扩散和重大创新的相继发生，从金融体系中获得外部支持是十分必要的。

随着电气技术和内燃机的结合，汽车、飞机、电话、电报等产业的出现从根本上突破了经济发展的时空限制，拓展了市场的边界。资本对利益的追逐使得以工业为主的国家开始拓展自己的业务范围，不断地向海外进行扩张，经济出现了国际化发展的趋势。这种发展要求金融机构有更高的跨国进行经济活动的能力，以及更高的风险管理能力。商业银行在全球范围内设立分支机构、健全业务网络，衍生品市场创新活跃，为风险管理提供了丰富的金融工具。

金融和科技创新的结合促进了风险投资的产生，风险投资是科技和金融进行的深度融合。在20世纪初，美国形成了风险投资的基本雏形，当时的社会中比较富有的人可以通过投资获得更高的收益，而且他们还会委托金融专业人才为他们选择可以带来更多利润的投资领域，这些投资者的出现在当时形成了一个规模比较小的风险投资市场。20世纪中期，美国发明了很多高新技术，高新技术的出现带动了高新技术产业的发展和崛起，也直接带动了美国经济的高速增长，但是同时也存在低程度的通货膨胀。这一时期的其他国家经济大多处于停滞甚至衰退的状态，但并不完全表明欧洲和日本等国的科学技术水平落后于美国，究其原因在于风险投资市场的发展明显滞后，致使大量科技成果无法得到及时的开发和应用，尤其是在具有开拓性的尖端技术领域。风险资本家会凭着超前的投资理念和丰富的管理经验完善企业的内部治理结构，敦促其不断地向股份化和规范化的方向发展。

在服务科技创新的金融体系中，政策性金融是不可或缺的组成部分。政府的金融干预行为对科技创新产生了重要作用，大多数欧洲国家在科技创新的不同时期、不同领域均获得了政府的资金支持，如19世纪40年代的比利时、19世纪70年代的德国等，主要表现在技术获取、人才引进和教育培训等领域。此外，还有许多政策性金融机构通过提供信用担保、设立引导基金等形式，间接吸引金融资本对科技创新领域的关注和投资。

自20世纪70年代起，以色列政府就明确了科技立国的发展理念，并且成立了首席科学家办公室。办公室的目的是加大企业进行科技创新的研究力度，实行的一个举措是设立技术孵化器项目，该项目不以营利为目的，为所有参与创业的人提供初始运营资金、提供团队管理、提供办公场地等和创业有关的服务；另一举措是设立 YOZMA 政府引导资金，与市场化的风险投资机构合作，充分发挥引导作用，鼓励企业进行研发活动。

2. 科技创新提升金融发展的水平

（1）科技创新加快了货物运输和信息传播的速度，对于金融部门来说，通信方式的变革显著增强了资金的流动性、安全性，它们有意愿成为科技创新产品和服务的早期用户。第二次浪潮期间，英国的银行分支机构在铁路和电报线路初具规模时，曾率先利用这些方式建立起全国通信网络。第三次革命浪潮的创新成果允许国内银行与海外银行建立联系，国际股票市场也由此适时建立。

（2）信息技术革命使金融机构的经营方式发生根本性变革。以美国银行业为例，20 世纪 70 年代，商业银行利用数据通信和电子计算技术改进会计核算系统，推出联机柜员系统，保证了资金转移的准确性和实时性，初步实现了前台和后台业务的电子化。20 世纪 80 年代，借助新兴的信息传输技术、安全技术以及人机交互技术等，银行开发了以 ATM 和 POS 为代表的自助银行业务处理系统，随后出现的电话银行、网络银行、手机银行更是极大地延伸了金融服务的物理边界，突破了时空维度限制。

20 世纪 90 年代以来，数据处理技术获得了新发展，它能够让银行从大量的金融交易数据当中获取对银行有用的、有价值的商业信息，银行可以根据这些数据为用户提供增值服务，这为银行带来了更多的利益空间。与此同时，银行还可以使用数据信息创新信用评估方式，有效控制贷后风险，为中小企业融资难的问题提供创新型解决方案。在科技创新的助推下，金融机构实现了管理流程化、运营网络化、渠道电子化和业务多样化，极大地提高了服务的质量和效率，因此在某种程度上，科技创新已不再单纯地止步于为金融部门提供便利的工具，而是表现为对金融系统的改造与再造，使金融的核心功能得到更好的发挥。

（3）科技创新为金融市场的健康发展提供了强有力的支撑。几百年来，金融市场的蓬勃发展体现了顽强的生命力，各类市场主体乐此不疲地参与其中，充分展现了资本的无穷魅力，它是国民经济的晴雨表，也是公众情绪的晴雨表，不仅影响着经济的发展，也牵动着千家万户的心。从原始户外交易场所，到广泛采用信息技术、实现全球交易联动的现代市场，主要得益于科学技术的创新和发展。

（4）科技创新还促进了金融市场结构调整，单一的主板市场无法适应创新型企业的融资需要、投资者的风险偏好，也不能为风险资本提供便捷的退出渠道，于是世界各国和地区纷纷设立二板市场及场外交易市场。这些充满生机的市场不仅完善了金融市场的层次结构，同时也促进了金融市场的发展和效率的提升。

（三）科技革命浪潮的经验启示

历次科技革命浪潮的史实印证了金融发展和科技创新的协同演进过程，科技创新引致经济结构调整，促成经济增长方式由量变到质变的转化。在每一次科技革命浪潮扩散的过程中，金融部门都起到了关键作用，同时科技创新成果也为金融服务创新提供了改进动力和技术支持，二者相互激励、相互反馈，形成了可持续的周期循环。

科技创新与金融发展的协同过程并不是一帆风顺的，金融资本和生产资本之间"耦合—断裂—再耦合"的过程决定了经济增长的节奏和方向。金融资本代表了财富持有者的行为标准，他们致力于增加财富的活动，无论借助何种渠道，最终目的是以货币及其他账面资产形式拥有财富，并获得增值；生产资本则体现了财富创造者的行为动机，他们借入资金保障科技创新活动，通过生产产品和提供服务等方式创造新财富，并与金融资本分享利润。

在科技革命的爆发阶段，金融资本起到了帮助传播科技革命的作用，金融机构开发出适当的金融工具以满足创新企业的融资需要，并从中获得了超出市场正常预期水平的高额收益。在逐利性动机的驱使下，金融家们确信已找到获得丰厚利润的有效途径，集中投资，导致产能过剩，市场经历了不规律的无序增长，以钱生钱的投机性金融工具被发明出来，最终资产膨胀无法控制，在经济崩溃中完结。狂热阶段过后，在经济衰退的压力下金融资本被拉回现实，规范金融资本行为的法律准则陆续出台，各国为适应新的技术—经济范式，在国家层面重构了有序协调的制度框架，抑制金融资本破坏性的短期行为，并引导它服务于生产资本的长期利益。自此之后，科技创新与金融发展迈入秩序井然、行动规矩的协同阶段，实现了结构断裂之后的再度耦合，共同推进经济持续稳定的增长。

金融资本与生产资本在追逐利润的过程中，由于职能和行为标准的差异，会产生偏离耦合路径的倾向，具体表现为金融服务脱离科技创新的实际需要，或创新收益无法满足金融部门的利益诉求。当科技创新价值被高估时，金融资本自我膨胀，资产价格偏离正常的预期利润水平，造成经济的非理性繁荣；当价值被低估时，金融资本供应不足，科技创新缺乏充足且持续的资金支持，难以转化为推动经济增长的实际生产力。

我国经济正处在变革转型的关键时期，信息技术革命的创新成果正在等待适当的条件充分展示其在财富创造方面的潜力，因此在考察科技创新与金融发展的关系时，关注二者间的协同作用是十分必要的。

二、科技创新与金融发展协同的动因

（一）科技创新与金融发展协同的参与主体

从科技创新发展历程来看，企业、高校、科研院所、金融机构及政府部门在相应阶段发挥了异质作用，它们之间彼此依赖、相互促进、协同演化。企业、高校与科研院所作为科技创新成果的供给者，在由创意创新转化为实际产品的过程中面临不断放大的资金缺口，需要持续的、差异化的金融服务；金融机构作为金融产品和服务的供给者，在追求项目投资回报的同时，也借助创新成果提升业务能力和运行效率，进而更好地服务于科技创新；政府作为特殊的参与者，具有多重角色定位，除了维系金融与科技二者之间的协同关系外，还需作为引导者和调控者，将"有形的手"和"无形的手"结合起来，最大限度地减少信息不对称产生的不利影响。

1. 企业、高校与科研院所

科技创新活动大多在企业、高校与科研院所之中进行，与企业不同的是，高校与科研院所更倾向于纯粹的基础科学研究，其主要工作是促进科学知识创新、培养专业技术人才，研究成果转化需要借助企业这一组织形式，通过市场运作机制将产品转化为商品，搭建完整的创新链条，即"科学—技术—产品—商品"，实现科技创新助力经济生产的目标。在某种程度上可以认为，企业是科技创新最重要的载体，最能把握市场的前景预期。

从生命周期的角度出发，可以将科技创新的成长过程划分为风险收益不对等的五个阶段，分别是种子期、初创期、成长期、成熟期及衰退期。

在种子期，企业拥有相对清晰的发展规划和较为新颖的专利技术，通过市场调研开发新产品，但大多仅停留在尚未量产的实验室阶段，产品能否被市场接受不得而知，前景具有极大的不确定性。

在初创期，企业的管理架构初具雏形，主要任务变为市场导入和规模生产，技术转化风险逐渐被经营管理风险所替代。由于销售利润有限、无形资产难以评估，企业留存收益可能不足以支撑经营活动，需要依靠外部融资。

进入成长期后，企业的创新产品占据了一定的市场份额，发展战略明确，为了继续扩大生产规模、巩固市场地位，仍需要持续的金融服务，包括财富管理、贸易结算等，也需要继续拓宽融资渠道，不囿于银行贷款，寻求资本市场股权融资，优化资产负债结构。

在成熟期，企业积累了丰富的生产和销售经验，拥有了一定的市场知名度，营利能力也随之提高，积极探索规模经济的实现，但因技术开发相对成熟，企业面临潜在竞争对手进入市场的威胁。

在衰退期，市场逐渐趋于饱和，创新红利消磨殆尽，企业需要着手进行新技术、新产品的研发，以求在新一轮竞争中抢占先机。

2. 金融机构

作为金融服务的供给者，金融机构在整合资源、传递信息等方面为科技创新提供了全方位的金融支持。金融机构大致可分为中介机构和投资机构两种，前者主要包括银行、保险及担保公司等，它们仅作为资金融通的中介，满足企业的投融资需求、风险管理需求，不干预日常经营活动；后者主要包括天使投资、风险投资及私募股权投资等，它们与企业签订股权协议，除了提供必要资金外，还参与经营管理，影响企业的生产决策。

银行贷款是企业创新的间接融资渠道，特别是在一些资本市场规模和容量相对较小的国家或地区显得尤为重要。但与普通贷款相比，银行在发放科技贷款时，面临诸多的困扰，如银企双方的信息不对称、较高的信用违约风险、匮乏的抵押质押物等，不符合银行追求安全性、营利性的经营原则，在很大程度上抑制了业务开展的积极性。因此，必须寻求贷款业务在风险和收益方面的平衡，通过开发创新型的金融产品，积极拓展服务模式，借助风险缓释的配套措施来增强业务的可持续性，如与保险公司合作推出的贷款保证保险，与担保机构合作提供的信用增进方案，都有助于将银行自担的创新风险转化为多机构共担。这种机构间的协同合作得益于信息技术进步，在业务合作中积累数据，利用自身优势共享信息，更全面地评估企业的信用资质，降低信息不对称程度，通过差别化的定价策略精准地服务于不同阶段的科技创新活动，增强了资金的利用效率。

各类创业投资机构在科技创新活动中发挥了金融中介机构无法比拟的优势，它们偏好风险、经营灵活，具有专业的项目投资经验和丰富的公司管理经验，能较为准确地把握市场运行规律和发展前景。其中，天使投资青睐于早期的创新创业项目，注重对种子期和初创期的企业提供资金支持，有效地缓解了资金供给与需求错配的问题。

风险投资及私募股权投资机构则倾向于处于成长期的企业。它们在提供发展资金的同时介入经营管理层，健全企业的内部治理结构，待企业运营规范、盈利稳定后，通过转让股权或挂牌上市等方式退出，实现资金增值的良性循环。这些机构充当了优质创新企业登陆资本市场的孵化器，是科技创新多层次融资体系的关键环节，对于提升金融发展水平具有重要意义。

3. 政府部门

科技创新并不是竞争产品，这就表明它一定会有知识溢出现象的存在，与此同时，也会出现技术共享现象。科技创新显现出非常鲜明的正外部性。正外部性是指某一个企业开展的科技创新活动会给其他市场当中的企业带去一定的经济利益。其具体表现在三个方面：一是对市场的正外部性，在创新成果的专利保护期过后，其他经济主体以较低成本获取技术，进一步推广并获得利润，带来更多的社会经济效益；二是对人才的正外部性，知识创新可以通过相应载体进行传播，培养大量从事科学技术研究的专业人才，他们所具备的人格魅力对整个社会的发展具有示范作用；三是对社会的正外部性，科技创新成果不仅可以改变人们的生活方式、提高生活质量，还能增强国家科技软实力，实现经济结构的调整和增长方式的转型。

科技创新过程中会面临诸多的不确定性，资金的供给与需求在时间和空间维度存在错配现象，单纯依靠市场机制进行调节的难度较大，会对市场主体开展科技创新的积极性产生不良影响，所以政府要进行适当的引导，并且为科技创新活动提供服务，但是政府不能超出自身的职权范围，进行过多的行政干预。一方面，政府要完善促进科技创新的法律法规体系，对创新活动进行规范、引导和激励，破解制度性障碍，同时辅以相应的财税支持政策，如优化财政投入的方式和力度，明确财政补贴的对象和范围等；另一方面，政府要积极搭建一个功能互补、资源共享的综合服务平台，为企业和机构提供交流平台，促进企业和机构之间展开深入的合作。与此同时，实现不同机构、不同主体之间的信息流通，进而在整个社会当中营造活跃的科技创新氛围，为创业活动的开展、科技金融的发展提供一个良好的生态环境，持续推动并始终维系科技创新与金融发展的协同关系。

（二）科技创新与金融发展协同的内部动力

科技创新与金融发展协同关系的形成与演进既受到系统内部因素的驱动，也受系统外部环境的影响，在长期作用过程中形成了一套有效的自循环、自反馈模式。企业和金融机构作为追求自身利益最大化的两类经济主体，为了获得资本增值的创新溢出效应，分散创新风险，在各层面建立了要素供需匹配机制。

科技创新之所以能够吸引金融资本，是因为创新具有财富创造的资本增值功能，这是二者协同的动力源泉之一。

市场经济理论指出，在自由竞争状态下，企业能够获得的利润是零，所以企业要想赚取更多的利润，就要进行技术垄断，但是技术垄断只是短期的，从长期的发展来看，技术垄断必然需要技术创新，而创新会为社会长期发展带来更多的福利，这为企业通过科技创新获得垄断利润提供了空间。受逐利本性的驱使，金融部门根据科技创新项目的风险收益特征提供相应的金融产品和金融服务，客观上增加了金融交易需求，推动了金融市场发展。

现有金融理论认为，金融具有信息搜集、动员储蓄、风险管理、激励约束等功能。由于科技创新存在投资体量大、研发周期长、资产变现难等特点，始终面临资金不足的局面，金融机构通过广泛的搜集和处理信息，与创新企业建立稳定的借贷关系，减缓双方的信息不对称，将分散居民家庭中的资金汇聚起来投资于科技创新项目；而金融市场中的参与者则凭借自身的专业知识、辨别能力通过证券进行交易，使其内在价值被挖掘出来，引导闲置资金流向投资回报高的领域，促进科技创新。

针对于创新过程蕴含的风险，金融系统提供了差异化的金融产品组合，通过跨时期、跨区域的风险分散，减轻单个企业、行业或地区的风险负担，避免创新风险集聚，影响科技创新的进程。科技创新成功的财富效应是巨大的，但每一个项目都要经历由种子期到成熟期的缓慢过程，这种财富积累难以在全社会发挥示范作用，而金融市场为其提供了对未来财富进行贴现的可能。贴现机制使财富能够得以提前兑现，激励了更多企业参与科技创新活动。

科技创新与金融发展协同的另一动力在于，科技创新可以通过优化信息传递方式、降低交易成本等方法推动金融市场的发展。随着交易规模的持续扩大，信息搜寻、协商决策等成本逐渐成为金融机构的负担，通信技术的创新提高了信息处理的精度和效率，降低了信息处理成本，同时也使交易双方的协商更为便捷、透明，显著增加了交易成功的频率。科技创新成果还在契约执行、监督等方面发挥功效，如通过技术手段实时监督企业经营活动，降低创新主体违约的发生概率。由此可见，科技创新从不同角度降低了交易成本，促成了交易实现，拓展了盈利空间，在自身获得金融支持的同时，也在持续地促进金融市场的发展。

（三）科技创新与金融发展协同的外部影响

科技创新成果带来的宏观经济效益是政府提供制度保障和政策激励的动力。科技创新活动不仅涉及单纯的成本收益分析，还包含创新要素的整合、创新要素的协同。所以，我们需要建立制度，通过制度让科技创新和金融之间协调发展。从科技创新企业的角度来讲，制度的存在可以让企业拥有更多的投资主体，这对企业来说是有益的。因为科技创新存在高的风险，所以很多企业在面临创新的时候并没有表现出过高的积极性。

如果有科学合理的制度为企业的金融资本投入提供保障，那么处于发展初期或是快速成长期的企业就会抓住这个发展机会，积极参加科技创新。从金融部门的角度来看，制度的存在可以让信息变得更加对称，有助于金融机构进行资金的协调分配，让资金被更高效地利用。金融机构会对项目调查、审查过程中专家们选出来的优秀创新项目进行资金支持，这对于金融部门来说，无疑降低了资金投入的风险。金融部门会选择更高价值的项目进行投资，让金融资本的投资有更高的成功率。因此，我们必须建立制度，为科技创新的实施提供基本的保障，其中需要建立的机制有市场行为规则机制、市场长效激励机制。机制可以分为两种：其一，正式制度，如法律法规中的规定、政府部门制定的各项条例或保障措施。其二，非正式制度，是指社会发展当中自然形成的理念、自然存在的意识。这两种制度可以吸引更多投资者来投资科技创新活动，让科技创新活动和金融发展之间实现有效的配合。

为了促成科技创新与金融发展的协同关系而设计的制度安排主要包括基于市场调节取向的风险补偿制度和基于整合共享取向的风险分散制度两种方式。风险补偿是政府对参与主体承担科技创新风险而给予的回报和激励。一方面，政府提供实验室、孵化器等公共物品，给予创新企业充足的发展空间和经验指导，增强其抵抗风险的能力，并通过财政补贴、税收优惠、贷款贴息等方式对风险溢价进行补偿，吸引更多的社会资金注入；另一方面，完善专利保护制度，设立市场准入门槛，允许创新企业在一定时期内独享创新成果、获得垄断利润，调动企业创新积极性。风险分散是指政府通过机制设计将科技创新风险分配给多个市场主体共同承担的过程。

在风险总量既定的情况下，平均预期损失与承担风险的市场主体数量呈负相关关系，当损失过大，超过单一市场主体的承受能力时，会影响科技创新活动的可持续性。因此，政府要牵头搭建交流平台，适当扩充金融部门的参与数量，除了鼓励银行类金融机构为创新产品提供服务外，还要积极引导创业投资机构介入，发展多层次的直接融资市场，通过向不同风险偏好者转让一定份额的股权或债权，实现风险与收益的合理匹配。政府通过推进制度建设，适当利用调控手段对企业进行引导和激励，可以为科技创新营造理想的市场环境，同时根据经济需求规范金融发展的方向，有效地弥补科技创新与金融发展协同过程中的市场缺位问题。

三、科技创新与金融发展协同的规律

科技创新与金融发展的协同演进涉及多个层面，呈现多种形式。系统内各主体和要素在互动共生、匹配耦合的运动规律作用下，逐渐实现由无序向有序的转变，功能得到提升，结构得以优化，二者协同作用于经济增长。

（一）互动共生规律

"互动"较早时用于解释物理学中的能量守恒定律，说明不同物体或系统之间的相互作用及产生的影响，后来将其扩展到社会现象中，用于描述一定情境下人际或事物之间发生的多种形式、不同程度的往来关系，是一个相互作用、相互改变的过程。持续稳定的良性互动需要互动主体有类似的思想理

念，有类似的价值观点，而且彼此要产生相互依赖的行为。"共生"则多被用来描述两个或多个生物种群之间频繁接触形成的紧密关系，主要表现为偏利共生和互利共生两种模式——偏利共生仅对其中一方有利，而互利共生则体现了物种间相互有利的和谐共居关系。将互动共生的概念借鉴到协同关系研究中，可以用来描述两个系统各要素之间彼此依存、相互影响、和谐共居的演化规律。具体来说，科技创新与金融发展协同的互动共生规律是指相继产生、自然发展，并在协同过程中相互促进的运动轨迹，它们在功能结构维度、时间空间维度上存在协调一致性，其中一方的生存和发展以另一方为依托条件，任何超前或滞后的发展状态均会对另一方产生负面影响，使协同过程偏离设定的预期目标。

在互动共生过程中，系统要素的集聚与扩散是常见的运动形式。虽然科技创新与金融发展的协同演进是市场供需机制下的自发行为，但由于市场经济总是朝着阻力最小的方向运行，而资源禀赋总是向着效用最大的地方流动，因此只有当收益大于成本时，才会促成有效的分工与协作。资金、技术、人才等创新要素在时空范畴内发生集聚与扩散，这个过程以企业、金融机构、政府等主体间的要素配置重组为主要内容，通过相关产业布局的优化与调整来加以体现，其作用程度与流动速度决定着科技创新与金融发展协同水平的高低，影响着经济增长的质量。

在科技创新与金融发展协同的不同阶段，集聚和扩散表现出的功能形态是有差异的。例如，在某高技术产业发展的初始阶段，要素集聚是主要驱动力，在科技创新的示范效应下，越来越多的企业进入该领域，扩大了整个产业的规模；进入成长阶段后，既有要素流入又有创新溢出，集聚与扩散形成双轮驱动，共同作用于协同过程；随着市场日趋饱和，产业发展面临诸多条件限制，边际收益降低，金融资本开始寻找更适合投资的方向，生产要素逐渐扩散到其他新兴产业领域。

　　系统要素的竞争与合作是互动共生规律的另一种常见的运动形式。在市场机制作用下，缺少竞争便缺乏生机与活力，难以获得长足发展，但缺少合作也意味着丧失了部分获益的可能性，造成不必要的损失。科技创新与金融发展之间的竞争合作表现为企业、金融机构之间对要素的争夺与共享，二者的变化趋势是此消彼长，假如市场当中存在的竞争比合作要多，那么科技创新和金融发展之间就会呈现出较低的协同水平，甚至无法实现协同。例如，金融部门的过度发展产生"虹吸效应"，将科技创新活动所需的资金、人才等要素源源不断地吸收到金融部门，这会在一定程度上缩小社会当中实体经济能够获得的发展空间。假设存在的合作比竞争多，那么不同的主体之间将会形成一种以互利共赢为目的的竞合关系。在竞争与合作当中，它们不仅追求自身利益的提高，还注重群体利益的发展统一。例如，企业和金融机构进行深入合作可以让信息更加对称，减少资源浪费和重复使用，提高资源配置效率，从而强化了科技创新与金融发展的协同关系。

　　（二）匹配耦合规律

　　在科技创新与金融发展协同演进的过程中，二者作为相对独立的子系统相互交换物质和能量，通过能量耗散和非线性动力机制的作用，科技创新和金融发展的协同演进逐渐变得稳定有序，并且构建了良好的自我循环系统。当外部环境对系统未产生影响时，子系统遵循各自的运行规则，维持一定的结构和功能不变；当外部环境发生变化时，在随机涨落原理和自组织原理的影响下，形成新的功能结构，提升复合系统的运作效率。复合系统的非线性特征决定了科技创新与金融发展协同的匹配耦合规律，二者在系统结构上的非线性决定不能将部分功能简单加总来替代整体功能，子系统之间必须相互配合才能衔接得当、和谐共生。

　　功能匹配指的是不同的子系统之间可以实现协调的功能输入和输出。比如，一个系统的功能输出之后可以输入到另一个系统中，实现功能的良好循环，进而让整个系统以最优的状态发挥功能。系统内部的不同要素之间协调配合，将有助于激发要素潜能，调和内部矛盾，解决发展过程中面临的掣肘问题，并通过发挥协同效应维护系统运转的稳定，使系统整体功能倍增。例如，科技创新的财富创造功能满足了金融资本对盈利空间的需求，而金融服务具备的筹融资功能、信息处理功能为科技创新提供了充足的资金支持，风险管理功能则可以有效地化解创新过程中蕴含的不确定性，二者实现了功能互补，并在市场机制的作用下实现了风险和收益的平衡。

结构匹配反映了系统之间形成的强弱适当、合理有序的组织形态，是要素在结构层面的有机结合，合理的结构有助于提升科技创新与金融发展的协同效率，进而推动经济结构的优化和社会结构的完善。各子系统在结构特征上存在差异，通常需要较长时间的自我调节或外部干预才能实现匹配，由此产生的能量耗散给协同带来了负面影响，若其中某个子系统的发展超过了另一子系统的承载能力，则会导致整个复合系统的退步。例如，科技创新活动不同阶段的风险收益特征决定了异质性金融资本介入的方式和时机，如果在融资结构上发生风险错配、期限错配等，金融资本将无法获得预期的投资回报，会影响金融服务的持续性和稳定性，不利于二者的协同演进。

任何系统都不能脱离时空环境而独立存在，时空匹配是指子系统虽然在不同时间、不同空间的发展存在显著差异，但它们之间仍然建立了多维的联系，在交互耦合作用过程中呈现出协同发展的趋势。在时间维度上表现为金融服务方式日趋多元化，从传统银行信贷到资本市场直接融资，从风险投资机构设立到互联网众筹方式崛起，丰富的金融产品和服务贯穿科技创新整个生命周期，有助于实现风险与收益在时间轴上的匹配。在空间维度上表现为创新要素在区域之间的流转过程，各区域发挥自身比较优势，加强信息共享与合作交流，最大化资源利用效率，推进区域协同创新，实现整个系统的高效运转。

四、科技创新与金融发展协同的制度

虽然我国科技金融工作取得了一定成绩，但科技创新与金融发展协同水平较低的事实也从不同层面得到反映，二者的良性互动机制存在缺陷，需要有效的制度安排加以调节。从国际经验来看，众多世界公认的创新型国家都经历了制度变迁的过程，它们通过创造市场运行的新秩序来降低科技创新活动的不确定性，以满足金融资本的逐利避险要求。

（一）科技创新与金融发展协同制度设计原则

1.政府引导与市场运作互补原则

经济学中的制度是一个总称，它主要包括已经成为明文规定的办事准则、行为规范或行为秩序，它对经济单位之间的合作或竞争有一定的影响。当外部环境发生变化之后，人会提高自己的理性程度，与此同时，对制度建设也有了新的要求，期望通过制度的改变实现收益的增加。

假设制度供给和需求之间达到了平衡状态，那么这时的制度就是相对稳定的；假设制度供给和需求之间不平衡，那么就需要对制度进行调整，也就是我们所说的制度变迁。制度变迁通常分为两种：一是强制性变迁，政府充当第一行动集团，在追求租金最大化的目标下以行政命令和法律形式"自上而下"推动制度变迁。二是诱致性变迁，个人或群体在新制度红利的引诱下，"自下而上"倡导、组织和实行的制度变迁，具有先易后难、先试点后推广的渐进性特点。

科技创新与金融发展的协同演进过程也是一个制度调整、变迁的过程，我们要结合使用强制性变迁和诱致性变迁，为协同关系提供制度方面的保障。假设我们只使用强制性变迁，那么原来积累的经验可能会对制度安排造成一定的影响，导致社会中新出现的需求和变化没有被关注到，进而导致制度调整和现实需求之间不吻合，效率低下。如果仅强调诱致性变迁，则可能由于外部性和搭便车等问题，导致制度调整所需时间较长，错过制度改革的最佳机会。此外，诱致性变迁不会触动原有制度框架的根基，带有明显的旧制度痕迹，在实际运行中可能会产生非均衡、不稳定等情况。在构建科技创新与金融发展协同的制度保障体系时，要始终坚持强制性与诱致性变迁结合、政府引导与市场运作互补，发挥各自优势，弥补对方缺陷，以达到最优的制度变迁效果。

在科技创新与金融发展协同的过程中，没有成熟的模式可供借鉴，需要不断进行探索，但在处理政府与市场的关系方面，政府仅作为引导者的角色是毋庸置疑的，不能越俎代庖。政府的引导一方面体现在出台相应的鼓励和扶持政策上，形成相对完善的、系统的执行框架，积极营造适合科技创新与金融发展协同的外部条件和业态环境。通过不同部门、不同层级的沟通，可以让科技政策、金融政策和财政政策体现出更高的协调性，打破原来发展存在的体制障碍，将不同部门具有的不同优势充分地结合起来，让创新和金融发展进行更高效的对接。另一方面体现在政府对创新主体和金融部门给予适当风险补偿上，以弥补市场失灵。当科技创新的风险过大时，金融投资可能无法实现预期回报，甚至遭受严重损失，在这种情况下金融服务如果缺少必要的风险报酬补偿机制，则难以实现持续运营。除了采取传统的财政补贴、税收减免优惠等方式外，政府还出资设立了各类创新基金、引导基金等，致力于将已有科技成果转化为实际生产力，再通过发挥杠杆效应，吸引民间资本和外资资本进入创业投资领域，调动投资热情、降低投资风险。

科技创新必须靠市场来推动，金融机构也应实现市场化运作。企业是进行科技创新的主体，企业需要时刻关注市场的发展方向，并且联合高校、科学研究所共同致力于技术的研发创新，创造出质量更高的创新成果，吸引更多的金融资本投资。银行等金融机构也要建立信贷方面的完善机制，以提供更多的信贷产品，并且根据不同企业的不同情况选择使用不同的规则，从企业的创新当中获得收益。除此之外，企业还应该联合保险公司，为自身的科技创新提供更加稳定的保障。

与此同时，企业应该拓宽融资渠道，探索适合企业创新规律的其他融资渠道，比如，使用债券进行融资，在交易市场中挂牌上市，通过利用市场的资源配置功能进行融资。对于企业来讲，如果它的创新风险总量是确定的，那么承担企业经济风险的主体越多，企业所需的成本就越少，需要承担创新失败的损失也越小；相反，如果承担经济风险的主体比较少，那么企业可能会因为承受不住创新风险而无法进行持续的创新。所以，我们应该利用制度吸引更多的金融机构、金融主体参与科技创新，根据不同主体的出资额度和投资方式来确定其可以从创新收益中获得的收益权重，以及要承担的创新成本。这样的方式可以实现有效管理，也可以分散风险。

2. 风险特征与创新报酬匹配原则

科技创新过程中的每个决策在信息约束和各种突变因素的干扰下都蕴含着极大的不确定性，从最开始的科学发现到最后产品投入市场当中，整个过程都存在不确定性，而且过程越长所带来的不确定性就会越大，投资者就需要承担越高的风险。具体来讲，不确定性涉及以下两个方面的内容。

第一，创新主体的选择是不确定的。资金和技术之间的融合、匹配、协调是科技创新活动发展的支撑，但是资金的主体和技术的主体是不同的，资金的投入主体无法决定资金的使用。也就是说，资金所有权和资金使用权的主体不同。与此同时，不同主体之间的信息交流不充分会导致信息不对称，所以科技创新活动还会存在逆向选择问题。对于科技创新主体来讲，为了获得资金支持可能会向银行谎报自己的资源水平和能力水平，也就是上报信息可能是虚假的。在这样的情况下，金融机构会受到虚假信息的迷惑做出错误的选择，从而导致那些真正优质的项目无法获得银行提供的资金支持。另外，哪怕企业和金融机构之间实现了信息对称，所有信息都是真实的，金融部门在最初选择了优质项目，也很难保证项目后期的发展过程中不会遇到道德风险。

第二，创新活动收益的不确定性。科技创新是一项开创性活动，技术的不完善、成果的不确定使创新人员或企业自身也难以确保成功的概率，且随着市场需求的变化，创新成果能否被市场接受也充满不确定性。此外，科技创新具有一定的公共物品性质，其中一家企业创新成功，其他企业就可以低成本获得创新成果并用于生产，这对创新企业来说，风险和收益是不对等的，成功时难以独占垄断收益，失败时却要独自承担沉没成本。

风险与收益的匹配是维系科技创新与金融发展协同的必要条件，在对科技创新风险特征分析的基础上，需要针对不同的目标主体做出相应的制度安排。对于银行等金融机构来说，资金安全性、流动性是经营管理的核心原则，政策导向不应一味地强调其对创新企业的支持力度，而应有秩序地引导信贷资金投放，在风险基本可控的情况下鼓励优先支持成功率相对较高的企业，或是在体制机制上寻求突破，通过与不同类型的投资机构合作来分散、缓释风险，满足金融资本对预期回报的要求，实现信贷业务的可持续发展。对于各类创业投资机构来说，它们对高风险、高收益的偏好恰恰与科技创新活动相吻合，无论是创新早期介入的风险投资，还是中期的私募股权投资，在带来充裕资金的同时还提供了丰富的管理经验，但此类机构的初衷并不是长期持有企业股权，而是在获利后选择恰当的时机退出，因此创业投资市场的蓬勃发展需要多元化的退出渠道与之对接，而多层次资本市场建设为其提供了解决方案。无论是场外交易市场，还是新三板、创业板等场内交易市场，通过转让股权的方式使金融资本所承受的创新风险分散到风险偏好的投资者身上，合理地分配了投资风险和投资收益，也只有实现了资本市场当中资源配置功能的完善和价值发现功能的优化，科技创新才能有更好的发展支持。

3. 整体统一与局部差异共存原则

在推动科技创新与金融发展协同演进的过程中，统一的制度设计和执行框架是必要的。国家明确提出创新驱动的发展战略，中国人民银行、中华人民共和国科学技术部（以下简称"科技部"）、中华人民共和国财政部（以下简称"财政部"）等部门陆续发布多项支持科技创新的政策文件，为体制机制改革和金融市场建设提供了保障，金融发展水平与科技创新能力均呈现出提升态势。但如果制度设计忽视了连续性、互补性和系统性等特征，就会使制度衔接失当，执行起来阻力重重，造成资源浪费，整体功能无法得到发挥。因此，我们要让政策和制度之间高度的统一，从根本上避免因认识不到位、不深入而导致的工作忽冷忽热问题、重点忽大忽小问题的出现。这里的"认识不到位、不深入"主要指的是对金融发展和科技创新之间的关系、对二者功能的协同方面的认识不充分。

在政策落实的过程中，各区域应根据自身情况做出差异化安排，因地制宜地进行制度改革。科技创新与金融发展协同水平的量化结果表明，耦合协调度在时间和空间维度上呈现出分异特征，与经济发展水平"东高西低"的分布格局基本一致，除了资源禀赋分布不均外，由制度供给导致的外部环境差异也是造成非均衡发展的主要原因，无论是制度供给的数量、速度，还是密度、层级，东部地区都表现出了巨大的发展优势，在过去很长一段的发展时间内，我国的东部地区都获得了比较优质的制度性资源，比如先设立了经济特区，实行了很多优惠的发展政策；在实施某一制度前，会在东部地区进行试点，成功后再向其他地区推广。

制度变迁有明显的路径依赖特点，也就是说，在制度的发展过程当中制度会进行自我强化。假设初始选择的制度是正确的，那么制度的发展变迁过程也会呈现出良性的发展状态；假设初始选择的制度是错误的，那么制度的发展变迁过程也会呈现出恶性的发展趋势，导致发展始终处于低效率的状态，东西部地区之间的制度不均衡也由此加剧。因此，需要给予中西部地区更宽松的政策环境。如果一个省份的金融比较落后，那么要进行的是供给侧的金融改革，不仅要向企业投入更多的财政资金，还要号召社会资本投入科技创新企业。

与此同时，要鼓励金融机构为科技创新提供产品和服务，为科技创新建造一个更强包容性的金融环境。如果一个省份的科技比较落后，那么要进行的是科技的供给侧改革，着力打造更加优质的科技项目，培养科技人才，转变技术的生产方式，从模仿向自主创新进行转变。

（二）科技创新与金融发展协同制度构建内容

1. 建立健全风险补偿机制，实现科技银行独立运营

对科技创新融资进行适当的财政补贴和风险补偿是各国政府的通行做法，即政府通过倾向性的措施引导金融资源向科技创新领域配置，为企业提供隐性的担保，减少金融部门支持科技创新所承受的信用风险。尽管我国政策导向要求科技管理部门和高新产业园区设立相应的贷款风险补偿基金，但大多数基金规模较小，政策覆盖面不足，无法有效补偿金融机构的风险敞口。所以，我们要建设具有多个层次的风险补偿机制，让风险补偿机制不仅涉及贷款层次，还涉及保险方面、创业投资方面，让风险补偿机制发挥作用，为科技创新的融资营造更加开放的投资环境。

在具体操作时，对贷款的风险进行补偿，除了直接的贷款贴息外，还可以在财政出资作为种子基金的基础上，联合担保机构共同设立风险补偿基金，专项用于偿还不良贷款，利用市场机制实现政府资金利用效率的提升。在创业投资补偿方面，政府可以从政策制定的角度出台优惠税收政策，减轻投资企业的税收负担。如果出现了投资损失，政府也可以给予补偿，调动此类机构发掘创新项目、参与创新活动的积极性。对保险的补偿，可以通过政府补

贴建立合理的费用分担机制，降低企业的参保成本，推动保险与其他融资渠道深入合作、密切配合，形成风险共担、收益共享的利益共同体。

银行内部管理体制变革对于市场配置作用的发挥产生着重要影响，科技银行的设立就是一场经营模式和运作机制的深刻变革。与传统商业银行不同的是，科技银行致力于为风险相对较高、获得超额收益概率较大的科技创新企业提供多样化的金融产品和服务。

世界上第一家商业化发展的科技银行是美国的硅谷银行，它的商业化发展主要利用的是开发适合企业创新的金融产品，实现银行业务和风险投资机构之间的融合。它的主要服务对象是刚刚创立的或者处于成长期而且已经获得了风险投资的科技创新型企业，涉及信息技术、网络服务、生物医药等战略新兴行业；在服务模式方面，突破了商业银行禁止参与股权投资的限制，不仅向企业发放贷款，还通过股权收购或贷款附加认股权等方式，直接向企业投资，享受资本增值红利；在服务机制方面，将营业网点设立在风险投资机构聚集的区域，并与这些机构保持长期紧密的业务关系，既为风险投资机构选中的企业提供金融服务，也为机构自身提供服务。

我国商业银行相继设立了为科技创新企业提供金融服务的科技支行，这些支行在完善科技信贷评价指标体系、创新信贷产品和经营模式等方面做出了努力，但与真正意义上的科技银行还存在较大差距。在机构设置方面，国外科技银行拥有独立的法人地位，在经营管理上具有自主性和灵活性。在我国，除了中美合资成立的浦发硅谷银行外，其余的科技支行均不具备独立的法人资格，需要遵守总行统一制定的管理规范、操作流程及考核标准，在办理业务时仍然受到风险偏好程度、信贷审批权限和不良贷款容忍度等限制，难以适应科技创新企业融资高风险与高收益并存的特征。

国外的科技银行在建设服务模式的时候，把信贷融资和股权投资进行了综合，这一做法让服务链条变得相对完整，可以为科技创新主体提供一系列的金融服务。但是国内的科技银行属于科技支行，它的发展会受到分行经营制度的制约，这导致科技支行使用的盈利模式非常单一——只有贷款利息以及一部分的中间业务，无法利用股权的方式抵消一部分的融资风险，也无法获取科技创新取得的高额回报。此外，行政色彩浓厚、政府过度干预等异化问题也是科技支行面临的困难。

我国目前最需要解决的问题是建设一个独立的、能够进行市场运行的、具备专业知识的科技银行，并且建立科技银行制度。在科技银行建设之后，有关部门应该及时修订之前的银行法律，或为新出现的科技银行制定单独的法律法规，规范其运营状况、牌照申请状况、业务数据范围等。与此同时，要鼓励科技银行进行股权投资，鼓励社会中的资本购买科技银行股份，让科技银行有丰富的组织架构，通过科技银行的建设为科技创新提供源源不断的支持。另外，科技银行内部要组建具备专业技术背景和风险控制能力的核心业务团队，发挥其自身灵活性的优势，与风险投资机构和科技创新企业建立长期业务关系，结合企业现金流的特点设计创新产品，提供差异化的金融服务。

2.重构资本市场制度框架，推进多层次体系建设

一个层次完备的资本市场体系可以高效地对不同发展阶段的科技创新企业和不同风险偏好的投资者进行匹配，满足资金供需双方的投融资诉求，缓解科技创新活动的融资困境。体系主要涉及两个组成部分：①针对处于种子期或是成立初期的企业，为其设置种子资金或引导资金，以此来推动私募股权投资和风险投资的发展，并且通过筛选选出适合市场中企业发展的资源。②针对已经发展成熟或处于快速成长期的企业，进行场内或场外的融资。与此同时，建立退出渠道，让创业投资机构可以选择退出，进而让资金可以实现良性循环。在资本市场建立方面，可以参考美国。美国建设了金字塔形式的市场结构，处于金字塔上层的是全国证券交易市场，处于金字塔底层的都

是比较松散的、市场之外的交易区域。美国建立的全球资本市场为企业和投资者提供服务，并且通过场内和场外之间的交易形成市场互补的格局。市场中既存在全国性交易市场也存在区域交易市场，市场之间可以进行转板，是一种以市场为导向的资本市场发展模式。

与美国不同的是，我国的资本市场发展经历了一个由高到低、逐级建立的过程，在政府主导下形成的多层次体系具有"自上而下"的鲜明特征。因此，我国需要从制度层面完善服务于科技创新的多层次资本市场体系，拓展深度和广度，在这个过程中，既要遵循科技创新与金融发展协同的内在演进规律，又要符合我国经济发展的现实背景和科技创新企业的阶段性特征，秉承着"资本市场要服务实体经济"的初衷，对多层次资本市场进行制度性框架重构。

第一，对审核制度的重构。当前使用的审核制度比较注重企业在盈利方面的能力水平，这使得很多科技创新企业都无法进入资本市场，但是企业未来的发展主要受到科技创新核心竞争力的影响，所以审核制度必须发生转变，要从注重企业营利能力转变到侧重企业成长、企业经营管理方面，不能只通过观察企业的营利能力就直接判定企业资质的好坏。随着我国市场化程度的不断加深，可以借鉴发达国家的做法，率先在新三板市场试行股票发行注册制，除了审查企业提交的申报文件之外，主要通过对企业经营过程当中披露出来的信息进行价格判断，进而将发行价格和交易价格连接起来，充分利用市场机制对资源进行配置，这实际上是审核制度的一种渐近式变革。在一定时期内，资本市场不同层级间可能会存在核准制和注册制并存的局面，需等待经验丰富、时机成熟后再统一为注册制审核制度，从本质上激活了资本市场的融资功能。

第二，对信息披露制度的重构。信息披露制度是资本市场监管的重要内容，也是推进注册制改革的核心环节，只有保证企业能够全面、真实、及时地披露经营活动信息，才能使市场更加透明和公平，使投资者利益得到充分保护，从而维持资本市场的良性运转。在执行过程中，可以将强制性信息披露和自愿性信息披露两种方式进行充分的结合。所谓的强制性信息披露指的是在政策和立法方面规定企业应该享有哪些权利、承担哪些义务，并根据企业所处的行业特征和资本市场层级制定一个信息披露的弹性框架，除了规定最低披露标准之外，还要根据企业的经营状况进行动态调整。此外，还可以采用激励措施促使科技创新企业自愿披露其他信息，如专利质量、市场前景等，并通过引入担保公司、会计师事务所等机构，辅助鉴定信息的真伪和质量。

第三，重新建构转板制度。转板的定义是：受到经营状况或外在环境的影响，导致在某一板块中发生交易的市场主体自愿转移到另一个板块进行交易的行为，或是被迫转移到另一个板块交易的行为。从客观的角度来讲，多层次资本市场体系应该建设一个灵活的转板机制，也就是要在不同的市场中进行自由的升降转板。对于我国当前使用的转板机制来讲，它和上市制度之间基本是相同的。企业如果满足新三板市场挂牌的上市要求，那么就可以提交上市申请，经过审批和 IPO 辅导之后就可以上市。转板机制非常复杂、烦琐，市场中较低的流动性以及市场的疲软状态这些问题依然存在，这导致新三板市场没有吸引过多的科技创新企业。所以，我们必须进行转板机制的优化和完善，构建一个自愿转板、强制降板的转板制度。这一制度建立的关键是审核制度应该差异化——针对企业的实际情况进行差异化管理，如果科技创新企业符合上市要求，那么应该为其顺利进入创业板市场创造条件，以此来为新三板市场吸引更多优质的企业。

对资本市场制度框架的多维重构是解决长期以来深层次、结构性矛盾的重要途径，也是推动资本市场供给侧结构性改革的关键一环。随着各项制度得到落实，将有助于打破资本市场的行政干预和管制，实现真正的市场化运作，发挥市场优胜劣汰的资源配置功能，同时也有利于资本市场由混沌无序到规范有序、由功能缺位到回归本源的根本性改变。

3. 营造包容性金融创新环境，破解股权众筹障碍

以互联网为代表的现代信息技术对人类社会产生了颠覆性影响，对金融市场造成了强烈冲击，从而引发了金融制度的革新。在传统的金融体系中，信息的产生、收集和处理主要通过手工或面对面交流进行，但随着 ICT 技术的迅猛发展，已经演变为通过社交网络或借助搜索引擎以及云计算技术来实现。资金的供求信息在社交网络中传递，又不断被搜索引擎甄别，最终获得不同的风险定价状态，大幅提升了金融服务效率。

互联网金融模式的出现对传统的金融服务渠道、支付结算方式、风险管理模式和经营管理理念等产生了重要影响，正在悄然重塑金融服务业态。由于监管缺位，互联网金融发展初期发生了诸多风险事件，如客户信息泄露、账户资金挪用、风险防控疏松等安全问题频发，但不能否认它顾及了传统金融模式难以涉足的长尾市场，与现有金融体系相互渗透、相互促进。在互联网金融的发展过程中，应该构建一个基于金融消费者权益保护和行业可持续发展的主动性监管框架，监管机构与市场之间建立信息互动共享的机制和风险监测预警机制，包容性地探索金融创新的自由度和边界，但不姑息欺诈等违法犯罪活动。

互联网金融普遍采用的模式是众筹融资，其在科技向生产力转化的过程中具有重要的作用，可以为科技创新企业带来资金，解决他们的资金难题，将科技创新转化为科技产品，这是互联网金融普惠性和便捷性的集中体现。众筹是一种新的融资模式，它通过网络平台筹集资金，将互联网和传统金融服务相结合，呈现出一种新的发展态势。根据投资者获得的不同形式的回报，众筹又分为商品众筹、股权众筹和公益众筹。

2015 年 9 月，国务院发布了《国务院关于加快构建大众创业万众创新支

撑平台的指导意见》^①，文件当中强调，可以稳步推进众筹融资的建设和发展，小微企业可以通过众筹平台筹集早期的发展基金。可以说，这份文件肯定了众筹融资的积极作用，众筹融资是对传统股权融资的一种补充。众筹符合我国建设创新型国家的发展要求，也有助于我国的金融体系进行改革。但是众筹在实际应用的过程当中也出现了一些问题。因此，我们应该完善有关法律法规，并且配备对众筹融资模式的监管体系，为众筹模式的发展提供保障，这也是从根本上保证企业的科技创新可以得到资金的支持。

一是尽职调查机制。众筹平台应该要求融资者准确地传递有关项目的信息，运用图片、视频等多种方式展现项目的优势和风险，使投资和融资双方能实现信息对等。一些中小投资者缺乏专业知识，投资经验不足，很难把握创新项目的质量，无法进行准确的评估，这时候就需要众筹平台履行职责，进行详细调查，从中筛选出质量高、可实施性强的项目，对一些不切实际或风险很大的项目应该剔除，这会大大提高众筹成功率，给予投资者信心，保证平台的正常运营。

二是交流反馈机制。众筹平台应该在项目界面设置评论和留言区，使投资和融资的双方实现无障碍沟通。一方面，加强了投资者和融资者之间的沟通交流，投资者初步了解了项目信息之后，可以根据自身的消费需求和预期，与融资者进行沟通，使融资者能够了解市场的需求，并根据市场需求对产品进行改良，这可以提高产品走向市场后的成功率，也降低了众筹项目的失败率。另一方面，投资者与潜在的投资者也可以进行交流。投资者可以在社区分享自己众筹的感受和经验，对潜在的投资者会有一定的影响或帮助，这种互动过程有助于决策中集体智慧的发挥，从而更好地淘汰劣势项目。

三是阈值承诺机制。这要求融资者在融资之前设定好融资金额和众筹时

① 中国政府网. 国务院关于加快构建大众创业万众创新支撑平台的指导意见 [J]. 中华人民共和国国务院公报，2015（29）：7-12.

间，在众筹结束时，如果能够募集到所需金额，则说明众筹成功，融资者会分批获得资金；反之则众筹失败，资金将被退还给投资者。阈值承诺机制在某种程度上可以减少融资欺诈，为投资者提供安全保障。

在法律当中，还需要明确众筹平台的法律地位，明确参与众筹的主体享有哪些权利，应该承担哪些职责。具体来讲，应该包括以下内容：众筹行业要有一定的进入门槛，要推行牌照制度，为众筹平台设定具体的经营范围，监管众筹平台的业务操作；应该建立第三方，由第三方负责资金的托管，从根本上保证资金的安全，避免资金挪用现象的发生；对融资者发起的项目进行质量审查，对投资者的身份进行考察，根据实际情况划分投资和融资的额度，防止估值过高，减小项目风险。除此之外，针对小额股权的众筹活动建设豁免制度，如果融资者在平台当中众筹的资金数值比较小，那么可以减少融资的审批步骤，这也大大节约了企业融资的成本。

股权众筹和风险投资都会面临一个相同的问题，就是资金退出的渠道，通过"互联网＋"思维将股权众筹平台和市场连接起来，使线上和线下实现贯通，将众筹项目中的优质企业输送到交易市场中，让融资功能转变为交易功能，这是众筹接下来可以选择的一个发展方向。场外交易市场属于不同层次资本市场的一部分，它的存在可以为科技创新企业初期开展科技创新活动提供资金。但是，我们也需要注意市场容量是有限的，而且不同的市场在标准的设定方面也会有不同，所以短时间内有的企业是没有办法进行挂牌融资的，这也说明市场当中依旧存在大量的资金缺口。

股权众筹平台可以通过大数据评估一个企业创新水平的情况，对它未来的成长价值做出评价，并且把评价结果比较优秀的企业介绍给场外交易市场，由场外交易市场审查公司的实际治理情况，并且持续地为公司提供治理辅导服务、信息披露服务以及股权托管服务，一直到企业可以挂牌融资为止。当企业具备挂牌融资的条件后，券商会协助企业进行股权的公开发行。从科技创新企业的角度来讲，股权众筹这种方式能够让企业通过较低的成本较快地获得企业发展需要的资金。与此同时，这种方式还可以让企业获得来自场外交易市场提供的服务和辅导。通过这种方式，企业可以打下良好的基础，为后续进入其他标准更高的资本市场做铺垫。

4.建立健全利益协调机制，引导"产学研"协同创新

在科技创新系统当中，创新主体有企业、科研院所以及高校，这三个主体的职能分工相对明确，但是也有自己的创新资源缺口。企业对创新知识源的需求与高校和科研院所对创新知识源的供给形成了协同创新的要素供需市场。高校和科研院所主要从事科学知识创造、传播以及专业人才培养等工作，在加强基础科学研究的同时，可为企业创新活动提供智力支持和技术保障。相比于企业之间的合作创新，"产学研"协同创新不存在利益获取方之间的竞争，维系协同关系的关键在于辨识出各方的利益关注点，并达成一致的利益分配规则。从交易成本的角度考虑，如果企业获取外部知识的成本小于内部研发的成本，同时高校和科研院所获得的合作收益大于独立研究，如更多的经费支持、更好的社会效益等，"产学研"协同创新就能持续顺利开展。

协同创新既要能够增进社会福利，为经济增长、民生改善做出贡献，也要能够增进创新主体的正当利益。一个完善的"产学研"协同创新运作机制离不开政府的有效引导和规范，在遵循协同演变规律的基础上积极发挥政府职能，有利于科学合理地分配创新资源。除此之外，政府也应该尊重科研院所、高校以及企业提出的协同创新发展的要求，并且解决好不同利益主体之间的利益分配。比如说，协调处理公共利益和部门利益之间的分配问题。政府引导需要借助有效的机制加以实现，主要包括政策协调、风险共担、创新激励以及绩效评价等机制，它们共同构成了一个引导系统，为"产学研"协同创新指明了发展方向，通过资源共享、优势互补，实现多方合作共赢。

在"产学研"协同创新的过程中，首先要建立政策协调机制，全面考虑

不同政策的调节特点，统筹规划各项政策的运用，引导创新主体的行为。如通过完善差异化的信贷政策和税收政策等为协同创新提供融资支持，缓解资金压力；推动教育体制改革，优化高校人才培养模式，为协同创新补足后备力量，激发创新活力；加快完善科技政策，明确知识产权归属，调动协同创新的积极性，营造有利于科技创新的政策环境。其次要建立风险共担机制，协同创新面临的成果转化及失败风险，不能仅由单个创新主体承担，企业、高校、科研院所和政府作为利益共同体均有相应的责任，政府在事前可以引导建立风险防范和共担机制，有效识别、分散和规避风险，尽可能地降低风险发生的可能性。再次要建立创新激励机制，综合运用目标任务激励、物质精神激励等方式，允许不同生产要素按贡献参与创新收益的分配。不仅要激励企业加大研发投入力度，提升创新能力和竞争力，同时也要激励高校和科研院所面向经济社会发展需求进行科研攻关，提高创新成果的转化率。最后要建立绩效评价机制，采用定性分析和定量测度相结合的方法，从外部创新环境、内部要素投入、创新成果收益等方面对"产学研"协同创新进行综合评价，找出协同创新的薄弱环节，并有针对性地进行管理和控制。

5. 借鉴现代互联网思维，搭建科技金融服务平台

国际金融服务平台属于科技金融服务体系的一个主要构成部分，金融资源和科技资源的对接需要依赖科技金融服务平台作为对接载体。科技金融服务平台的目标是实现融资，兼具项目管理、信息汇集等职责，通过整合银行与非银行金融机构、中介服务机构、创业投资机构和政府机构等主体，将金融资源配置到关系经济发展质量的科技产业中，致力于为不同成长阶段的科技创新企业提供全方位服务，进一步激活科技创新要素，营造科技创新环境。

科技金融服务平台具有两大优势：一是由资源整合所带来的信息共享与要素流动优势，具体表现为各参与主体可以在政策允许和合作协议的范围内将可用资金、投资经验、融资需求、研发能力等信息进行汇聚整合，形成一

个共享数据库，实现创新资源在企业或项目上的供需契合，提高参与机构的运作效率；二是风险管理方面的优势，不同机构具有不同的专业背景和风险控制能力，可以有效识别具有创新能力和成长空间的企业，使投资风险基本可控，同时各机构之间的监督与合作也使整体风险有所降低。

服务平台的搭建可以由政府牵头组织，也可以委托某家金融机构承建，或是通过招标的方式选择适当机构进行运作。我国主流平台通常情况下使用的都是以政府为主导的服务平台构建模式，比如广东省、江苏省、上海市使用的都是这种构建模式，这种构建模式能够有效保障平台非营利的公益属性，同时也有能力调动商业银行、担保机构、风险投资机构、会计师事务所等主体参与平台建设与运行的积极性，实现不同金融功能的有机组合并发挥协同效应。虽然平台的构建离不开政府的引导和参与，但平台的运作还应始终遵循市场发展规律和市场交易原则，政府在交易的过程当中是交易的促成者，也是交易的监管者，但应该尽量减少对交易进行的干预，让平台自主、积极地发挥金融服务，不断地提高其自身的运行效率。

在科技金融服务平台的运行过程中，除了要加强部门之间的组织协调，积极采集发布信息，增加数据库的容量外，还可以借鉴现代互联网思维，重塑平台的搭建模式和运营理念，享受金融科技化带来的运作效率和质量的提升，充分发挥科技创新与金融发展协同演进对经济增长的促进作用。因为互联网技术可以打破时间限制和空间限制，所以我们可以试着将不同主导类型的区域性平台进行整合，形成一个网络化的科技金融服务平台，借助技术手段打破信息不对称的局面，使信息传递更为通畅、信息共享更为便利，从而实现传统融资方式难以匹敌的金融效率，节约融资交易成本。

在重塑服务平台时，首先要基于用户思维，让科技创新企业参与到平台建设之中，全方位了解企业用户的服务需求，解决不同发展阶段的核心问题，可以对平台进行细致的分类，将平台分成由政府主导和市场主导两个不同的平台。政府再根据企业的成长阶段选择适合企业的平台，为企业发展提供针对性的个性化的服务，二者分工明确、相互补充，贯通科技创新的整个周期链条。其次要基于简约思维和极致思维，明确每一种产品和服务的适用范围，简化办事流程，避免冗余复杂的申报环节，给企业和金融机构双方带来高效的对接体验，提高平台用户的忠诚度。再次要基于社会化思维和流量思维，利用微博、微信等自媒体渠道进行广泛宣传，在节省成本的前提下最大限度地增加用户数量，形成规模效应和示范效应，积累更多的投融资经验。最后要注意用户提供的反馈数据，根据反馈对平台目前的运营模式进行优化，完善平台的处理流程，在海量数据中挖掘出用户的行为特征，对信用评估和风险管理模型加以完善。

6. 突破行政区划地理边界，促进创新要素自由流动

实现科技创新与金融发展的协同，除了重点发展滞后系统外，还可以通过创新要素的流动实现转移过剩的创新要素、吸收短缺的创新要素等功能。科技创新具有集聚效应和规模经济的典型特征，对科技资源的配置要顺应市场规律、符合创新需求，注重创新要素布局与经济水平布局相匹配。由于不同区域在社会环境、经济基础和创新能力等方面存在较大差异，区域创新系统需要在政府的推动下形成。一方面，我们要保证创新要素可以进行跨区域的自由流动，扫清所有阻止其自由流动的阻碍，让创新需求比较急切的、环境相对优越的地区更快地获得资金支持、人才支持、技术帮扶，而且政府部门不可以干预创新要素的自动集聚；另一方面，地理位置相近的区域存在地理临近性，它会影响一个区域的创新溢出效应，所以，在科技创新发展的规划中应该以合作共享为理念，突破地理方面存在的隔阂影响，为创新资源提供更好的空间分布，让创新资源的转移有更多的渠道，可以更加通畅。而且创新发展策略应该设置侧重区域，对不同的区域实行差别化的管理，并且慢慢地缩小不同区域之间存在的差异，在不同的区域之间设置跨区域的创新集

或创新带，从而有效地发挥地理邻近效应和协同创新效应。

例如，在《京津冀协同发展规划纲要》①中将"加快破除体制机制障碍，推动要素市场一体化"列为工作重点，把京津冀地区存在的创新资源变成可以促进社会发展的生产力，这有利于国家创新驱动发展战略的实施，有助于实现经济增长方式的变革。京津冀地区通过协作为创新要素提供了更多的流通途径，扫清了之前的流通障碍，让要素可以更加科学的分配，打破了一直以来的发展瓶颈，释放其发展潜能，引领了区域经济转型与发展。通过区域整体规划达成一致的合作意向和目标，解除了原有的技术标准、税收优惠不一等体制束缚，加强了市场准入和市场监管的协同性，降低了区域交易成本，形成了互联互通的金融市场、技术市场，促进了省域间的要素流动与技术溢出。同时，通过打造科技创新联盟，以科技创新资源引导创新要素集聚，探索建立不同专业领域的多种形式联盟。

第三节　新时期科技创新的趋势与对策

一、"十四五"时期科技创新的发展趋势

随着新一轮产业变革与科技革命的进行，地球正在经历一个劫难，国际上很多国家开始进行战略调整，以追求和平发展为目标，共同努力保护环境。但是随着国际形势的逐渐变化，很多的不确定性因素仍然存在并逐渐增加。十九届五中全会中，针对世界发展的形势以及格局做出了进一步的说明，并

---

① 冀丰渊.京津冀协同发展规划纲要 [A].廊坊市应用经济学会.对接京津——解题京津冀一体化与推动区域经济协同发展（对接京津与环首都沿渤海第 13 次论坛 [二]）论文集 [C].廊坊：廊坊市应用经济学会，2016：5-14.

对我国现在面临的自然环境以及国际环境做了深入细致的研究。这个分析研究是我国在"十四五"时期科技创新与发展的基础。

（一）世界科技创新的大势

世界科技创新逐渐趋向复杂化，通过研究分析人类发展历史，会发现科技创新在其中的作用是非常重要的，影响也更为深远。当前国际形势复杂多变，存在很多的不稳定性因素，科技创新在此大环境下也随着世界形势的变化逐渐趋于复杂化。

第一，国际科技创新力量开始根据形势进行调整。目前，国际贸易的摩擦逐渐增加，国际产业链以及供应链等开始出现断裂的情况，全球经济形势严峻，整体的价值链受其影响较大，面临着重构的局面，各国也在积极进行科技创新，推动新的经济增长。随着科技创新的不断推进，其在全球经济中的影响也逐渐增大。

第二，科技创新是必然，国际合作是趋势。目前全球产业化分工开始逐渐加强，单方面的个体创新已经不能跟上经济发展的态势，必然需要通过合作来获得更多的思路与力量。早在 2019 年的时候，我国便开始大规模地与不同国家与地区（约为 212 个国家）开展合作并发表论文，合作发表的论文也是非常多的，整体数量约为 20 世纪 80 年代的 2800 多倍。

（二）中国科技创新的优势

我国的科技创新不是闭门造车，不仅具有开放性与交流性，同时还具有很强的合作性。自从改革开放以来，我国科技创新始终坚持以合作为基础，快速实现科技发展，这对于我国的科技创新有着非常深远的影响。在国际上，我国也一直以全球视野来研究分析并探索符合科技发展的创新之路，积极与世界创新相融合。后期我国的科技创新仍然会与世界创新体系同步，世界科技创新也离不开我国的创新力量。我国相关的科技创新政策以及法律等正在逐步完善，科技成果以及知识产权等也越来越被重视，我国的科技创新将会为全球科技创新带来新的思路，成为国际科技的新热土。

产业发展是科技创新的基础，想要快速抢占国际市场需要将二者融合起来。"十三五"期间，我国的整体研发经费一直处于增长状态，在 2019 年时约为 2.21 万亿元，对比 2015 年的数据，增长了 56.3%，在世界研发经费支出中占据第二的位置。世界知识产权发布的全球创新指数中，中国占据的地位也在稳步前进，2020 年时就已经从 2015 年的第 29 位提升为第 14 位，由此可见我国的科技创新发展速度飞快。

二、新时期科技创新的实施对策

只有在党的全面领导和所有积极因素的全力配合下，才能使得"十四五"规划和 2035 年远景目标得以顺利实施，并促进"十四五"科技创新高地核心竞争力的形成。

（一）优化科技创新生态环境

科技创新能力的提升离不开人才生态环境，人才生态环境是吸引和留住科技创新人才的根基，是对科技创新人才进行培养和开发的基础，更是激起科技创新人才创新动机、科技创新人才施展创新才华的土壤。从历史和实践中可得知，党的领导是中国快速发展的关键所在，也是核心竞争力科技创新高地形成的主要保障因素。只有加强党的全面领导，才能促进科技创新主体和科技创新生态环境的优化，并确保我国的创新发展。

（二）打好关键核心技术攻坚战

对经济社会全面发展产生直接制约力的因素在于关键核心技术受制于人，为此，应该在社会主义制度下充分发挥其优势条件，利用国内超大规模市场和完备产业体系条件来促进企业的技术创新，并引进全球高端科技产业技术，促进消化吸收和再创造，同时还要强化自主创新、原发性创新力度，打造具有中国特色的科技核心竞争力，在创新体系中融入教育、产业、科技以及金融等行业，为国内人才输入提供优势条件。

要对国内的教育培训以及配套体系建设予以强化，促进国内基础教育的发展和创新教育的实现，为国际化人才和创新人才的培养提供机会，强化国内科技自主创新培育力量。利用社会主义制度优势来促进核心技术攻坚战的顺利进行，将全国的优势力量集中在特定的科技创新领域中，为国家科技强国目标的实现提供动力。

（三）加强基础研究突破技术壁垒

要促进科技创新和体制机制创新双重动力的发展，既要对基础研究予以重视，也要加强关键核心技术的研究。加快实现"从0到1"的延时创新也是基础研究的主要目标。从发达国家可以看出，对基础研究的重视也是关键核心技术攻关和科技领先的前提和基础，只有合理布局好基础研究和关键技术攻关，才能更好地促进国家科技创新体系的形成和改善，只有调动科技人员的自主性和积极性，才能实现国家科技强国的目标。为此，国内也需要加强对科技创新和体制机制创新的重视，加强基础研究，并通过不断创新来形成强大的动力。

（四）促进和提升科技成果转化和落地

　　要更好地实现科技创新，就要以科技自立自强和开放合作为原则，加强科技成果的转化和落地。中国的特色自主创新道路是建立在开放合作原则之上的，而开放合作又是以自立自强为基础的。我国目前科技成果转化率低下，和发达国家之间的差距很大。为了解决这一问题，缩小差距，我们需要站在全球的角度开展科技创新，既要致力于融入全球化创新网络，积极主动地参与到全球性的科研伦理活动当中，积极地参与有关科研规划、科研政策的制定活动，还应该对科技创新的法律、政策环境予以优化，并对知识产权进行保护，大量引进国外人才，将中国打造成一个全球创新创业的热门基地。

（五）形成全社会促进科技创新发展新局面

　　实现科技创新要在党的领导下促进共建、共享、共治的实现，为科技创新发展新局面的形成创造有利条件。科技创新需要大量的人力、财力和物力的投入，所以，应该激发社会力量参与到科技创新活动当中，拉近科技创新和人民群众生活之间的距离，让科技创新向着提高人民生活福祉的方向发展。"十四五"期间，我国的社会关系、行为方式、结构以及心理都将发生一定的变化，要促进"党建引领＋多元主体共同参与创新"这一新的社会治理模式的产生，而且以人民作为共建的主要力量和共治的智慧来源，且由人民来享受所获得的成果。所以，在共建、共治、共享的形成过程中，要充分发挥党建的引领作用，并充分发挥人民群众的共建力量。

第三章　科技创新驱动经济高质量发展的国际经验借鉴

第一节　科技创新驱动经济高质量发展的国际概况

18世纪英国兴起第一次工业革命以来，西方国家作为主导者先后经历了四次工业革命，这四次工业革命都以科学技术的变革为引领，改革生产方式。通过四次工业革命，西方国家在国际上奠定了经济领先地位。通过近百年的实践证明，科学技术创新在促进经济增长、提高生产率方面起着关键性的作用。在目前数字与信息化时代，能否把握住科技发展的命脉关键在于对全球创新资源的利用是否有效。

创新既包括思想领域的创新，也包括提高社会效率的创新和挖掘现有资源新价值的创新。国际上的一些大城市通过创建高新科技园区来带动自己国家甚至全球的科技发展，走出了一条属于自己的科技创新道路。如全球知名的美国硅谷、英国剑桥城、日本筑波科学城等，这些高科技园区带动了产业的转型升级。科技园区、经济开发区、高科技技术产业集聚区在各个国家的城市中纷纷出现，设立这些园区的目的是将新兴产业都聚集在一起，从而推动经济的发展，这些高科技集聚的地方也成为新兴产业和现代化制作业的摇篮。

近些年来，对国外高科技园区的资源配置情况进行研究的视角主要有两种：一种是政府视角，即宏观视角；另一种是企业视角，即微观视角。政府视角的研究主要包括资金投入情况、政策效果、研发活动等方面，在高新科技园区的发展中起着关键性的作用；企业视角的研究主要包括企业资源的优化配置，以及如何高质量地发挥出资源配置的效果和效率。

西方发达国家和中国采取的发展策略不一样，西方政府对科技园区几乎不制定相关的政策性规定，也不提出发展战略，只是把自己定位成规则制定者。它不以直接的方式参与其中，而是以间接的方式来推动科技园区的发展。它的优势主要体现在四个方面：第一，可以促进人才的自由流动；第二，有利于企业之间产权互相转化；第三，形成信息技术相互交流的社会网络；第四，有利于风险投资政策的制定，如税收政策、金融政策等。

从企业视角这一微观层面上研究，可以发现西方的高新科技企业都善于用较少的资源去撬动更多的产品，如英国的卡迪文实验室和西部数据公司，它们就是用很少的资源投入，围绕一项或者几项科研成果就能孵化成多个高科技技术公司。研究中心也可能出现集中、并购的情况，进而会在高新技术方面形成集群效应，进一步推动科技园区中新兴战略的突出地位，例如生物医药领域创新发展中处于领先地位的 Abeam 公司。

高科技园区的发展离不开政府的作用，这无论是在发达国家还是发展中国家都是毋庸置疑的，政府起着引导和激励的作用。例如美国的 128 号公路高技术园区，它有着美国技术的高速公路之称，是美国众多科技创新园区之一，也是最终的科技创新中心，和麻省理工学院、哈佛大学为邻，有七百多家研发机构扎根于此。除了紧邻顶级高校的优势外，128 号公路高技术园区能迅速地发展起来和马萨诸塞州实施的激励政策有莫大的关系。其激励性政策表现在对特定行业和特定公司的财政投入和金融方面提供支持，其中"产学研"相结合的政策是最有效果的政策。同时，还鼓励园区内发展多种产业，尤其是交通业的发展，应了中国的老话"要想富，先修路"。政府的大力支持使得财政资金流向128号公路高技术园区，联邦政府成立了科学与开发局，学术研究人员作为该局的主导者，还有更多的财政拨款投入到其中的科技研发中。学术科研、产业研发、政府投入三者的相互协调运作促进了128号高技术园区的可持续发展，多种产业的共同发展也为科技园区的发展带来了无限生机。

从各个国家在科技创新方面的投入来进行研究，美国的科技技术在世界上首屈一指，政府可以说是高密度、多元化的研发投入。美国硅谷能成为全球的科技创新中心，得益于以下几点。

（1）专业精英人才集聚。紧邻世界名校斯坦福大学，这为硅谷的发展提供了源源不断的优秀人才和企业。

（2）政府、学校、科研机构提供互动交流的平台。帮助科技人才和创业者快速了解周边情况，快速融入硅谷的生活圈中，人与人之间交流共享，企业与企业之间合作互赢。

（3）政府制定的人才保护政策。对于高级技术人才，政府制定了一些保护政策，比如对劳动方面的法规、移民方面的法规、就业方面的法律进行了调整，以人才资源的自由流动来留住人才。

（4）企业具备高度开放、尊重创造的公司文化。纽约是一座科技创新的城市，生物、航天、纳米、数字信息化等高精端的科技产业都在纽约集聚。但这些高科技技术面临着成果转化效率低的困境。为了走出这一困境，纽约政府借鉴了其他发达高科技园区的成功经验，对科技创新发展战略进行了调整，提出了"东部硅谷"战略，以科技创新为主，在罗斯福岛上建设了"康奈尔科技园区"，旨在促进当地科技技术成果的转化。

德国柏林市政府也是为了提高科技成果转化率，创办了新型工业园区，加强与世界知名企业——谷歌的合作，吸引全球大量的科研机构、风险投资机构进驻德国。德国高科技工业园区迄今有 40 多年的历史，在这个园区内有 300 多个不同规模、不同产业的科技园区和创新中心，大约有 1.5 万家企业，创业者创业成功率高达 90% 以上。海德堡科技园就是其中的一个典范。海德堡科技园区汇聚了生物制药、环境技术、信息技术等资源，资源配置效率非常高。海德堡科技园十分支持创业企业，联合科研机构和商会共同发起了一个提议即"海德堡创业伙伴"，这个合作为海德堡储备了人才、汇聚了创业资源，如对生物科技领域直接提供创业资金，企业可以通过向"海德堡创业伙伴"提出申请减少房屋租赁费用和水电费用。

高科技企业特别是中小企业，在发展过程中遇到的最大问题就是资金问题。海德堡工业园区有一个"海德堡创新与生物投资基金"，就是致力于帮扶生物、医药方面的企业，进行资金的投入和资金的管理。它具有多层级的投资金融体系，一方面可以满足自身资金需求，另一方面也可以给园区其他企业带来融资。在企业创新文化方面、资金投入方面、资源配置方面，海德堡科技园区都做到了尽善尽美，为园区的企业成员提供了强有力的支持。

从目前世界范围内高科技技术园区的情况来看，都在从传统化发展转向新兴科技发展，这是一个必然的发展趋势。很多国家特别是发达国家，正在逐步形成分布广泛、功能各异的高科技发展网络，目的是通过产业集聚从而产生合力，推动一个城市甚至一个区域的发展。以澳大利亚为例，它的每个州最少设置一个由政府主导开发建设的高新科技园区，在园区中设有科学园和各个行业的技术中心，作用在于促进学术和研究的结合，提高科研成果的转化率，为经济寻找新的增长点。另外，大学和科研单位也会选择科技园区作为自己的实验基地和新兴企业的摇篮。

合作才能共赢，这是不争的事实，所以科技创新也是如此，需要合适的伙伴和准确的战略定位。例如，日本的京都研究园就具备很好的交通条件——距离大阪国际机场和东京国际机场都不远，这种集群效应带来的直接成果就是极大程度上促进了大阪以及东京高新技术相关产业的繁荣；再以美国硅谷、英国剑桥城为例，它们的发展也是依赖于多所知名高校构成的集群，学校、政府、企业之间互相沟通、相辅相成，这些知名高校的人才和创新能力可以为当地的发展提供源源不断的新生力量。

通过上述论述可知，全球范围内一些著名的科技园区正从传统的科技园区向科技创新中心转变。科技园区的数量也在不断增多，研究机构、企业的种类越来越多，随之而来的影响力也渐渐扩大。从某种程度上来说，不能将发达的科技园区简单地定位为产品和技术的生产基地，它甚至可以掌握整个城市或整个国家的科技创新命脉。以美国硅谷为代表的科技园区就是通过与创新机制的结合，充分利用精英人才为企业发展提供良好的环境。

第二节　科技创新驱动经济高质量发展的国际经验

一、美国硅谷高新技术园区经验借鉴

美国硅谷（Silicon Valley）是全世界首个高新技术园区，其发展也是目前全世界所有高新技术园区中最成功的。1970 年左右，美国东部经济超越西部经济，成为美国高新技术产业的引领者，带动美国经济的转型发展，硅谷的电子和计算机产业发展成为全球第一，并以"全球创新大本营"的称号享誉全球。

第二次世界大战之后，弗雷德·特曼教授放弃美国斯坦福大学工程学院院长职位，重新回到西部，并创建了斯坦福研究园，也是世界上第一个工业园区。同一时期，肖克利晶体管公司和从肖克利晶体管公司分离出来的英特尔公司等也发展起来，以硅谷为首的社会技术创新和发展给美国甚至全世界

的产业发展和转型带来了质的飞跃。其中"斯坦福研究园"作为众多小科技园的核心,随着其以"硅"为材质的半导体产业的发展,在高新技术发展的重要技术创新发展板块成了美国甚至全世界的模板。1990年以后,硅谷形成了高新技术产业集群,所有互联网核心技术的发展都集中到硅谷,包括通信、网络设备、半导体、生物科技等。经过半个世纪的发展,"硅谷模式"成了世界各国纷纷模仿的经典案例,也成为现代高新技术产业的代名词,在世界各国高新技术园区和产业中盛行。

硅谷可谓是全世界高新技术园区中最具有竞争力、最具有创新能力的园区,一方面是由于其早期发展的机遇较好,另一方面是依赖于硅谷新兴科学技术的不断更新迭代,以及科研机构的快速发展。纵观整体,尽管世界各地的其他科技园区也带动了其国家或地区的经济发展,但是与硅谷相比还是相去甚远。近年来,尽管世界各国的高新技术园区都在不断兴起,但是硅谷模式依然是其他高新技术园区模仿复制的对象,却始终难以被超越,所以高新技术产业园区的发展既需要外部环境的支持,也需要内部因素的激励。

（一）美国硅谷的地理条件

科技园区的特点决定了环境和交通对于园区的重要性。许多不同国家的成功科技园区都具有相似的特征,需要大量的优秀人才和充沛的资源,随之而来的就是对完善的配套设施以及便利的交通环境的硬性需求,同时不能距离城市太远,硅谷就是一个典型案例。位于旧金山东南的硅谷气候上属于四季皆宜的地中海气候,环境上靠山望海,正对旧金山湾,视野开阔,舒适的环境为科技工作者提供了良好的研究空间;从地理上看,属于西海岸中心城市旧金山,交通便利、通信畅通。优越的环境催生了一个科技中心,也将当地居民的生活质量提升到了一个较高的水平。

（二）美国硅谷的流动机制

作为世界最著名的高新科技园区，硅谷本身就对人才有着巨大的吸引力，吸引着全世界的高精尖技术及学术人才；加之硅谷周边的高等学府云集，培养的人才源源不断地为硅谷提供新鲜血液，硅谷的人才流动性极强。美国本土前往硅谷创业的人带去了人才和资金，相当数量的信息技术、工程技术及数学、科技领域的尖端人才汇集使得资金也持续被吸引到硅谷，充裕的资金流也为创新研发提供了保障，对人才有着较大的吸引力，形成了一个漩涡式循环。

据不完全统计，每年从全球其他国家和地区前往硅谷创业的有上万人，这些国际人才普遍有着较高的学历，他们带来的除了资金和人才外，还有不同文化背景所具有的创意潜力。这些来自不同教育和文化背景的创业者聚集在硅谷，为思想的碰撞和技术的交流提供了良好的条件，进一步推动了硅谷的创新和技术的繁荣。硅谷的技术壁垒在硅谷内部很容易被打破，这是由于企业对人才的流动性没有制约，职员从上家公司跳槽到硅谷的其他公司，乃至美国境内的其他公司，鲜少被要求技术保密，也不限制员工使用在上家公司所获取的资源。

与宽松的创新环境同时存在的是激烈的竞争，硅谷的公司必须要有强大的竞争力才能存活。技术创新作为发展的前提，创新不分大小，是硅谷每个公司的重点目标，如果技术一旦落后就意味着竞争力下跌，生存也就岌岌可危。正是这样残酷的竞争环境为硅谷提供了不断创新的动力，也使得硅谷拥有了从产品研发到设计生产，再到销售推广等一系列完善的产业链。

（三）美国硅谷的资金供给

硅谷提升和创新科学技术的决定性因素是资金，美国联邦政府采取诸多措施保障资金支持，持续为研发机构、大学以及企业提供研发经费，推进战略新型产业研究，保障国防、材料以及通信等方面基础研究不断加快、持续深入，并进一步研究如何将高科技成果进行转化并应用到实际产业中。同时，美国联邦政府为了鼓励大学生与企业共同进行创新研究，还提供了低息贷款。

为了给硅谷的创新型高科技企业提供长期、稳定的金融服务，还在硅谷设立了硅谷银行（silicon valley bank，简称 SVB）。SVB 集团包括 SVB、SVB 资本和 SVB 全球三个板块，一方面在硅谷内部负责风险投资，另一方面在全球 4 个国家中拥有发达高科技产业的城市设立了 5 个办公室，通过与多家风险投资基金和私募股权投资基金的紧密合作，为相关产业提供银行融资服务。这 4 个国家中的 5 个城市分别为：中国上海、英国伦敦、印度孟买和班加罗尔、以色列荷兹利亚。

SVB 通过高利率快速地为创新型且高速发展的新兴高科技中小企业提供贷款，SVB 开放的金融服务将硅谷的创业氛围营造得更加浓厚。在硅谷，科技创新公司和风投公司在某种程度上是血脉一体、共同存亡的，硅谷集合了全世界不同学科、各个领域的骨干精英，而硅谷银行的存在为硅谷的创新发展提供了强有力的资金后盾。

（四）美国硅谷的知识资源

第二次世界大战后，全世界都需要有一个恢复期，尤其是作为主战场的亚欧大陆。美国本土未曾经历战争，这也为其战后的发展提供了一个更高的起点。从 20 世纪中期开始，由于各种各样的原因，美国几乎不间断地参与到多个局部战争中，国防工业因此产生了巨大的需求，面向硅谷这类高新科技园区的订单也呈爆炸式增长的趋势，美国军方成为硅谷某些产品的最大客户，金融业的投资热情高涨，大批投资源源不断地汇入到研发战争所需新技术的企业中。战争对于高精尖技术的需求推动了硅谷高新技术的发展，也进一步吸引了大量相关高科技人员加入其中。

硅谷的经济发展也离不开各大高校的学术推动，在以斯坦福大学为主的高等院校的带领下，一大批技术创新成果如晶体管、集成电路核心技术、微信息处理技术等相继被研发出来，加速了硅谷经济的崛起。同时加州大学伯克利分校、圣克拉拉大学、圣何塞大学等 8 所大学和专科学院 10 余所，以及技工学校等 30 余所也在硅谷，并与其有着紧密的合作关系。这些学校中的教师和科研人员可以入职企业，或者进行自主创业。这样做的好处主要有：第一，学校与企业的紧密联系，可以让老师将理论转化为实践经验，有利于眼界的开阔和知识更新，同时能将大学的科技成果与企业进行转化，进而使产—学—研协作创新机制得以完善；第二，创业者创业成功后，往往会给学校进行捐赠，从而促进学校与企业合作的良性循环发展。

（五）美国硅谷的政策支持

美国硅谷的发展离不开政策的支持，大学提供人才，企业和投资者提供资金，有了这两项基础条件，最重要的是获取政府的支持，制订有利于园区发展的政策，推动园区的产业向着更有利的方向发展。从表面上看，政府部门、企业与科研机构是平等的关系，政府只是从辅助的角度为园区提供发展便利，实际上缺少了政府的政策和订单支持，硅谷的发展将会受到极大的制约，因此，政府在硅谷发展中扮演着一个不可或缺的重要角色。

《购买美国产品法》于 1933 年由美国国会颁布，该法明确提出，联邦政府在签字购买物资采购合同或公共建设项目合同时，必须承担购买美国制造的产品的义务。2012 年后，美国政府通过内外施策的方式扶持中小企业，如颁布《中小企业技术创新法案》，抵税政策开始实施，人才引进机制更加灵活，与此同时，中小企业 H-1B 签证计划的实行为引进国外优秀人才提供了有效保障。在资金支持方面，持续优化硅谷风险投资机制。创办中小企业局，提供贷款担保业务，在一定程度上解决了中小企业贷款难的问题。同时为了给高回报、高风险的科技创新领域吸引投资，还出台了相应的信用担保、贴息等金融政策。

此外，美国健全的法律体系、完善的市场规则和严格的反垄断政策等，使企业竞争环境保持公平，竞争秩序平稳有序。随着利好政策的不断推行，硅谷的中小企业也获得了快速而稳定的发展。

（六）美国硅谷的创新文化

美国硅谷成为全世界最著名的科技园区绝非偶然，硅谷的创新模式不受制约。在这里，人们敢于质疑权威，除了实现自身抱负，还怀着改变行业、改变世界的愿景，因此这里吸引了全世界大胆创新的人，他们有冒险精神且勇于面对失败，不断进行新的尝试，而且来自不同国家和地区的人们带来的多元文化也为创新提供了灵感。硅谷的企业除了对创新鼓励的同时，也会给予员工极大的支持，包括创立自己的公司。

硅谷的创新精神成就了许多公司，谷歌、苹果、英特尔就是其中的翘楚，这些企业的成功不仅在于自己发展壮大，还产出了风靡全球的产品，从技术到外观设计再到体验感，20世纪无人能出其右，因此"创新工厂"这个昵称对硅谷再合适不过了。

二、德国典型高科技产业园区经验借鉴

第二次世界大战以后的德国对高新技术的研发和发展极其重视，并建设了很多科技园区，这一重要举措使德国经济从世界各国中凸显出来，成功迈入世界经济强国的行列，直至21世纪，德国的GDP都一直位于世界前列。1983年，在英、美两国的挑战和启发之下，德国建立了西柏林革新与创新中心，这也是德国的第一个科学园区。德国科技园区的建设晚于英、美等国家，但其主要形式以"研发园区""技术园区"和"孵化中心"为主，发展速度非

常快，比较典型的有以下三个，分别是慕尼黑高科技工业园区、阿德勒斯霍夫高科技产业园区和海德堡科技园区。

慕尼黑高科技工业园区位于世界十大著名高科技工业园区之列，其创办人为慕尼黑市政府和慕尼黑商会，创办时间是 1984 年，位置在慕尼黑西北部，占地约 2000 平方米。到 1990 年，由于慕尼黑高科技工业园的发展与高科技企业的技术创新非常符合，同时也有利于高新技术企业提升竞争力，其园区占地面积扩张为 4000 平方米。园区对现代科技的开发非常重视，其发展核心是高科技跨国公司，开发领域主要有工业产业、激光、纳米、生物技术等。慕尼黑高科技工业园区也是德国高科技产业孵化中心，享誉全球的宝马汽车公司和西门子电器公司就是在这里孵化出来的。同时，对传统产业的提升和扶持也非常受慕尼黑高科技工业园的重视。为解决因园区不断上涨的地价导致传统产业离开园区的问题，在进行园区筹办时，为帮助传统企业转型和平稳发展，政府既降低了园区地价，还出资为在职人员进行技术培训和职业技能提升。

海德堡科技园成立于 1985 年，股东是海德堡政府和莱茵内卡工商会，地处海德堡市大学校园，其他市区也有其研究场所。海德堡科技园拥有雄厚的科研实力，主要以生命科学著称，主要研究方向包括四个方面：生物技术、生物信息学、医药技术、环境技术。该园区还为多个研究单位提供实验室或实验基地，比较著名的研究单位包括欧洲分子生物实验室和德国癌症研究所。另外，其与多个生物科学研发、医疗等单位保持着密切的合作，包括罗切医疗公司以及诺尔公司等，除上述单位外，在生物技术以及生物科学等领域与80 余家中小型公司也有着密切合作。

阿德勒斯霍夫高科技产业园区创办于 1991 年，位于德国首都柏林东南部，占地约 4200 平方米。园区具有优越的地理位置，周围有 5 个高科技技术中心，同时还聚集了商业区、住宅区、媒体中心和公园等，拥有良好的生态环境和便利的交通，所以又有"欧洲最现代化的科技园""欧洲最大的综合性一体化技术园区"等称号。园区的发展重点是科技、经济和媒体，拥有的高新技术企业园有四个，对应的领域为：机电技术、信息及技术媒体、环境与生物、材料与微系统。无论是在产业基础方面还是科研方面，该园区均具有较强的实力，与德国其他科技园区相比，它是最成功的一个。园区的优势主要体现在以下四个方面：①拥有世界领先的光伏、信息、生物和材料技术；②成功孵化的企业数量位居世界前列；③园区的企业产品拥有较高的技术含量；④具有较高的园区单位面积产值。

（一）德国的政府保障与政策激励

德国政府在高科技园区发展中主要从三个方面对其进行保障。

一是直接参与园区建设，从政策和资金上为高科技产业园提供保障。传统产业在转向高新科技创新发展中面临着不小的风险，对此德国政府出台政策为企业提供税收和技术的支持，降低这类企业的税收和地价，为其提供所需的支持和服务；为吸引高科技企业，制定优惠政策；为形成高科技产业集群，政府会直接出资建设高科技产业园区，如海德堡科技园区、慕尼黑高科技产业园、西柏林革新创新中心等都是政府出资建设的园区。此外，政府还会连通科研机构与企业，促进双方达成合作，提高科技研发速度。

二是筹措科研经费。德国中央政府和地方政府联合企业和金融界为科研筹措经费，为高科技研发提供资金保障，因此德国在研发经费上的投入一直处于较高水平，GDP 占比高于绝大多数国家和地区。德国对待高科技研发的态度，使其科研水平一直处于世界前列。

三是对中小科技型企业的支持。德国为科技型中小企业提供的帮助非常充分，从发展环境到资金和事务的帮助为中小型科技企业的发展创造了良好的条件。在发展环境上，中央和各级地方政府着力监管市场竞争，防范垄断的产生，让中小型企业有发展的空间，提升其竞争力；在资金和事务上，政府为首次创业者提供专利申请等事务上的咨询服务，并会为其提供资金帮助，助力科技成果产业化。政府引导大学应届毕业生前往中小型企业求职，鼓励中小企业接纳，从而将新鲜血液输送到中小型科技企业，促进科技发展创新。

（二）德国的高校协作与互补机制

科技园区离不开学术加持，较为成功的科技园区大多都与高等院校关系密切，尤其是研发实力强大具有相关学术成果的院校，这类院校是科技园区依托的对象，企业与此类高等院校合作能够对自身技术的研发起到关键性作用。德国的诸多高科技产业园与国内外多所高校有密切的联系，与高校合作不仅便于获取高科技人才，也能够与高校合作研发，研发成果能够更快地转化为产品提供给市场。从高校的角度看，与企业合作能够对市场有更深入的了解，在培养人才上能够及时调整方向，能够提升学生的就业率和就业竞争力以及院校的行业竞争力。

德国许多高等院校在科技产业园的建设和孵化器的发展中都起到了重要的作用，不仅仅是新生人才，高等院校的教育者也成了科技产业的研发骨干，学校的实验设备和场所企业也能够共同使用，德国科技产业园的发展由此走上了一条校企合作的坦途。以位于柏林的洪堡大学为例，这所大学是德国一流的综合性研究型大学，创立于1810年，拥有多项重要学术研究成果。自1997年开始，洪堡大学开始与科技园区进行合作，陆续有6个研究所和多个科研机构入驻科技园区，同时将学校的实验场所和科研设备对外开放，加强校企交流。在这样的合作模式下，洪堡大学的学生与企业之间也有了更多的交流、联系，学生会选择到科技园区进行实习或就业、创业。校企强强联合，共享资源，极大地提高了资源利用率，促进了产业规模化发展，企业和院校的竞争力也进一步增强，逐渐形成了产业优势。

（三）德国的职能扩展与优化服务

德国的高新科技园区由于政府的介入性强、统筹规划合理，形成了各园区不同的产业侧重，互相合作，避免了恶性竞争。园区产业种类多，分布合理，包括信息技术、材料科学、生物技术、机电技术、微电子、食品等领域。各园区的发展都有自己的侧重点，如海德堡科技园区以生命科学为中心，发展生物技术、医药技术、生物信息学以及环境科学等，因此也被称为"生命科学中心"；慕尼黑高科技工业园区主要开发现代科学技术，如激光、纳米、生物技术等，集中在工业产业；阿德勒斯霍夫高科技产业园区分为多个高科技技术园，主要围绕经济、科技以及媒体产业研究。从以上几个经济园区研究重点来看，德国不仅注重传统科技，对新技术领域包括媒介宣传领域都有强大的实力和话语权，因此德国成为欧洲创新的领头羊，也是欧洲最大的技术出口国。

德国的高科技工业园不仅产出研发成果和产品，更是孵化企业的中心，其孵化器作用极其强大。产业园强大的科技实力加上政府的扶持，进入园区的企业有极高的孵化成功率，高校和科研机构的合作助力更是研发市场化的强大推动力。孵化中小企业还为社会解决了就业问题，提供了大量岗位，同时也促进了经济的增长。

（四）德国的合作机制与管理制度

德国高科技产业园区的合作方式多样性强，各部门各机构协作性强，中央和地方政府的支持和协作为高科技产业园区的发展提供了强大的助力。每个科技园区的管理方式不尽相同，但都有完善的管理服务体系对园区运作加以保障。

海德堡科技园的管理工作由海德堡科技园有限公司承担，公司制定了完善的管理服务体系，为企业提供服务，监管企业行为。园区在建设过程中与莱茵内卡房地产和海德堡储蓄银行有长期合作，保障了园区的建设和款项需求。

慕尼黑高科技工业园区是由市政府和商会合作建立的管理招商中心，为园区内的企业提供多项服务。管理招商中心引进现代企业管理制度，对园区运作状况进行整理把控，包括为有入园意向的企业提供其所需的服务，保证科技孵化楼的企业入住率等。管理招商中心有向监管会汇报园区运行情况的义务，定期会进行汇总上报。

阿德勒斯霍夫高科技产业园的管理委托给了 WISTA 公司，WISTA 公司稳定的资金来源也由此得到了保障，园区的管理由各个部门分工合作，实验和投资项目申请方面主要由创新和创业中心负责。另外，国际创业中心主要提供办公方面的服务。

（五）德国的风险投资及金融服务

风险投资主要是面向新公司或者中小型企业，这类公司未上市，其中许多有很好的创新理念和发展前景，但资金不足、创业经验和风险承担能力不够，而风险投资具有这类企业没有的特质，资金充裕且有着丰富的商业经验，能够帮助企业发展，为其提供资金和管理经验。风险投资能够帮助有潜力的中小企业快速稳定的发展，成为有竞争力的科技企业，因此风险投资对产业发展具有重要的意义，能够提高地区高新技术产业化水平，提升企业孵化成功率，高新技术产业在这些地区就能够快速发展。

风险投资需要政府监管，德国政府对风险投资的监管和帮助主要体现在税收的优惠和政策的干预上，为企业提供税收和政策上的优惠，在鼓励本土资本的同时吸引外来资本。德国的风险投资行业发展迅速，孵化了大量的上市公司，为高科技产业园的发展做出了巨大的贡献。

三、日本筑波科学城经验借鉴

20 世纪 50 年代末期，日本在东京的筑波山麓建立了高新科技园区——筑波科学城。建设园区的主要目的是通过技术实现自己的立国目标，它的建筑位置选择非常用心，自然环境非常优美，而且面积广阔，同时它和成田国际机场距离比较短，来往交通非常便利。不仅如此，筑波科学城在环境建设方面也是非常人性化的，整体追求系统化、自然化，比如，在筑波世纪科技博览会结束之后，建设了很多的公园、广场、绿地，为当地的文化发展、经济发展都打下了良好基础。

筑波科学城是由日本政府建设起来的，在政府的帮助下慢慢发展成世界知名园区，政府会为其发展提供资金，也会为其制定发展策略，它的选址、建设、发展规划都是由政府负责的。所以，相对于硅谷这样自主建立的园区，筑波科学城是不同的，它在资金起点、政策起点方面都有较大的优势。在政府的规划和帮助下，历经 60 余年的发展，筑波科学城已成为日本发达程度最高的科学工业园区，而且它是日本科技的发展中心，在日本科技发展方面有重大的贡献。

（一）日本筑波科学城的起源

20 世纪 50 年代，东京面临较大的发展压力，当时日本的科学技术发展也缺少一个有效载体。在这样的情况下，日本开始建设筑波科学城，而且把国内 30% 的国立科研机构都迁移到了筑波科学园区内。

筑波科学城刚刚建立的时候，政府为其发展投入了大量资金，但是政府却没有获得理想的发展成效。筑波科学城的发展经历了很多磨难，整体表现为发展速度缓慢，没有获得较多的创新成果。这是因为筑波科学城在其成立之后的十年内不注重科学城和工业之间的交流，没有将获得的科技成果投入生产，没有实行产品商业化发展，导致科技创新产品比较少，特别是高技术产品比较少。当时的筑波主要依赖的是农业，在很长一段时间内都是依赖农业收入作为其发展的主要经济来源，完全不符合它作为东京科学城的形象。

后来，随着日本发展中心的转移，高科技产业得到了更多的关注。在这之前，日本国内高新科技产业的发展依赖的是从美国、欧洲引进先进技术，对先进技术进行模仿，后来才开始发展自己的高科技产业。第二次世界大战期间，相比于其他国家，日本积累了大量资金，没有受到战争的过大影响，这为未来的工业发展打下了良好的基础，所以，日本经济获得了快速的增长。

筑波科学城在发展的同时，其体制机制却没有及时更新，这在一定程度上限制了筑波科学城的发展。当时日本政府使用的高度垂直管理模式并不适合高速扩张发展之后的筑波科学城，这种管理方式是由国家设立综合科学技术会议，由国家制定科技政策，这种方式避免了权力的拆分，国家可以更好地掌控科技，但是这种管理方式也导致科技发展活力不足，技术在创新方面的发展速度非常缓慢。

高科技产业的发展需要高投入，还要承担高风险，所以政府在管理高科技园区的时候不仅要为科技园区的发展投入资金，培育具有代表性的高新技术企业，还要关注体制改革，呼吁企业使用股份制作为企业机制，并且成立科技金融机构，为企业发展提供更多的融资渠道。与此同时，政府要改革自己的管理体制，垂直的管理模式对企业研究机构以及高校之间的交流产生了一定的限制，进而导致研究出来的成果没有较高的时效性，无法得到充分的开发应用。而且原有的管理模式下，研究人员和创新回报之间没有过多的关联，这对筑波科学城的发展产生了不利影响。

（二）日本筑波科学城的转型

日本政府真正开始对管理方式做出调整和创新是在1989年，日本政府在深入研究了筑波科学城的发展历程以及当时的发展空间后，颁布了新政策以试图摆脱发展困局，在管理模式上，抛弃了垂直管理模式，将权利更多地放给科技园区中的企业，并且联合企业和高校形成共同协作的"三螺旋结构"，共同进行产品的研发和推广。与此同时，政府还出台了新的筑波计划，将筑波科技园区的发展重心定位在高新技术产业方向，并且慢慢地开始进行基础研究，所以，从20世纪90年代之后，筑波科学城的发展就步入了再创发展阶段。

经过30年的发展之后，筑波已经是名副其实的研究城市了，它在生物医学、理工科学、建筑等方面都取得了一定的研究成果，这可以从筑波科学城取得的技术成果数量、人才数量的变化中得到验证。发展到2011年时，日本政府将筑波科学城设定成了国际战略综合特区，而且赋予筑波科学城更多的权利，减少了政策上的某些限制。当前，筑波科学城制定的战略发展目标是面向未来持续推进全球化发展，而且在基础研究方面也加大了建设力度。如今人们再提起筑波科学城已经想不起它"科技乌托邦"的称号了，人们认为它更多的是当今技术的引领者。

（三）日本筑波科学城的启示

日本筑波科学城的建设和发展历程对于正在进行科技创新建设的国家有非常大的借鉴意义，具体体现在以下四个方面。

第一，科技园区中的政府、高校以及企业处于平等地位，因为只有地位平等了才能实现区域协调发展。仅仅建立科研机构之间的联系是不够的，政府在建立机构之间的联系时还应该引入市场机制，注重基础研究，在加强基础研究的基础上，联合企业实现研究和应用之间的结合，让科研成果投入到市场中实现产业化生产，加快科研成果的转化速度，形成更快的产业链流动。只有这样，才能在全球科技兴起中占有重要位置，掌握更多的话语权。

第二，日本政府在对筑波科学城进行管理的时候，由于它使用的是垂直管理方式，所以对科技园区的干预有些过度，使得园区的管理体现出计划经济的感觉，而且这种管理方式要求园区内的企业和研究机构开展研究的时候提供复杂的资料，项目的申请也需要复杂的手续，这在一定程度上降低了研究效率。不仅如此，由于研究者的成果和收入之间没有直接关联，研究人员的积极性、主动性没有被调动起来，长期发展之后，园区中国有企业的竞争力慢慢地下降，相比于同时期的硅谷，它的创业氛围明显不足，没有拼搏和冒险的热情。这一切和政府的包办管理脱离不了关系，由于资金的引入由政府主导，人才的引入也由政府主导，这就导致园区的体制相对僵化，没有形成良好的市场竞争氛围，和全球范围内同时期的其他科技园区相比，它的发展比较落后。

第三，转换研究人员的培养方式和使用方式。以往的研究人员是由政府进行分配的，后来政府开始鼓励企业和研究机构根据自己的需求自主选拔人才。这一做法提高了研究人员的积极性，以及内部人员的流动性，虽然日本的教育发展相比于其他国家有优势，但是日本也有一个非常严重的问题，那就是少子化、老龄化，这些都不利于日本培养科技人才，而且社会中存在比较严重的性别歧视，教育体系的发展也相对固化，没有创新，就业情况不稳定，这些都使得很多人不愿意攻读研究生或者博士，而且环境也不利于毕业后就业。如果长期这样发展下去，那么日本整体的创新积极性、创新能力都会有所下降。

第四，要注重人才和环境国际化之间的对接。这一点对于提高科技城的国际竞争能力是非常重要的，科技城在建设的过程中不仅要建设国际化的设施，还应该在园区内营造国际氛围。筑波科学城中有来自各个国家的科研人员，如美国、中国、韩国等，这其中所占比例较大的是亚洲人。这种国际化人才的引进不仅在园区内形成了国际氛围，而且国际之间的交流互动也得到了增强，更重要的是，它在一定程度上促进了科技成果的转化。

到 21 世纪之后，日本政府意识到了在筑波科学城管理方面的失误，由此开始调节政府和市场之间的关系。下放权力，对筑波科学城的建设逐渐放宽管制，并且在科学城内部建立产业集群、知识集群，通过集群的方式保护创新型中小企业的发展和成长。此外，还建立了科技中介机构，以此来加速技术的转移和营销，让新技术尽快转化成产品投入。与此同时，日本政府又专门为博士后设立了稳定的工作职位，针对社会中的性别歧视问题还鼓励女性参与科学研究工作，并且为她们提供研究经费。除此之外，还制定了更加科学、公开的评价机制，以此来保障青年研究人员可以获得公平公正的晋升机会、发展空间。日本筑波科学城使用的战略、进行的制度改革，以及对人才制定的培养方案，对我国高新科技园区的发展具有参考作用。

四、韩国大德研发特区经验借鉴

韩国大德科技园于 1973 年成立，是韩国的硅谷。从 2005 年起，该科技园更名为"大德研发特区"。它地处韩国中部，临近忠清南道大田，与首尔相距 160 公里。截至目前，它不仅是韩国最大的"产学研"基地，也是最大规模的新产业培育基地。历史上，韩国是农产品出口国，直至第二次世界大战结束后，韩国开启科技转型，并沿着这个方向迅速发展，成为 20 世纪新兴工业国中的一员。

大德研发特区的目标明确，要开发高精尖技术、持续培养一大批高科技人才、创办新兴产业基地，进而促进研究成果转化，推动韩国发展。该特区的建立将韩国高精尖技术、人才聚集在一起，也意味着韩国科学技术排在了世界前列。与其他地区类似，韩国大德科技园也是以模仿到创新的方式发展起来的，它参照日本筑波科技园，并学习硅谷管理模式，逐步实现了创新发展。1989 年，首家风险企业成立，由大德创办。风险企业的成立激起了企业家的创业热情，韩国企业大量引进国外技术，并进行深度研究学习，极大程度上促进了大德研发特区的转型，从资本密集型逐渐转变为技术密集型。

（一）韩国大德研发特区的转型历程

韩国大德研发特区是韩国为了经济发展、社会发展而建设的，以生命科学、通信、材料、能源为主要研究方向的技术研究开发特区，韩国政府希望它发挥的作用是带动社会的长远发展以及经济的持续发展。大德研发特区中有很多研究所，还有很多大学研究院，它们是韩国科技发展的主要贡献者，韩国的很多科技成果、科技创新都是出自它们之手。它们的主要产业一直位于价值链的上游，并且发现或者产出的成果大多都是科技前沿的创新成果，比如，制造的人造卫星阿里郎、发现的黑猩猩基因图谱、创造的超薄膜分析技术、制作的动态随机存取存储器等。

大德研发特区是由韩国政府主导的，政府在特区内建设了高新技术产业聚集区，实行的机制是产学官研之间的配合机制。在成立之初，大德研发特区属于教育科研型的园区，在经过发展转型之后，它已经是韩国最为顶尖的技术研发特区，其转型历程如表 3-1 所示 [①]。

表 3-1　大德研发特区的转型历程

	第一阶段 （1962—1989 年）	第二阶段 （1990—2004 年）	第三阶段 （2005 年至今）
园区定位	国家级科学教育中心	教育科研与生产并重的科学园区	集"产学研"一体化的研究开发特区
主要职能	教育科研	教育科研、促进科技成果转化	教育科研、技术转移、科技成果产业化、风险投资、技术商业化
阶段特点	初期阶段：政府高度干预，地方产业发展较为缓慢，科技成果转化率较低	调整阶段：大量民营机构向大德科技园内搬迁，建立高科技风险企业，大德科技园开始向多元化、高科技的模式转变	发展阶段：高科技型公司数量增长、规模扩大；"产学研"体系逐渐完善

---

① 朱之鑫，张燕生，马庆斌.中国经济由高速增长转向高质量发展研究 [M].北京：中国经济出版社，2019：12.

第一，模仿阶段，从1962年开始一直持续到1989年。1962年，韩国制定了第一个经济五年计划。当时的韩国领导人认识到了科学技术对未来经济发展的重要作用，所以开始着手建设科技研究机构，并且于1966年在汉城（今首尔）成功建设了韩国科技技术研究所。后来，参考日本筑波科技园区的建设，在韩国中部腹地，也就是忠清南道大田建设了广为人知的大德研究园区，并且将研究院所、高校引入园区当中。园区最开始也是模仿世界领先的技术，然后在模仿中不断探索，1989年在园区成立了首家风险企业。这家企业的出现代表大德研发特区模仿阶段的结束。

第二，过渡转型阶段，从1990年开始，到2004年结束。园区在成立首家风险企业之后吸引了其他企业，园区内各个企业有极高的积极性，积极参与创新创业。企业的壮大也吸引了投资商来投资，园区早期从国外引进的先进技术也被消化吸收，开始逐渐产出自己的新技术、新成果。也就是说，大德研究特区已经步入了过渡转型阶段。发展到2001年时，大德研究特区内的风险企业达到了340家，俨然成为韩国科技产业的集聚地区，这时大德研究园区有了一个更响亮的名字——大德谷。但是，随后爆发的金融危机导致园区内很多企业被迫关闭，很多人员面临失业下岗问题，这对园区的发展产生了不利的影响。但是，企业减少之后，剩余企业可以更好地吸收先进技术，这在一定程度上加速了园区企业从资金密集型企业转向技术密集型企业。

第三，研究开发阶段，开始于2005年，一直维持到今天。2005年，韩国政府颁发了《大德研究开发特区法》，目的是让企业进行自主技术研发，自主承担技术成果向产业的转化。这一法律推动了大德研究开发特区新兴产业的出现，促进了"产学研"的一体化发展，让韩国科学技术有了更高的活力。2005年之后，园区内出现了越来越多的研究机构，成立了越来越多的高科技公司，吸纳了很多高科技人才，彻底实现了从技术的消化吸收向技术自主研发的转变。比如，大德研发特区完成了人造地球卫星阿里郎的自主开发，完成了"韩国型原子炉"科研项目的研究。

大德研发特区经历了近50年的开发和建设,发展到目前为止,已经成了21世纪韩国经济增长的主要动力。它的发展与时俱进主要历经了三个步骤:第一步,将所有的创新聚集起来;第二步,让创新创业最终形成产业成果;第三步,挖掘成果的商业价值。经历这三个步骤的发展之后,大德研发特区俨然已成为全球创新的主要聚集地之一。

(二)韩国大德研发特区的发展模式

首先,技术创新加速了产业的集聚发展。大德研发特区在选址的时候选择建设在大学和科学研究院周围,并且注重技术的创新发展,以此来推动韩国的产业发展,与此同时,它还共享知识、共享数据信息、共享技术,将科学研究机构聚集在一起,加速科技成果向产品的转化,以此让科技成果能够维持高效的产出状态。韩国在举办大田世博会之后,大田地区的第三工业区和第四工业区也开始入驻大德研发特区,这一做法促进了大德特区和大田产业之间的融合。

其次,通过风险企业促进园区的科技发展。风险企业具有研究和开发能力,韩国的大德研发特区在发展的过程中学习了当时美国硅谷的发展模式,利用风险企业推动本国的科技产业发展以及重工业发展。大德研发特区聚集了很多高科技产业,与此同时,它还结合了政府、研究机构、高校作为自己的技术创新依靠,所以,园区内聚集了很多具有研究与开发基础的风险企业。这些企业的特点是产品涉及范围广、有雄厚的产业基础,而且其中很多企业都是由研究机构的人员创办的。

随着园区后续发展速度的加快,研究与开发风险企业获得的投资越来越多,园区的高科技产业也得到了快速的发展和进步,与此同时,还带动了韩国的经济发展。根据调查研究表明,从2000年开始,大德研发特区当中风险企业的发展使得韩国的出口额数量有明显的增加，进而刺激了韩国GDP的增长。不仅如此，企业的增加也为人才提供了更多的就业岗位，而且企业的成长壮大提高了社会需求，促进了国内经济增长，国内的经济增长使得企业可以获得更多的资金投入，至此，形成了科技产业发展的良性循环。

最后，产、学、研之间实行"多对一"的互助。在韩国建设科技园区之前，美国已经成功地建立了硅谷，日本也成功建立了筑波科学城，所以大德研发特区的建设可以参考它们的经验。它借鉴了之前两个园区实行的"产学研"合作方式，将高校引入科技园区当中。大学一直是创新技术的主要来源，还可以培养科技人才，科技园将高校引入进来可以为其进行技术创新、技术转移提供场所，还能提供资源、技术，可以说科技园区和高校之间的合作对彼此的发展都是非常有利的，而且二者之间的结合有利于发挥产业集群效应。大德研发特区周围一共有五所韩国顶尖学校——韩国科学技术院、中南大学、韩国科学与技术大学、韩南大学和大德大学。

其中，韩国科学技术院主要研究的是科学技术，隶属于韩国科学技术部，现建有尖端科学研究所、科学英才教育研究所、数学研究所、纳米科学技术研究所、机械技术研究所和人工卫星研究中心、脑科学研究中心、半导体设计教育研究中心等，以及不同领域的研究室，堪称韩国基础和高技术研究的摇篮。同时，它的科技成果转化率也位居韩国第一位，它的存在对于大德研发特区来讲是至关重要的。韩国科学与技术大学也是韩国非常著名的理工类大学，主要研究科技和经济之间的结合发展，有许多重要学科，比如说技术经济学科、风险投资学科、计划管理学科等。它培养偏向于综合类的人才，这些人才可以实现产、学、研之间的充分对接，是韩国科技成果产业化发展不可缺少的人才。高校和科技园区之间的结合形成的是"多对一"的发展模式，这种发展模式促进了大德研发特区科学技术的发展，技术的创新发展、转移发展。

第三节 国际科技园区的发展经验对我国的重要启示

从世界上各个国家发展高新技术园区的经验上看，有这样一个特点：大学和研究所与企业之间的合作是一个国家建设先进高新科技园、创新型城市、制定新兴产业发展战略的核心。我国高科技园区的建设应当借鉴国际上先进的发展模式，找准创新驱动的关键，这将对我国科技园区的发展有重大的启示。

一、突出重点明确定位

设立科技园区的目的是什么？这是政府首先要明确的。成立高科技园区是为了搞研究、推动产业转型，还是为了推动科技成果的转化，只有先将发展目标确定好、抓好重点工作，才能做到资源的合理使用。

考虑到一些特定因素和城市建设、产业发展的规划，科技园大多坐落于首都、特大城市或中心城市周边。这样选址的原因有两个：第一，距离城市较近，可以整合利用城市现有的发展资源和要素，加速科技园区的发展，在土地和劳动力方面都具有一定的优势，在城市周边土地成本相对于市中心要低，劳动力也能得到充足的保障。第二，科技园区选址在城市周边，没有市中心的热闹和拥堵，这是优势的同时也是一定的劣势，不易留住人才。这时科技园区的规划就要充分考虑周边环境、交通的建设，以及满足日常生活的配套设施建设，尽量为留住人才提供一个良好的生活环境。政府要高瞻远瞩，合理规划科技园区各项建设，为大城市缓解压力。

二、利用优势扩大集群

各个高新科技园区仅找准自己定位还远远不够，还要了解自身的长处，充分发挥优势，构建企业家、专业技术人才等关系网络，人才与资源之间的构建也十分重要。政府和企业应当是战略合作的关系，不应给企业过多的束缚，而是应发挥企业的能动性，合理利用当地资源，推动企业和当地经济生态的和谐发展。从国外发展高新技术园区的模式来看，高新技术园区多数设立在大学周边，科技园区的定位不能只看到企业在借助外力的帮助下蓬勃发展，还应看到当地学校与周围优势企业。

如美国国立卫生院对堪萨斯大学进行了大量的资金资助，使得堪萨斯大学汇聚了大量的生物科技企业，并且利用这一优势吸引了大量的优秀人才，生物实验室纷纷成立，提高了生物科学方面的研究成果质量，也为当地"产学研"结合提供了平台。

从我国现有的高科技园区来看，大多数是设立在高校旁边，但在发展过程中也面临着一定的问题，如产、学、研、官之间的合作密度不够；科技园区内的企业没有形成产业链，只是简单的地理位置上的集聚，造成科技园区成果转化率低、资源浪费的现象等。从他国发展科技园区的经验来看，我国科技园区在今后的发展中应当考虑当地实际状况和人才优势，发展适合当地情况的特色产业和创新集聚群，协调市场和企业对接，加强学校、企业之间的合作，提高科技成果转化率。

三、搭好服务创新桥梁

科学研究机构在创新发展过程中起到核心的推动作用，想要提高科研成果转化率，最重要的途径就是加强大学与企业之间的密切合作。以世界知名的硅谷和斯坦福大学为例，斯坦福大学在硅谷成立了众多研究中心，它们是大学最新研究信息流向产业界的渠道。科学研究机构以校企研发人员共同合作为基础，以高科技项目为纽带，加上充足的经费及国际一流的研究设备和仪器，每年可培养大量人才，诞生大量属于世界先进水平的高新技术成果，为合作企业带来了丰厚的经济效益。从世界各地创办的成功的科技园区来看，高新技术产业的发展需要市场经济的制度环境。借鉴发达地区的经验做法，我国政府也需要放手，让企业充分发挥自身的能动性，不大包大揽，并充分发挥市场经济的作用。

各个国家都在改变发展策略，以日本为例，日本政府原来对产业的发展实行垂直管理、高度干预的模式，现在逐步转向宽松、开放、包容的营商环境，科技园区的政策规定也在逐步放松。从过去若干年的发展历程看，过去的政策倾向于大型企业，近些年来，中小企业对经济发展的促进作用逐渐被政府重视，同时，中小企业对于保障就业的作用越来越明显。所以，政府开始支持中小企业的发展，并制定一系列政策法规保障中小企业的发展。在资金融资方面，政府设立了多种项目的企业援助资金，对新型创新企业优先支持；政府在不断完善融资政策，制定了风险投资、金融、税收等方面的规定，对知识产权制度进行了完善和保护，发挥了桥梁作用以沟通产、学、研三方面。所以说，政府在高科技产业发展过程中要发挥合理的导向作用。

四、以人为本激励创新

建设高新科技园区具有多方面的重要意义，一方面，高新科技园区为"产学研"提供了合作交流平台；另一方面，高科技园区在培育新兴产业、缓解就业压力等问题上发挥了重大作用，而且高新科技园区的建设有利于我国创新发展战略目标的实现。对人才的培养不能仅停留在理论方面，还要鼓励高校和企业联合培养学生，增加创新创业课堂，提升学生的实践能力。通过多种形式的创新教学活动，比如，给予学生与企业家对话的机会，将真实案例与课本知识相融合；设立大学创业园、创业基地等，为创业人员提供创业渠道和创业平台。

高新技术的研发运用离不开人才，所以在人才培养和引进上需要有完善的制度，对人才进行优化配置，针对不同的产业领域引进不同的人才，例如重点产业领域可以考虑引进培养高精尖复合型人才。政府在人才引进和培育方面也应当有所作为，要加强人才引进的政策引导，制定人才引进机制。

制定人才引进政策、给予人才奖励成为高新科技园区吸引人才的基本途径，尤其针对高层次人才，园区还成立了专项基金，用来补贴人才引进和培养的支出。另外，在人才引进和培养机制方面还需要完善优化，例如着重引进或培养复合型高技术人才和创新型人才，以促进当地高新技术产业的发展。

五、合理分配资源供给

高科技园区的规划要考虑地区产业发展和空间布局，只有实现资源优化配置才能保证科技园区有序规划、统一管理。在高科技园区的建设过程中，大学、产业、人才是重要的考虑因素，在成立之初就要考虑实现人才和资源的集聚。高科技园区在经济发展方面发挥着重要的作用，不仅能够促进产品更新，还能够调整产业结构，促进产业转型升级。可以说，高科技园区在一个城市或者一个国家的发展中具有不可替代的作用。

我国的高科技园区在以前可以说没有自主创新，承揽的都是外国外包业务，但现在正在转向自主创新发展之路，不再是单纯的加工者。

我国高科技园区在进行资源配置的时候应有侧重点，应构建持续稳定的创新机制：运用规章制度进行科研管理，不给企业和科研人员增加压力，营造轻松的科研环境；将权力下放，在资金支配、决策选择上给予企业最大的自主权，优化创新资源的配置与供给，让科研人员能安心搞科研，让科技资源更好地为企业服务。

第四章　科技创新载体的发展研究

第一节　科技创新载体的发展概况

科技创新载体主要包括科学园区，科技企业孵化器和加速器，大学科技园，众创空间、创业苗圃，科技创业特区等，以下分别进行简单介绍。

一、科学园区

科学园区是一个国家或地区为了实现产业结构改造，促进高科技产业的发展而在本国境内划出的，以新兴工业产品的研究和开发、高科技产业的生产为主要内容的区域。世界上第一个科学园区于1951年诞生在美国加州的斯坦福大学校园，之后发展成为世界高技术创新中心和高技术产业引擎——硅谷，随后主要国家陆续兴办或涌现出许多科学园区。目前，科学园区主要包括以下类型。

（1）科学城。科学城在建设初期呈现为科研机构和大学的聚集地，主要从事基础研究和应用研究，而后发展成集科研、教学、生产、社会管理与服务为一体的新型城市。

（2）科学工业园。科学工业园主要是指通过原有良好的基础设施、优美的环境和高质量的服务来吸引企业和科研机构，以进行工业生产的基地。

（3）高技术产业带。高技术产业带是自发或半自发形成的高技术产业及科研机构大规模的集结地，是具有较广地域和高技术研究、开发、生产、销售、服务等功能，集科研、服务、销售机构于一体的地带。

（4）高技术产品出口加工区。高技术产品出口加工区是在出口加工区的基础上，提供优良投资环境和研究环境，以吸引外资、引进先进技术和智力为主，将国外的先进技术转化为本国技术，带动传统产业向高技术产业转化的基地，其高技术产品主要供出口。

（5）技术城。技术城是将产、学、研、住结合在一起的以原有地方城市为母城，充分利用母城的各种有利条件，按全新设想建设的、环境优美的、与母城形成整体城市生活圈的新兴城市。

我国设立国家高新技术产业开发区的最初目的是学习包括硅谷在内的一系列高新技术产业集聚发展地区的成功经验，建立属于自己的高技术园区，培养更多的新兴技术企业，实现产业的转型化发展，从而提高社会经济的发展水平。经过几十年的建设发展与改革创新，国家高新区已成为我国的创新高地、产业高地、人才高地和开放高地，为我国经济的高速增长做出了巨大贡献。以我国的第一个国家级高新技术产业开发区——中关村科技园为例，中关村经过多年的发展建设，已经聚集高新技术企业近2万家，形成了下一代互联网、移动互联网和新一代移动通信、卫星应用、生物和健康、节能环保、轨道交通等六大优势产业集群，集成电路、新材料、高端装备与通用航空、新能源和新能源汽车等四大潜力产业集群和高端发展的现代服务业，构建了"一区多园"各具特色的发展格局，成为首都跨行政区的高端产业功能区。

二、科技企业孵化器和加速器

(一)科技企业孵化器

世界上第一家孵化器来源于美国,即贝特维亚产业中心。美国企业孵化器协会将孵化器定义为催化器,其原因是孵化器能够扶持企业稳定发展,能够为企业发展提供多项服务,如管理培训和场地空间等。美国 NBIA(National Business Incubation Association)将孵化器分为五类,即学术机构、非营利性开发企业、营利性开发企业、风险投资企业以及以上各类的组合。

孵化器是指一系列的组织,这些组织构成或创造一个有利于孵化和发展新公司的支持环境。孵化器已经在世界许多地方普遍存在,国家和地方政策制定者已经把它们视为促进经济发展、创新和发展新技术企业的重要工具。孵化器应具有四个组成部分:①共享的空间,这些空间以或多或少有利的条件出租给被孵化者;②共享支持服务以降低间接费用;③专业的商业支持或创业指导;④内部或外部网络的提供。企业对孵化器每个组成部分的重要性的认识有所演变,即从最初关注设施和行政服务到最近更强调业务支持的重要性。共享空间的使用是一个重要的因素,因为除了共享成本和资源外,它还为孵化者之间的知识转移和经验分享提供了机会。

现如今,从全球范围来看,我国是孵化器最多的国家。根据孵化器的起源与发展可知,我国最早的企业孵化器诞生于湖北武汉——武汉东湖新技术创业中心,也是我国第一家高新技术创业服务中心。1988 年,自企业孵化器进行火炬计划之后,科技企业孵化器呈现飞速发展的状态。

孵化器的类型主要由五个因素决定:一是对企业的选择,是指接受哪些企业进入和拒绝哪些企业的决定;二是孵化器基础设施,由孵化器选址、办公设施和行政服务组成;三是业务支持,与培养孵化器的培训活动相关;四是中介服务,是指孵化器与孵化者彼此之间以及与外界的联系;五是退出政策，即关于企业在什么情况下应该离开孵化器。

选择企业是一项重要的孵化器管理任务，无论对于单个孵化器还是整体经济，它都是有效资源分配的基础。选择要确定"弱而有希望"的公司，同时避开即使通过孵化也无法获得提升的企业，以及那些不需要孵化的企业。这是一项挑战，需要对市场和企业新创业过程有深度的认识。但是对于不同的企业类型，选择的标准往往不同，这也解释了为什么会形成不同类型的孵化器。选择标准通常包括：企业家或风险团队的职业经历和技术专长、风险投资目标市场的属性、产品或服务的属性以及风险的潜力。通常，选择主要集中在有创意的企业家或团队。对于以创意为中心，孵化器管理者必须能够深入了解相关技术领域的知识，以评估其可行性，以及产品、市场与这些创意相结合的潜力。

除了制定相应的标准，还应把握应用标准的灵活程度。当孵化器严格根据规定挑选企业时，孵化器管理者应事先确定一些潜在的成功企业，特别是对企业的挑选发挥到极致时，孵化器就像私人风险投资公司。孵化器管理者也可以采用较为宽松的标准，挑选更多数量的公司，再随着时间的推移，优胜劣汰。如果把选择标准和执行严格程度组合起来，就可以得到四种不同组合的孵化器模式：①强调创意与竞争：尽可能多地组合有想法的创业者或企业家，这些企业家可能在广泛的领域内各自有不成熟的想法，通过竞争达到成功；②强调企业家与竞争：由大量企业家或团队组成的企业及领域，具有强大的创业驱动力；③强调创意与挑选：在一个相对狭窄的技术领域内，通过高度优化的大量研究得出的结果，往往是从排名靠前的大学的研究中产生的；④强调企业家与挑选：精心挑选的企业家，通常与附近大学的研究领域相关。

目前，建设科技企业孵化器已经成为国家创新体系的一个重要组成部分，同时也是区域创新体系的一项核心内容。"十四五"时期，我国的孵化器事业要坚持"质量优先"原则，在适度扩大整体规模的基础上，增强服务能力，拓展服务领域，提升服务质量，提高孵化效率，强化孵化器在人才凝聚、产业培育、研发支撑和市场开拓等方面的组织功能，走出一条专业化、产业化、生态化、可持续的创新创业孵化之路。

（二）科技企业加速器

科技企业加速器对于孵化器来说更加高级，当然，我们也可以将其看作是孵化器与科技园之间的一种新形势。顾名思义，企业加速器也是为企业提供服务的载体，其服务模式具有显著的创新性，既能够满足企业发展的多方面需求，如管理、服务和合作等需求，还能够加速企业快速发展，其在整体发展过程中集群性较强，且依托于创新网络的发展。

现代企业加速器的作用不仅体现在满足企业发展的需求上，更重要的是为企业发展明确了方向，之所以将它设计出来主要是为成长中的企业提供更广阔的发展空间，增加企业的服务功能。其侧重点主要分为三个方面，分别是市场化机制、专业知识以及服务和资源调整。随着科技企业加速器的不断发展，其管理模式也在逐步创新，对于科技园的长远发展有很大的参考价值。当然，科技企业加速器在进行建设的时候也需要有一定的空间，高新企业开发区、大学产业园以及经济开发区等为科技企业加速器的建设提供了广阔的场地。

美国西雅图在 1999 年 10 月的时候建立了企业加速器——互联网企业加速器，这是世界上第一家新一代企业加速器。此加速器引起了各个国家的广泛关注和高度重视，在发展方向上，各国都开始进行相应的调整。2000 年 4 月，我国建立了第一个企业加速器，即大康企业加速器有限公司，为我国后期企业科技创新发展打下了坚实的基础。2007 年 8 月，我国又成立了第一个建设科技企业加速器试点单位，该单位由科技部火炬中心正式批准的，位于北京中关村科技园区。随着企业加速器的实行，我国在后期又批准了一批区域加速器，作为我国科技创新的重要试点单位，为我国科技创新快速发展奠定了基础，比如深圳高新区科技企业加速器、无锡新区科技企业加速器、西安新区科技企业加速器等。科技企业加速器经过多年发展，吸引了一大批企业入驻，发展迅猛。截至 2020 年，我国的科技企业加速器已达 500 多家，作为我国火炬计划中的重要一环，其对助推经济结构升级，促进区域经济发展作用显著。

三、大学科技园

随着经济的发展和技术水平的提高，人类社会生产力的发展经历了由手工业阶段到第一次工业革命的机器生产阶段，再到第二次工业革命后的电气化阶段。在生产力的发展过程中，技术创新主力也由熟练的手工业者逐渐转变为具备专业理论素养的知识型人才。

当前，科技发展速度日新月异，科技型企业对技术创新的需求不断扩张，高精尖人才对科技成果创新应用的决定性作用愈发凸显，高校与企业"产学研"紧密结合已经成为必然的发展趋势。在此背景下，大学科技园应运而生，功能定位不断完善，为高校人才培养、科技成果转化、企业技术创新、地方经济发展等做出重要的贡献。

建设大学科技园的主要目标在于让具备科研、技术优势的高等院校能够有效地与市场上的创新资源结合起来，从而能够打破高校与市场之间的壁垒，让各种有利于科技研发和生产的资源流动起来，同时，还推动了专业人才培养、技术研发、科技成果转化、资源挖掘、科技创业、科技交流等多个环节的发展。在国家政策方面，相关的政府部门对于大学科技园的建设提供了极大的支持，不仅在相关招生政策、知识产权法、税收政策等方面提供了一定的便利，还积极帮助各大高校与国内外优秀的科研企业创建沟通交流的平台，一方面让高校对市场的发展趋势产生更深刻的认识，另一方面企业也能够招揽更多的优秀人才，一举两得。

我国提出了建设大学科技园的目标，也从侧面证明了社会生产力经过近几十年的发展已经进入了一个新的历史发展阶段，对高新技术、先进的科研成果产生了更高的需求，已有的技术设备已不能完全满足我国日益增长的生产需求，各个行业亟须技术的改革创新。

1951年，美国斯坦福大学兴建了世界上第一个大学科技园——斯坦福研究园，即当今大名鼎鼎的美国硅谷。这所科技园的兴起和发展为美国在科技领域的发展注入了强劲动力，并奠定了美国科技发展在全球的领先地位。中国大学科技园的发展最早始于"863计划"对科学技术产业化的重要部署，作为人才聚集的高等院校，已成为科技攻关和成果转化的主力。

当前，随着市场经济的发展和科学技术的进步，尖端科技在经济社会中的应用场景不断扩大，技术迭代的速率也不断提升。很多高等院校经过百年的发展，充分利用了自身的发展优势，建立了成熟的创新培养机制，为我国高新技术产业的发展培养了众多优秀的科研人才，而且在一些高精尖技术领域，如制造芯片、人工智能等领域提出了很多专业且有实操价值的科研理论，在一定程度上提升了我国的综合国力，增强了我国的国际影响力。因此，我国大力创办大学科技园不仅是一条促进我国高新技术产业实现长效发展的可持续发展之路，更是一条符合客观社会发展规律，将大学知识高效转化成产业发展动力的创新之路。

四、众创空间、创业苗圃

（一）众创空间

众创空间具有成本低、要素全、便利化、开放化等特点，通过众创空间能够实现创新创业的融合；此外，还能够实现线上与线下的结合，从而促进孵化与投资进行融合，让创业者在进行创业的时候有更多的平台可以利用，比如网络空间、社交平台、资源共享空间，以及创新创业服务平台等。众创空间主要是通过各项创新与创业的结合将新技术运用其中，通过线上与线下结合开发更多的新产品并开拓广阔的产品市场，通过孵化与投资获得更多的发展机会。

众创空间之所以受到广大创业者的欢迎，主要是因为它对创业者来说门槛较低，但创业平台的门槛则相反。从单个空间面积以及入驻的数量上分析发现，虽然它对创业者降低了标准，但是服务能力的要求提升了，其服务具有低成本、全要素、开放化且便利化的特点，基于这些特点，在进行创业平台搭建的时候约束相对较多，门槛也较高。众创空间处于孵化器前端，比孵化器更加的高级，包含了孵化器中的各种功能，为创业者提供了更加广阔的服务平台。

北京在应对知识社会的下一代创新机遇、打造创新 2.0 时代的开放创新空间方面，一直走在全国前列。北京早在 2006 年就启动了"三验"（体验、试验、检验）应用创新园区的探索，探索通过"三验"在城市管理领域打造覆盖整个城市的开放众创空间。目前，北京市通过依托国家自主创新示范区、国家高新区、应用创新园区、科技企业孵化器、高校和科研院所等丰富的科技创新创业资源，已成为我国众创空间发展最快的城市。除北京以外，在上海、广州、深圳、杭州、南京、武汉、苏州、成都等创新创业氛围较为活跃的地区，也都顺应创新2.0时代用户创新、大众创新、开放创新、协同创新形势，逐渐涌现出一大批各具特色的众创空间。

随着我国"大众创业、万众创新"号召的提出，创业热浪持续升温，我国的众创空间呈现爆发式增长态势。为促进我国经济高质量发展，需不断加大企业的创新力度，继续扩展众创空间的服务范围，创新经营模式，促进众创空间朝着正确方向发展，为我国经济发展助力。

（二）创业苗圃（科技企业苗圃）

创业苗圃是创业孵化的第一阶段，主要功能是为创业者提供打磨创业计划、创建创业团队、完善创业理念、更新技术体系的平台，其根本目的在于降低广大创业者的创业成本，提升创业质量和效率，尽量减少创业前期不必要的资金和资源投入。

创业苗圃在中国最早出现于中关村，从中关村出现创新工场、车库咖啡以来，中关村出现了一大批创新型孵化器，创业服务业蓬勃发展。科技部火炬中心发布《"苗圃—孵化器—加速器"科技创业孵化链条建设指南》之后，国内各城市高新区纷纷出现创业苗圃。这些创业苗圃以其"新、独、特"吸引着人们的眼球，推动着创业想法和天使投资的结合，汇集了大量创业项目，在全国掀起了一股创新创业的热潮。

五、科技创业特区

（一）科技创业的概念与特点

1.科技创业的概念界定

改革开放以来，我国的社会经济得到了快速发展，经济总量不断增长。实践证明，中国经济是以出口为导向的国际贸易拉动、土地和劳动力等要素驱动，以及资本（包括外资）与信贷等投资推动的粗放型经济为主的发展模式。在当今经济全球化发展的时代背景下，世界各国开始改善和创新自身的发展方式，积极主动地调整自身的发展策略，从而达到顺应时代发展的目的。除此之外，各国加大对环境保护的力度，将实体经济发展作为经济支柱。中国经济的持续增长积累了较强的实力，工业有了相当的基础，产能普遍过剩，中国的内需市场还很大，经济上还有进一步提质增效发展的机会和上升空间，关键是如何应对挑战，把握机遇，走出一条可以持续增长和发展的道路。

我国应根据本国国情和本地区条件，大力推动优势产业的发展，不断改进和完善产业结构，转变经济的发展策略和发展方式；利用当今国内外科学技术发展的成果，创新技术、创新产品、创新模式、创新制度，发展高新技术产业，发展资源节约、环境友好、有竞争优势的产业，将优势产业作为经济发展的主要支柱产业。在如今经济发展的进程中，经济发展模式逐渐演变成以通过技术创新和科技创业来推动经济发展为主。

国内外区域创新体系几十年发展的实践已经充分证明了科技创业能够驱动经济高速、持续发展。科技创业驱动型经济在开放的经济环境下，以知识和科技为主要资本，以科技创新创业人才为关键要素，以科学的机制设计和制度安排为前提，通过大量地创办科技企业、大力地培育科技企业，富集科技、人才和资本等要素和资源，调整高新技术产业结构以增强产业的核心竞争力，实现高新技术产业良性发展。与此同时，在升级与发展企业的过程中，全新的产品与服务、需求与投资、就业与财富也得到了再创造，以上诸多要素的再创造过程无形中也为经济的转型和可持续发展提供了强有力的动力。所以，对于经济发展而言，科技创业的推动作用十分显著。

科技创业特区是以发展区域高新技术产业为特色的经济体，是区域社会经济的开放子系统，并赋予了特定的目标、功能、结构、机制和体系。建设科技创业特区是区域创新体系的更高级发展阶段，是通过科技创业推动社会经济发展的重要实现路径。

2. 科技创业的主要特点

（1）将企业作为载体。科技创业通常的形式是企业组织，它是将探索与研发新的科学技术、产品的生产与销售、提供服务作为主要方式进行的一种经济活动。科技创业不仅涉及与产业发展有一定关系的初创企业，还涵盖了传统与现代技术融合在一起的转型企业，另外还包含利用技术更新、升级所得到的新产品来调整现有的生产环节、服务方式的一种新型企业。

（2）将人才作为中坚力量。科技、知识是创业的源泉，拥有先进水平技术的人才是科技创业的中坚力量。创业者具有一定的学历和技术，且是科技工作者，这在企业研发产品、生产产品的过程中都占有明显的优势。

（3）注重科技创新。相关企业重视人才、知识层面的竞争能力，同时在这些优势条件下构建出新的工艺流程、新的产品，在产品中注入较高的技术、较高的生产效率、较高的附加值等，来达到其在市场上的竞争目标。

（4）着力发展形式以初创型为主的企业。创业者建立企业的一般流程为：从投入期开始，接着是开发、研制、试运营。而相关的生产、销售、积累客户等环节则需要一定的时间积累，初创企业在财务上一直保持盈亏平衡是比较困难的，所以说人才、资金问题是初创企业在发展过程中不得不面对的两个巨大挑战。

（5）高风险、高回报。创造出新的工艺流程和产品可以为企业带来更多的竞争力，进而获得这一行业内较高的营利能力。因产品具有一定的领先特点，所以回报较高，但与此同时，高新技术的发展也遇到了诸如规模发展、成长周期等方面的限制，所以，其在市场、经营等领域还有许多不确定性，有一定的风险。

（二）科技创业的因素与条件

1. 科技创业的主要因素

（1）人才因素具有决定性作用。科技创业的成败与创业者的创业精神、能力、价值观等有着重要联系。在创业过程中，人才是不可或缺的，但科技人才并不完全是创业人才，还需要有一定的经营能力、管理能力、创新能力。所以，科技创业需要团队进行合作，团队的合作结果将直接影响创业成功与否。

（2）项目的选择是关键因素。创业项目具有一定的技术先进性、生产可行性、经营盈利性，所以说创业的成败与项目有着重要的关联。另外，项目若可以把所在区域的工业与产业连接在一起，那么将在区域产业、个体发展方面达到事半功倍的效果。

（3）投资是必要的因素。科技创业的投资项目一般具有投资大、风险高的特点，投资方式应符合相关项目的资金水平，同时，在进行创业经营的过程中，也可以获得一些资本，如资金的来源或是创业者自身的投入，或是向银行借贷等。

2. 科技创业的发展条件

（1）产业环境作为发展导向。区域产业在发展的过程中，尤其高新产业的发展，均是以产业环境为基础的，这为创业企业的生产、合作、销售等活动提供了便利的条件，对企业发展有重要帮助。

（2）资本助推科技发展。创业资本的活跃度在一定程度上影响着创业企业的发展，而企业优越的运营状况在一定程度上也吸引了更多的资本，所以说积累资本是创业发展的前提要素。创业资本具有一定的逐利性，所以资本的退出机制与成本是创业成败的重要因素。

（3）成本制约创业发展。科技创业是企业行为，而投资成本可以决定一个企业是否具有竞争力、盈利力，尤其是一些初次创建的企业，在出现收不抵支的现象时，会对无法控制的成本更为敏感，创业的成本在企业生存、发展的过程中起到举足轻重的作用。这里的"成本"主要是指科技创业过程中的不可控制的成本，涵盖了税金、规费、使用成本、服务成本等。

（4）人力资源影响科技发展水平。不同领域的专业人才、技能人员是一个企业在发展过程中的人才源泉。一个区域内，人才状况将直接影响企业的用工情况，甚至会影响到企业的命脉。人力资源的发展可以说是社会的一项系统性工程，它关乎就业、工资、社会保障、消费水平等方面，同时也在某种程度上体现经济兴衰的情况。

（5）制度支撑科技创业。科技创业在发展过程中离不开工作场地、环境、设施建设，基础性的公共服务是企业发展的必要条件。与此同时，公共技术方面的服务平台、知识产权管理机制、中介服务、创新支持、教育培训等层面的制度均是推动科技创业的前提。

目前，各地区大力发展高新技术产业并呈同构化发展趋势，加剧了区域之间在科技资源、科技人才和科技项目上的竞争。因此，进一步发展科技创业对创业要素、创业条件、创业环境、创业服务与管理等方面都提出了更高的要求。

（三）科技创业特区的概念与特点

科技创业驱动经济发展理论的核心是通过支持和促进科技创业，积极发展科技型中小企业，培育高科技产业，形成区域优势产业和特色产业，以创造新的需求、创造新的供给、创造新的就业机会、创造新的经济增长，并转变经济增长方式。

1.科技创业特区的概念界定

科技创业特区是为了促进科技创业而提供特殊政策和制度安排，并优先配置资源的区域创新体系。科技创业特区是以孵化科技创业企业、发展中小科技企业、培育高新科技产业等为主要任务，以企业、高校、研究机构、服务机构、政府机构等为决策与行为主体，以创新创业的人才、技术、资本为核心要素，以实现价值最大化为目标的，驱动创业经济发展的创业经济体。

建设科技创业特区的主要目的是使多样化、复杂性的区域创业资源在区域科技创业战略高地的建立过程中得到优化和整合，从而为科技创业的有效性提供强大的制度保障、政策保障、环境保障和创业条件保障，并通过对区域内外科技创业要素（如资本、项目、技术、人才）的重点开发、集聚和管理，使区域科技创业的竞争力和运营质量得到显著的增强，在此基础上实现创业经济发展、区域科技创业和科技中小企业发展总体水平和综合实力的全面提升。

科技创业特区是在原来区域创新体系的基础上，以增强开发、整合和管理科技创业要素和资源的能力与优势作为基本策略，要求具有特殊制度创新与政策支撑、特定的区域范围和载体形态、完备的功能体系，并凸显竞争优势。

2. 科技创业特区的主要特点

（1）特定的目标。科技创业特区在更大范围、更高层次全面系统地推进科技创业，发展高新技术产业，成为在全国率先建设创新型城市、实现社会经济转型发展的核心和支柱。

（2）特定的功能。即调整、升级、发展产业结构。这种功能的发挥主要是通过对科技创新创业人才的集聚、科技创新创业资源的整合、科技创业生态环境的营造，以及科技创业体制和政策的创新发展，对中小型科技企业的孵化和培养、高新技术产业的培养和发展的带动作用来实现的。

（3）特有的范围与体系。特有的"范围"指的是由点及面，逐步扩展，特有的"体系"指的是建立在符合条件的载体（如产业园、创业园、科技园等）基础之上的科技创业支持与服务体系，通过将系统化、统一化的体系与社区化、产业化、网络化、国际化、专业化的要求相结合，完成对科技创业特区的建设和运营目标。

（4）特殊的制度与政策。即以吸引、支持和推动科技创业为目的，以对现有的阻碍科技创新创业更好发展机制的变革为前提而制定的创新化的全新政策及其体系。

（5）特别的创业环境。科技创业特区的总体创业环境是实现科技创业的繁荣与发展的重要保障，具体来讲，主要包括生活环境、商务环境、科教环境、政策环境和产业环境等。

（四）科技创业特区的要素与职能

1.科技创业特区的构成要素

科技创业特区的构成要素指的是特区中影响相关活动的一些主体要素、环境要素和资源要素。其主体要素的构成主要包括：高等院校、研究院、创业企业、科技创业中介、政府相关机构等；其环境要素涵盖了设施、体制、氛围、相关政策等；其资源要素涵盖了人才、资本、技术、土地等。

（1）科技创业特区的主体要素推动着特区的不断发展。大学、研究院等一般是本区域或其他区域的一些机构单位在发展科技创业过程中较为重要的知识、人才来源，同时也是创业资源的输出者；科技创业中介一般是指创业载体、产权平台、相关的投融资机构等，在特区发展的过程中，它们是联系各要素的纽带，同时也促进着相关活动的进行；政府相关机构主要是指由政府直接管辖的机构、特区机构等。实际上，创业特区在发展过程中是制定政策、营造环境、提供要素的主体，同时也在统筹、规划着特区的进一步发展。

（2）科技创业特区的环境要素促进创业的进一步发展，是特区的基本背景。相关的政策涉及创业方面的金融、财税、科技、人才等，这也是特区发展的一大特点，由政府牵头制定，目的是进一步推动特区的创业发展、保障发展力量的供应；其制度包括特区在日常中的管理要求、相关的规章制度、运营过程中应遵循的规章制度等，而这些制度构建了创业特区内的基础制度，是保证创业活动顺利进行的基本依据；其氛围涉及的相关理念、文化、社区活动等内容也是特区的一大特点，为创业者自由地进行各种活动提供了一定的支持；创业设施涵盖了特区内的一些基本设施、技术平台等，它们共同构成了特区内的物质环境。

（3）科技创业特区的资源要素支撑着特区的前行与发展。这些要素是创业发展过程中的精髓，在全力推动着创新成果走上产业化道路；创业技术主要是指特区内相关活动所需的技术，它不仅体现了创新的成果，也是创业的坚实基础、核心要素；人才要素涉及一个行业中的先驱者、管理人才等，他们作为创业的主体是第一要素；土地要素是指以土地作为投入，它是特区发展过程中的基础要素。

2.科技创业特区的主要职能

发达国家的经济发展历程一般有着共同的规律：前期一味地追求经济量的增长，主要依靠资源和物质的投入来拉动经济增长，对环境的保护重视不够，当经济发展到一定阶段的时候，效率开始下降、资源出现匮乏，被迫开始经济转型，转向依靠科技和创新促进经济增长。经济的转型还需要依靠市场，同时也离不开政府的引导。

在发挥政府的引导作用时，需要对政府引导的区域进行界定，专门划分出一个特区，通过政府的引导整合资源，促进中小企业发展和科技创业，促进本区域内经济的转型。科技创业特区的作用主要在于整合区域内科技创业的资源，对前期由政府主导、后期由市场推动的发展模式进行整合——从研发到技术成功，再到创业，再进一步发展到产业园区，再到新兴产业，最后形成创新型经济，最终促进了创业的发展，提高了成果的转化率。科技创业特区的主要职能如下。

（1）吸引优秀的创业人才，推动科技创业的发展。创新、创业、创造这三个要素是创新型经济的核心要素，通过经济发展方式的转变提供新的经济发展动力。在创新型经济要活跃起来离不开科技型的中小企业，而这些企业又需要大批的高素质复合型创业人才和技术人员。在创新型经济环境下，企业活跃起来的另一个条件是要为这些创业人员营造一个良好的创业环境，为其提供创业的基础设施和服务。科技创业特区就是为满足这些条件而设立的，它能为科技企业提供创业环境、创业条件，从而形成创新型经济。

（2）提高科技成果转化率。在当前大众创新的环境下，出现了很多新技术、新成果，但这些技术和成果在转化成产业生产的过程中会遇到一些体制性的制约，不容易实现产业化，也不能进一步发展成为生产力，而科技创业特区可以有效地解决这些问题。它在特定的经济区域内，为使技术和成果转化成产业，在政策上、环境上、资源上都给予大力的支持，打破了体制性的障碍，提高了科技成果的转化率。在科技创业特区内，成果转化有激励机制，知识产权有保障制度，科技研发和市场有目标定位，服务具有专业性，这些共同促进了科技成果转化的效率和速度。

（3）促进传统产业转型升级。没有传统产业就没有现在的工业基础，传统产业的发展对地区形成完善的工业体系、对国家形成完备的国民经济体系起着重要的作用。但传统产业也具有一定的弊端——消耗高、效益低，这也阻碍了经济的发展。区域经济要发展，就必须对传统产业进行改造，进行转型升级，同时也能振兴传统产业。传统产业在改造的过程中，很难打破僵化思路和固有体制，科技创业特区就可以解决这方面的问题。特区内的创新氛围浓厚，政策相对灵活宽松，同时还拥有更多的资源，充分利用这些优势就可以推动传统产业的转型升级。

（4）培育战略性新兴产业。战略性新兴产业是在一定的基础上发展起来的，这个基础不仅需要有较强的创新能力、掌握核心技术的企业，有利于创新技术转化的体制机制，还需要配套的市场准入机制。资金上的支持也不可或缺，包括投资、融资、财税优惠等政策。这些都是培育新兴产业的关键。新技术的研究、调试、产业化都可以在特区中实现，形成一个完整的经济体系，使其成为新兴战略产业生长发展的沃土。

（五）科技创业特区的优势与机制

1. 科技创业特区的显著优势

科技创业特区和其他的经济体相比具有明显的优势，其优势主要体现在科技创业特区内部的创业资源方面、创业成本方面、服务体系方面、制度和政策方面等。

（1）具有丰富的创业资源。科技创业特区内积聚了很多的创业人才，同时其内部的创业活动也比较活跃；创业特区内还有大量的创业项目，信息能互通有无；创业特区内的金融体系完善，为创业活动提供了资金支持；特区内的土地政策比较宽松。

（2）较低的创业成本。首先，创业特区内的硬件设施可以共享，降低了企业费用；其次，税收政策优惠，土地费用低；最后，特区内生活成本低，具备完善的生活条件和环境。

（3）有一套完善的创业服务体系。创业特区内汇集了创业需要的律师事务所、知识产权申请机构、转让服务机构等，还有专业的创业咨询专家团队、共享的项目和金融信息平台，这些为创业发展奠定了基础。

（4）创业制度与创业政策的特殊性。在科技创业特区内，企业的相关政策和制度与别的地方不太一样，它包含着完善的企业运营管理制度、知识产权的转让与保护制度。创业最需要的资金在特区内也能得到大力支持，还有配套的医疗卫生制度、住房制度等。

2. 科技创业特区的运营机制

（1）行政管理体制。特区内的行政管理体系要求高效性、精简性、廉洁性、协调性，政府的管理方式、管理制度都要进行改革完善，精简政府机构，减少行政审批手续，目的是提高行政管理的效率和服务水平，这是对管理部门在科技创业园区的特殊要求。

（2）企业治理模式。对科技创业特区内的企业可以采用混合所有制或者股份所有制的股权结构模式，对企业经营和政府管理的界限进行规划，保障企业顺畅运行。

（3）以人才为核心的保障、激励、发展机制。科技创业特区内的人才保障机制应当十分完善，包括人才资源的保障与激励机制以及人才资源的开发机制。在人才的保障方面要从以下几个方面着手，如交通住房、医疗卫生、子女教育等方面，制定完善的生活保障体系，确保人才的各方面需求都得到保障。同时，采取不同的资助措施激励人才全身心地投入到创业工作中。对于创业人才的培养，需要制定相应的培养方案，对于不同层次的创业人才，其培养方案也各不相同。

（4）资本流通便捷的金融支持体制。创业需要技术与资金，完善的资金进出体制为创业的成功奠定了基础。比如，根据各企业的不同特点和发展情况，银行可以为其提供不同的资金服务，或者是开发符合科技创业特点的金融信贷业务，对科技创业企业的征信信息进行收集，对信贷手续进行完善，以管控金融信贷风险。由于各科技企业的发展阶段和成长规律都体现出显著的差异性，因此，对于创业投资机构来说，在进行投资之前，要结合各科技企业的具体发展情况，选择与之相对应的投资方式和投资力度。此外，创业企业还可以从投资机构处得到管理服务，实现对创业资金的管理。创业特区中还应该有完善的担保机制，通过担保机制的建立，既能够降低投资机构的投资风险，还能够确保创业企业正常发展。此外，在创业特区内申请"三板市场"，既方便创业企业上市，也方便投资机构资本的回笼。

（5）成熟的中介衔接机制。创业特区内的技术研发出来后需要配套的成果转化机制以及产权转让制度。如衔接高端实验室与工程技术的中心，支持技术研发的平台机制；技术研发作为知识产权，需要受到一定的保护，因此，有关部门要构建知识产权保护机制以及技术产权交易制度；技术研发的最后要进行技术成果的转化，此时需要完善成果转化的机制体系。

（六）科技创业特区的政策及其构建

1.科技创业特区政策的重要性

作为一项特殊的人类经济活动，科技创业的最高理想在于财富创造，构成这一整体的各要素经济价值的实现机制，主要在于在市场供给与需求的影响下，个人（家庭）、企业和政府之间对这些要素的交换和循环。在科技创业特区的发展过程中，常见的行为主体有政府部门、投资机构、科技人员和创业经营者等，这些主体的统一特征在于：他们都是资源要素的所有者，都有着各自的目标、准则和决策制定权利，为了获得最大化的利益，会以符合自身特征和规律的制度政策来对科技创业的各项活动发挥作用。

与此同时，机制创新同样是科技创业特区建设中极其重要的内容，它通过对各个创新行为主体的决策和行为进行规则设计来实现各个行为主体适应科技创业特区的发展目标。为了确保不同的资源要素在不同行为主体之间的利益交换以及风险共担，科技创新创业也会采用制度安排的方法。

科技创业特区制度创新与政策突破的主体是政府，本质是如何配置资源、如何分配利益，以实现政府建设发展科技创业特区的目标。制度安排、机制设计、策略制定最后落实在一系列政策法规的制定与实施上。

科技创业特区的制度创新与政策突破除了税收、财政等方面经济利益上的直接支持外，还包括项目行政审批与服务、土地批租、国有资本投资、公共设施配套以及管理体制等方面。所以，制度创新与政策突破不是简单的经济上的扶持，而是使各主体在目标的驱使下实现自身的最大价值，实现企业的稳定发展，并将效益成果反馈给社会。

2. 科技创业特区政策的制定内容

科技创业特区政策制定的主要内容如下。

（1）科技企业创办的投资（资本金）、企业新技术产业化项目资金投资、企业科技研发资金投入、企业流动资金融通等。

（2）新办企业经营许可的工商行政前置性审核审批。

（3）技术、经营等专业人才的引进与发展。

（4）经营场地、土地的供给与使用成本。

（5）企业资产（股权、土地及其他无形资产）、债权的转让、收购、兼并等，特别是国有资本、创业资本的投资与资本退出。

（6）企业专业性、技术性的服务购买与服务提供。

（7）各级政府及职能部门在履行经济管理、行政管理与服务上的权力、权利、责任与义务等。

针对上述不同领域，组合相应的政策内容，进行制度创新和政策突破，从而形成各个地区科技创业特区的特殊的政策支撑体系。

3. 科技创业特区政策的构建策略

（1）科技创业直通车政策。实施科技创业直通车政策的主要目的是进一步推动更多的科技人才进行相关的创业活动，为其消除创业过程中出现的多种阻碍，如资金的限制、注册公司的流程限制、经营场地限制，以及人才资源招募困难等。

科技创业的目的在于将研发出来的新技术产品进行量产，从而解放劳动力，改变人们的生活方式，让人们的生活更美好、更便利、更智能，因此科技创业本质上也是企业经营活动的一种，与其他类型企业一样需要具备充足的资金储备、适宜的经营场所、完备的人才资源、先进的生产设备。此外，还需要明确自身的权利与义务，以及充分了解自身在市场经营活动中需承担的风险，这些流程相对烦琐而复杂。相关政府部门推出的科技创业直通车政策就是为了简化这一流程，鼓励更多的相关人员进行创业活动的重要政策性举措。该政策的制定不仅有利于相关企业的发展，从宏观的社会发展角度看，科技创业直通车构建起的新型创业环境更有利于发挥科学技术的社会和经济价值，更好地发挥出科技创业人员的创新价值，进而推动整个社会整体的转型升级，加快现代化布局。

从制定的政策内容上看，科技创业直通车并非只是简单的在原有政策条例上进行修正完善，而是科学地从整体经济布局角度出发，在全面认识、了解科技企业的经济发展特征的基础上构建的一整套涉及科技企业从创办到稳定运营各个环节的政策体系，如对相关从业人员的资格认定、企业的人事关系、员工社会保障的管理办法、经营项目的资质审批、贷款审批流程、融资上市规则等均根据企业具体的经营模式特点，有针对性地设置了具体的政策。在具体的政策实施层面，为了进一步提升管理的效率和质量，相关政府部门还设置了专门的政务管理窗口，让管理更加精准有效。

政策是影响经营性企业活动的重要元素之一。因此，相关的政府部门若能有意识地构建和不断完善科技创业直通车政策体系，以及相关的配套服务性政策，必然会推动该特区内科技创业的热潮，形成独有的特区发展优势和特色，从而带动周围其他产业经济的变革发展，提刀特区整体经济发展中的科技含量。

（2）建设与发展创业载体政策。建设科技创业特区包括技术研发实验基地、创业孵化基地、科技产业园等多个支撑科技企业进行创业活动的重要功能性载体，在相关政府部门的宏观指导下，与企业适时地进行有效沟通，共同制定科技产业经济发展规划、人才引进机制等，促使特区内的科技产业实现稳定发展。

此外，这些载体的建设离不开充分的资金储备，仅依靠创业企业的资金水平是无法生存的，相关政府部门要在财税政策上给予一定的政策补贴。除此之外，还要帮助这些企业拓宽融资渠道，建立起完整的资金补充链条。但与此同时，政府管理部门也要意识到，多种社会资本的介入必然会带来一些问题，为了使特区内科技创业企业能持续健康发展，政府应有针对性地推行一系列资金管理办法、企业融资发展办法等法律法规，有效地约束企业行为，规避不必要的风险。

在特区内的土地开发方面，相关的政府管理部门要坚持科技创业为第一要务的开发原则，优先安排有潜力的科技创业企业进行土地开发；对于产业规模较大的企业，建设配套的服务设施（如员工食堂、健身场所、员工宿舍等），给予一定的土地成本优惠政策。此外，土地价格的设置要根据占地用途进行有差别的划分，如果是企业的创业性用地，那么土地的开发成本就要低于商业性用地。如果企业后续的创业效果明显，那么政府部门还要再给予一定的创业补偿。

（3）引进与培养人才政策。对于科技企业来说，技术水平是企业扩大市场占有率的核心竞争力，因此，能够进行技术创新、研发新技术的专业性人才对于科技创业来说极为重要。这就要求政府部门在建设科技创业特区时发挥出人才政策的作用价值，吸引更多有知识、有能力、有热情、有理想的人来特区进行创业。

第一，与高校进行深层对接，产研结合，培养兼备专业知识能力和一定实操经验的技术人才。首先，要加大人才引进政策的实施力度，对来特区工作的优秀高校毕业生提供全方位的补助，如住房补助、租房补助、社保补助、公积金补助等；其次，通过在高校建立专门的技术研究实验室、在企业内建立起单独的学生实习基地等方式，加强企业与高校之间的连接和交流。

第二，吸引外地的相关人才来此落户就业，突破户籍的限制，增加就业补助，给予专门性补贴。

第三，消除人才引进政策的壁垒，加大吸引国外优秀人才的政策实施力度。由于当前很多高精尖的核心技术更多的是掌握在西方发达国家的手里，所以他们的人才无论是在专业知识上，还是在技术的实际研发经验上都是有优势的，如果能够通过鼓励性政策引入先进的研究设备，创造优质的研究环境，引进这类人才，必然也会推动我国科技创业水平的提升。

第四，在政策上允许科技人才技术致富，充分保障科技人才的技术专利和知识产权的相关权益。允许科技特区内的企业对于从事技术研发的人员采取技术入股、科技分红、股份期权等鼓励措施。

（4）扶持科技创业企业发展政策。为了推动科技创业企业的发展，我国建立了一套科技创业政策体系，吸引了大量的国内外优秀人才，引导这些优秀人才积极创业，从而扩大了产业发展规模。但是对于已经在该特区内形成较为成熟经营模式的企业，也需要建立完善的经济鼓励政策。例如，在与高校进行产研结合、培养综合素质更强的科研人才方面，优化创新企业经营模式方面，进一步加强知识产权和技术专利保护方面以及丰富企业融资渠道等方面均有针对性地提供有益的政策扶持，尽可能地为这些企业扫除发展障碍，创造更好的经济环境。

当前，不可否认的是，虽然我国科技企业的数量、规模、市场占有率均实现了飞速发展，但由于我国的特殊国情，发展的起点与西方发达国家相比落后很多，因此在很多方面依然无法与国际先进的科技创业企业相竞争，从而推出一些有利于吸引跨国科技企业在科技创业特区建厂、建立研发分公司的优惠财税政策，这一举措能够有效地弥补我国科技企业的发展短板，为我国的科技企业经济发展环境注入新鲜血液。

此外，考虑到科技企业是以独有的核心科学技术作为获取经济效益的主要途径，前期技术研发阶段资金投入大、耗费时间长，而且在进入市场后还需要通过一些广告营销活动扩大产品知名度，增加市场占有率，因此收获经营利润的周期较长，相关政府部门必须要对这些初创科技企业给予一定的财税优惠政策，以减少这些企业的资金压力。

（5）发展科技金融政策。发展科技金融政策最重要的一点就是各类金融机构的发展，主要实现途径包括将各类金融机构（如担保、银行、保险等）引入科技创业特区，并通过对相关金融政策的调整（以担保公司的注册资本和担保额比例为例），使特区内的金融中介行业得到更快速、更优质的发展。

在资金需求方面，通过资金融通等形式，为特区内的创业企业提供强大的资金保障。比如，"科技型中小企业成长计划"的实施，就是对特区内中小企业进行政策和资金方面的双向帮扶以及创业风险投资的引入，通过政策和资金方面的支持来促进企业发展实现转型，并逐渐走向可持续发展的道路。除此之外，特区还需要制定一系列扶持政策，并将扶持政策有效落实，比如，创业投资基金、科技创新资金等，从而促进科技企业稳定持续发展。

另外，还可以通过私募基金、创投等资金形式对创业企业进行支持，如私募股权投资（private equity，简称 PE）、风险投资、创业投资（venture capital，简称 VC）、股权投资等。在资金的引导上，为了对原有的支持力度进行进一步突破，可以遵循"特区特办"的基本原则，充分发挥财政或国资委在资金引导方面的作用。在全面推进科技创业企业发展壮大方面，VC 和 PE 的成长所起到的作用不可小觑，因为很多高端人才创业的首选主要集中在 VC 和 PE 领域。因此，若想实现 VC 和 PE 领域创业的长远发展，就必须吸纳更多的 VC 和 PE 人才到特区创业。与此同时，也可以通过投资区内企业的方式，将发展起来的科技创业打造成为区域产业的一大亮点。

第二节　科技创新载体的功能与组成要素

一、科技创新载体的功能

（一）科技创新载体的成本控制功能

科技创新载体除了可以为创新型的小企业提供创业成本之外，还能为创新型小企业营造一个适合其生长的制度环境，我们可以利用孵化服务让创新型小企业的创新成本在可控范围之内。对于科技创新型小企业来讲，它在成立之初是非常注重成本的，特别是制度成本。有一些小企业因为规章制度、办事流程比较烦琐，再加上外界的各种干扰，难以存活，更不用提后续的发展，所以政府为这些小企业搭建了科技创新载体作为它们发展的制度性服务平台，为企业的发展成长创造了良好的空间环境、服务环境以及优质的制度环境，通过科技创新载体来控制企业的制度成本。

1. 降低创业投入成本

创业苗圃、创客空间、众创空间等科技创新服务平台为众多的创业者、创业团队提供了能够减轻前期投入成本的技术研发、实验、技术成果转化和产品生产的场所，以及一些基础的创业工作设备和办公设施，并且在此基础上还会定期针对创业的技术种类给予一定的专业支持，例如邀请相关学者举办讲座、与行业内的专家进行深入交流等。

此外，这些科技创新服务平台还特别提供了"一站式"服务，可以直接对接工商、知识产权、社会保障、经济监管等相关政府部门，极大地提升了创业的效率,减少了不必要的沟通流程,帮助创业者和创业团队把注意力放在企业发展上。

2. 降低企业发展成本

科技创新载体除了能够降低小企业创业投入成本之外,还能通过对接各类资源和提供专业服务而大大降低企业成长和发展的各类成本。

第一,科技创新载体能够解决小企业的融资问题。对于小企业的发展而言,资金短缺是制约其发展的主要因素之一,然而,通过科技创新载体,既可以帮助小企业对接政府的相关扶持政策,如政府产业发展基金、贷款担保、减免税等,还可以帮助初创企业获得更多的融资机会,为企业的发展奠定深厚的资金基础。

第二,孵化器等科技创新载体能参与小企业技术创新的全过程。科技创新载体将创新型企业与大学科研院所以及技术服务中介进行对接,促进了创新型企业与其他相关主体建立密切的合作关系,科研机构能够为企业提供学术支持,技术服务中心能够为企业提供技术服务支持,从而大幅度降低企业的发展成本。

第三,科技创新载体可以为小企业的发展拓宽市场。对于企业发展来讲,科技创新载体为其更好地分析了市场变化,从而为解决问题提供了帮助,在市场中为企业争取到了更多的份额,极大地推动了小企业的发展。

第四,科技创新载体包含很多企业,这使得企业的发展可以借助企业集群的优势。在企业集群内部,小企业之间的沟通成本更低,信息可以实现有效共享,对于企业来说,避免了创业初期就要面临的规模限制问题,可以更快的速度加入企业集群。

（二）科技创新载体的综合服务功能

科技创新载体的服务内容是由科技创业的服务需求决定的，主要包括创业辅导、基础设施、融资服务、交流培训、管理咨询、市场推广、专业服务、项目推介、人才引进等。科技创业的需求主要划分为基本需求和高端需求，基本需求一般是指对于创业企业来说可以进行降级替换的服务或设施，如办公设施、经营场地、企业环境等；而高端需求主要是指一家初创科技企业的核心技术，这往往能够决定一家企业的生死存亡。

1. 基本服务

（1）空间服务。创业企业对于物理空间的需求是必需的，尤其是厂房一类。从孵化器的一间办公室逐渐发展到一层楼甚至一幢楼或一个园区，这些发展均离不开物理空间的拓展，对于空间服务的品质要求也在逐渐提升。大部分成长的企业均是需要有办公场所的，生产企业等还需要一定的厂房空间或者实验室等。当然，在进行物理空间选择的时候，最好是在创业地或者科技密集区。

（2）配套设施服务。创业企业往往在创业初期就应具备一定的资金，但可能资金实力并不雄厚，因此在进行配套设施选择的时候常常会选择中端设施。创业企业依托于一定的生活服务设施或者生产设施，其对应的办公场所和办公场所应当具备的配套设施也是必不可少的，一些高新技术产业还需要实验室等，对整体环境的要求较高。

（3）政策法规服务。创业企业需要具备一定的研发实力，对应的科技技术需要与现代经济相符，但是很多企业在创业初期进行知识产权使用方面常常会遇到交"学费"或者"入门费"的情况，因此，企业需要针对知识产权建立一套完善的保护措施，依托于法律或者政策法规来对其进行保护。随着科技创新的发展，创业企业对于知识产权等战略需求也会逐渐增加。

（4）信息服务。科技型创业需要大量的信息服务，但是现代社会明显的特点是信息爆炸式增长，从这些大量的信息中收集和整理企业所需信息是非常复杂烦琐的，所以，需要建立信息的收集机构，对信息进行筛选整理，最终为创业者提供有用的信息，以提高创业效率。

2. 高端服务

第一，投融资服务。对于科技创新企业来讲，它最需要的服务之一就是投融资服务，这也是企业实现持续发展必须获得的服务。按照科技型创业阶段的不同，对投融资提出了不同的服务需求，如风险投资、银行信贷、天使投资、政府资金支持以及民间投资等形式。科技型创业有自己的融资服务特点，一般情况下，它使用的是股权融资方式，在长期债务比例以及现金红利支付方面的能力比较低，所以，需要结合更多的社会资源，进行大范围的融资。

第二，市场服务。从科技型创业公司的角度来讲，市场服务是非常重要的，但是也具有一定的挑战性。企业需要制定自己的市场战略措施，制定调研方式，选择客户，然后选择进入市场的方式，保持市场占有率等，这都需要市场服务的支持。有了市场服务的支持，企业可以形成良性市场循环，也能更顺利地成长起来。同样的道理，如果企业没有获得充足的市场信息，那么企业将会面临致命性打击，科技型企业如果在发展的过程中没有研究市场信息，将无法精准地把握市场的走向，也无法对市场的周期份额以及区域情况做出精准判断。所以，需要建立专业的机构，帮助科技型企业及时地抓住市场信息。

第三，人才服务。科技型企业的发展需要高端人才的支持，有了人才，才能成功运转。所以，科技型创业需要从两个角度入手，除了培养人才之外，还需要引进大量优秀人才，从而解决企业的人才匮乏问题。目前，在科技型企业的发展中，主要面临的问题就是企业发展对人才的需求量高，所以专业的技术服务必须以更高的效率帮助企业补足人才缺口。

第四，专业技术服务。科技资源能否被聚集、能否得到有效开发直接影响科技型企业创业成功率。虽然企业的发展过程是资源整合的过程，但是企业无法掌握全部资源，因此，要想获得更多的资源，企业需要从外界获取。企业的资源整合效率以及获得的资源数量直接决定了企业在市场竞争中的竞争水平。而专业的技术服务可以根据企业的需求寻找资源，并且以非常低的成本提供给企业，从而为企业解决发展中遇到的资源问题。

第五，管理咨询服务。科技创业企业的发展除了需要优质人才和专业技术等服务之外，还离不开管理咨询服务。大量实践研究证明，大多数中小型企业在发展过程中虽然得到了资金、技术和人才等方面的支持，但是仍然没有取得成功，其原因主要在于缺乏经验。所以，为了避免企业因为经验缺失而失败，有关管理咨询部门或机构要为企业提供相关服务，比如，创业培训和创业指导等。

科技创新载体的服务内容也需要根据科技企业需求的变化，在实践中不断总结、不断创新，这样才能推动科技企业持续发展和成长，直至走向成功。

（三）科技创新载体的产业培育功能

科技创新载体的产业培育功能是通过培育新兴产业的创业企业和促进科技型企业成长来实现的，因此，科技创新载体是培育新兴产业的摇篮，极大地促进了我国产业的转型升级。

1. 科技企业孵化器的产业培育功能

最近几年，兴起了很多科技企业孵化器，尤其是很多专业的孵化器。它的兴起不仅仅实现了区域新兴产业从源头的孵化，还升级了区域产业结构。专业孵化器会为科技企业提供创业场地、创业资金以及其他专业性的服务，此外也会成立专门的区域为企业提供共性仪器设备以及共性实验条件，这些仪器设备和条件的供给可以让科技企业的创意转化成技术成果，为企业发展提供了全方位、全过程的专业服务，加速了创业项目成果的转化，让成果可以以更快的速度变成生产力，进而带动了新兴产业的发展。

孵化器的存在为很多成果向产品的转变提供了支持，企业的良好发展需要以产品为支撑，随着产品的研发和产出，有关产品的服务也不断增多。在这种情况下，企业的发展规模不断扩大，企业的发展经济水平得到提升。总而言之，产业的形成与发展离不开孵化器的支持，在孵化器的引领下，产业得到了快速的扩散和发展。孵化器中的科技型企业代表的是我国未来技术的主要发展方向、科技产业的发展方向。当前孵化器比较关注的技术领域是人工智能，也孵化了很多与人工智能有关的项目，以及以人工智能为主要发展内容的企业。

产业集群发展是产业培育过程中的必经道路，这一道路和专业孵化器的发展是相符的。一般情况下，初创企业都是中型企业或小型企业，还没有形成大的规模，可能存在各种问题，也无法抵御较高的风险，容易受到外界因素的影响，尤其是在市场的激烈竞争中，还没有具备一定的竞争实力。但是，产业集群的方式可以为企业发展提供服务支持，而且使用的是专业化分工的生产方式，这使得信息可以共享共用，在一定程度上为企业节约了生产成本。企业对资源或者资金的需要没有那么强烈，可以在一定程度上解决企业的经济困扰。也就是说，在孵化器的帮助下，科技型企业必然会受到良好的培育，会产生更多的新兴产业。

2. 国家高新区的产业培育功能

第一，高新区中具体的新兴企业可以组成产业集群，并且可以借助产业集群提高自己的竞争优势。高新区的存在不仅为企业发展提供设施支持、服务支持，还将所有的新兴产业企业聚集在一起，形成一个联系紧密的产业集群，整个区域体现出强劲的竞争优势。我们对新兴产业企业有非常高的发展期望，希望通过新兴产业企业的发展带动区域经济的发展。而高新区就是政府和社会为新兴产业企业提供的平台，在高新区中企业之间的交流与互动、合作与共享可以让产业创造出更多的知识技术，有更明显的竞争优势，而且不同企业之间的互动交流会直接促进整个产业的转型升级。

第二，高新区为新兴产业提供了更多资金支持的渠道，而且融资渠道是相对稳定的。国有商业银行为新兴产业的发展提供金融支持，同时高新区通过政策的支持吸引了社会各界力量，为新兴产业的发展提供多方面的支持服务。比如，设立贷款贴息政策，引导社会资金力量积极加入，还可以支持企业上市发展，为新兴产业的发展建立扶持基金等。

第三，高新区中有很多新兴产业发展需要的人才。对于应届毕业生来说，高新区是主要选择，可以通过这个平台展现自己的才华。比如，为精准解决辖区企业对青年高学历人才的需求，缓解企业人才的招聘压力，泰安高新区于 2021 年 11 月份启动了人才"蓄水池"工程。工程通过集中招聘和常态化引进两种方式，面向社会公开招聘一批青年高学历储备人才。招聘和引进的对象以有意向到泰安高新区企业就业的硕士研究生及以上学历应届高校毕业生为主，并面向职业技术院校、技工院校，储备部分高级工班、预备技师班应届毕业生。

第四，高新区要与政府建立密切的合作关系。在高新区中，政府能够将自身的引导功能充分发挥出来，为高新区提供优惠的发展政策，为其创造优质的发展环境，尽最大努力为产业的发展提供一个便捷的渠道，为所有的产业打造一个城市产业园区，吸引众多的投资商进行投资，尤其是可以为高校、科学研究院提供开展科研活动需要的经费。

（四）科技创新载体的协同创新功能

科技创业企业的发展过程实际上是多种不同资源实现有效整合的过程，是科技创新载体的协同创新。作为创业者，不仅需要严格筛选内部的资源，如人才资源，而且需要精准筛选外部的资源，比如资本资源，然后再将这些资源根据企业的规模、市场需求以及生产力水平进行整合。

（1）创业企业与企业之间的整合。创业企业在创业与发展阶段必然会存在很多不足，但是也会具有对应的核心能力。因此，可以通过置换或者联盟来实现企业之间的整合，让人力资源、科研能力以及客户资源等相互交流融合，实现优势互补、增强自身竞争力的同时加快企业发展。创业企业与企业之间的整合通常情况下是由几家企业作为其核心，带动周围的创业企业，增加创业企业的市场竞争力，实现共同利益。

（2）创业企业和产业资本之间的整合。产业是由一批创业企业组合形成的，以核心企业为重心形成一定规模的产业群落。产业之间或者与产业相联系的企业之间彼此配合，形成产、供、销组合，通过这些群体与组合相互作用形成产业群落。

（3）创业企业和投资资本之间的整合。由于科技企业在前期技术研发和技术产品的广告营销阶段既需要耗费大量的时间，又需要耗费大量资金，因此很多科技企业都会寻求多轮专业金融资本的投资。而高新技术产业又具备很大的市场发展潜力，因此也会获得很多专业投资资本的青睐。在这一背景下，科技创业企业与投资资本之间的合作形式也逐渐多样化，有股权投资、信用投资、证券投资、债券投资等。

（五）科技创新载体的人才培养功能

科技创新载体的人才培养功能包括以下两个方面：首先，培养高新技术企业家、企业管理者。初创的高新技术企业必然要逐步实现发展壮大，员工组织结构、产品研发和生产规模等均会随之不断扩大，逐渐变得复杂，这就需要具有专业管理知识和经验的管理人才帮助企业正常运行，避免企业在人力资源、财务等方面出现管理问题。其次，培养专业科技人才。科技创新载体吸引了大量科技人才就业，同时，通过提供高水平、高质量的人才培训、技术交流等服务，使科技创新载体成为培养专业科技人才的大学校和实践基地。

高等院校作为向科技企业和相关技术产业输送专业人才的主要载体，自身也要具备一支涵盖专业知识、丰富研发经验、企业管理经历的人才队伍，对此，需要从以下四个维度加强队伍建设。

1.人才培育机制

一名专业的孵化人才需要掌握企业经营管理方面的经验，应该参加过具体的创业活动，有创业经验，而且专业知识非常扎实，对企业未来的发展有一定的预判能力，有开展社会活动的基本能力，以及拥有优良品德和奉献精神。

孵化服务人才培育机制指的是要从多个角度、多个方面建设一支强有力的孵化服务人才队伍。首先，应该融合高校、研究机构、专家以及孵化网络共同举办和创业有关的培训活动，也可以邀请专家举办讲座、研讨会，提高孵化人员的认知水平、意识水平；其次，可以将孵化人才输送到培训机构当中，进行脱产培训或者半脱产培训，目的是掌握企业管理知识、管理经验，学习有关企业孵化的知识；最后，应该让培训活动成为一项制度，按照规范进行人才队伍的建设。与此同时，配备人才培训考核体系。政府要通过以上种种方法培养出真正具有孵化管理经验的人才，让人才成为创业企业发展的引领者。

2.人才引进机制

目前专业的孵化人才有限，除了培养人才，还要引进人才。引进的人才应该是有创业经验、管理经验的人才，应从下面三个方面建立相关机制。

第一，加强高素质人才的引进。企业孵化器应该创造对人才的招聘和吸引条件，同时还应该树立人力资本投资理念，把人才的引进当作企业在人才方面的投资。

第二，吸纳成功人士加入其中。科技创新载体应该采取多种措施，吸引社会中事业成功人士加入企业孵化工作中，在工作中实现人生价值。可以说，他们的加入会助推企业孵化器的发展。

第三，发挥在校生的作用。学生是科技创业企业发展所需求的优秀人才，特别是硕士研究生和博士研究生。高校与企业之间可以建立合作关系，高校可以为企业发展培养所需的人才，企业为学生的成长提供社会实践机会，而孵化企业本身也可以通过低人工成本获取更高素质的劳动力。

3. 人才激励机制

经济学认为，如果想充分调动管理人员的积极性，激发他们的主观能动性，那么必须让孵化培育和他们的个人利益直接相关，相关程度越高，积极性也会越高，就会越主动。相反，如果没有利益相关性，那么积极性和主动性也就无从谈起。

目前已经实行的激励机制有年薪、红利、股份、奖金等，其中最有效的激励方式是股份激励。这种方式之所以有效，是因为股份把孵化人员和企业联系在了一起。孵化人员自身的付出是为了企业经营水平的提升，也是为了自己获取更大的利益，孵化人员会感觉自己是在为自己努力，努力和收益是相符的。而且股份激励可以留住有特殊才能的人才，让人才对企业有更高的依赖感和责任感。

所以，我们应该在孵化企业中推行员工入股激励制度，但制度的实行需要遵循自愿原则，与此同时，也要获得创业者的同意。除此之外，员工也需要自愿接受入股的奖励方式。

4. 人才职业化发展机制

职业指的是能够为个体提供生活来源的社会事业，而职业化指的是让一项工作变成一个职业，也就是说，个体把某项工作当成自己未来长期依赖的谋生职业。若个体在工作过程中能够充分发挥自身的价值，并得到显著的发展和成长，将当前的工作看作自己的事业来对待，个体便会长期忠诚于自己的工作，而不会随便更换工作，因为一旦更换工作，可能会面临更高的风险，也可能会增添转换成本。但是，想让个体将工作视为自己长期谋生的途径也不容易。首先，工作要有较高的规范性以及较大的成长空间、发展空间；其次，工作应该给予个体更高的预期，只有有了期待，个体才会长期地选择这一职业。

所以，对于企业孵化服务人员来讲，要想让他们把企业孵化服务工作当作自己的职业，就需要让企业孵化管理有较高的规范性，为服务人员提供更大的成长空间、发展空间。也就是说，要根据职业化的要求对企业孵化服务人员进行培养，让他们掌握职业化技能，拥有职业化素养，遵守职业发展规范。其中，职业化素养主要指的是职业道德、意识、心态。对于职业化发展来说，职业化素养的形成是至关重要的。因此，作为企业管理部门，一定要注重对工作人员进行多方面培养，尤其是职业化素养的培养，大幅度提高工作人员的职业化素养水平，就是提高其工作的自律性。

职业化技能指个体能够完全胜任职业的能力，能够满足工作当中各种任务对自身技能的需求。针对职业技能进行分类，可以分为职业资质和通用化能力。企业孵化需要建立管理资质认证机制，为符合工作要求的人员颁发资质认证证书。与此同时，还要长期对工作人员的能力进行审核，使他们形成更高的能力水平，以此来实现企业孵化的职业化管理，帮助孵化人员有更高的职业能力。职业化行为规范指的是职业化动作、语言以及思想。总的来说，企业孵化行业要想成功，就要建立行业规范，注重对企业孵化人员的培训、监督和激励。

二、科技创新载体的组成要素

（一）空间资源

我国科技创新载体的发展实践证明，一定的物理空间和场地是载体的必备要素之一，要为科技企业创造一个共同的有利生长的环境。

在科技创业企业的发展初期，可能会出现各种各样的问题，如办公场地问题等，然而，通过孵化器等载体的应用，既解决了办公场地面积小的问题，同时也降低了企业的初创成本，为创业企业的发展提供了便利条件。

对于成长期的科技企业来说，高新区等载体能够为科技企业集中提供综合服务，可以使载体空间内的企业互相沟通、取长补短、交流合作、共同成长。

科技创新载体的空间资源和设施配置应考虑两部分：一部分是企业租用的办公场地、生产场地以及互联网、通信、水、电等配套设施；另一部分是公共服务设施（如会务、商务场地等）和载体管理部门办公室。科技创新载体的空间规模大小，要根据所在地区租用企业的需求和当地实际情况而定。

（二）科技资源

科技创新载体聚集了帮助科技企业培育和成长的科技资源，包括硬性科技资源和软性科技资源两部分。

1.硬性科技资源

硬性科技资源指的是基于孵化器等载体而建立的公共技术服务平台，此平台的功能体现在两个方面，一方面是为创业企业发展提供了技术服务，另一方面是降低了科技创业企业的发展成本。

当前，我国的科技企业种类丰富，研究的技术领域也在不断扩大，而硬性的科技资源是这类企业实现长远发展的最核心因素，这就要求科技企业孵化器平台必须要有针对性地建设一个公共技术服务平台，精准对接不同种类的科学技术，提供必要的人员、知识和设备上的资源性帮助。其中，具备技术优势和人才优势的高等院校存在着拓宽与社会接轨的渠道困境，专业的科技创新载体可以充分利用这一资源，实现共赢。

大多数孵化器在硬性科技资源方面提供的设施和服务包括：①专业共享实验室；②小试、中试技术平台；③分析检测技术平台；④通信网络设施。

2. 软性科技资源

软性科技资源为载体内的科技企业技术创新提供了软性增值服务，是企业技术创新过程的催化剂。具体包括：

（1）高素质的项目管理团队。初创的科技企业在激烈的竞争市场上如果没有一支具备专业知识、实操经验、了解社会和市场发展趋势的高素质管理团队，很难迅速扩大市场占有率，实现真正的盈利。

（2）技术研发和创新。高新技术产业蕴藏的巨大红利吸引了众多创业者和创业团队埋头深耕，市场竞争越激烈，技术更新换代的频率也就越高，因此，科技创新载体必须要具备一个技术研发和转移的平台。

（3）引进和吸纳专业人才。科技创新载体必须要积极拓宽吸纳专业人才的渠道，创造出更加优质、舒适、先进的技术研发环境。

（三）资本资源

科技创新载体的存在可以让企业获得发展需要的资本资源。具体来讲，包括帮助企业向银行申请贷款、申请政府补助、申请科技基金，帮助企业引入能够降低风险的资本中介、为企业贷款做担保、在企业内直接投入种子基金等。

种子基金只能满足发展初期的科技企业，当企业成长到一定阶段时，种子基金就不能满足企业需求了，这时需要引入其他的资金，尤其需要引入风险投资资金。它的引入可以让孵化器有更强的生命力，能够大幅度提高创业企业的孵化成功率。更重要的是，风险投资的引入可以让孵化器内的企业掌握融资知识，加速知识在企业孵化器内部的传播。

科技企业孵化器可以利用技术和资金的对接服务加快创意向成果的转化速度，让创新技术加速应用，以此来促进企业的发展。首先，技术成果和企业之间有了资金对接，那么就说明诞生了一个全新的科技创业企业，孵化器可以对新诞生的科技创业企业进行孵化；其次，如果是已经存在的孵化企业的技术和其他的公司在资金方面有了对接服务，那么说明孵化企业将有新的资金支持，企业可以借助这一资金支持加速自身的发展。为了解决科技园区、高新区、孵化器等科技创新载体内的科技企业融资难的问题，政府往往设立创投专项资金予以支持。

（四）政策资源

一般情况下，科技创新载体和政府之间的关联都是非常亲密的，它依靠政府的支持，也代理了一部分的政府职能，实现了政府职能的向外延伸。政府会为科技创新载体的发展提供政策优惠，如减免一定的税费、简化一定的办公程序等。与此同时，政府还会为科技创新载体的发展创造良好的环境，为其提供源源不断的资源供给，这都在一定程度上直接或间接地促进了科技企业的发展，很多国家或地区的政府都为科技创新企业的发展营造了优质的环境，尽量降低创业风险，让处于创业初期的中小企业可以稳定地成长。政府利用科技创新载体加速技术成果向产品的转化，进而形成产业，这在一定程度上助推了社会的发展。

科技创新载体的政策资源具体包括：落实国家和地方的科技和产业政策和法规，为载体内的科技企业提供相关政策和法律咨询，帮助科技企业申报相关政府项目等，从而创造出适合高新技术产业和企业发展的局部优化环境，推动科技企业和高新技术产业超常规地发展。科技创新载体往往对众多扶持科技企业发展的政策非常熟悉，可以给予科技企业在政策方面的支持和帮助。

（五）专家资源

科技创新需要巨大的专家资源，科技企业在其技术服务方面更需要具备一定的专业性。当然，单单依靠科技创新载体中的人员是不够的。孵化器载体则是将科研人员以及高校成员融入其中，充分发挥了其人力资源的优势。科技企业具有一定的专业性，在进行联络与组织的时候需要满足科技企业的需求。同时，随着网络科技的发展，孵化器还可以与网络相结合，选拔更加优秀的科研人员，或者找寻更多的权威专家加入企业之中，满足企业对科技创新人才的需求。

（六）社会网络资源

科技创新载体可以通过一系列活动进行交流，比如入驻企业聚会或表彰会、经理俱乐部等，当然也可以通过企业之间的服务或者项目论证等方式进行有效合作，建立企业之间的关系网。

科技创新载体往往会建立对应的社会网络资源，通过主动与相关成员进行合作来开展技术咨询服务，比如建立联盟，形成网络联合体等。科技创新企业与高效创新、科研创新相融合已成为科技创新载体发展的一种新形式，科技创新载体在提供相关服务的时候也依托于交流与合作。想要补充孵化器载体的专业能力，可以采取的直接措施便是聘用外部专业顾问。

当然，科技企业的传递与价值体现依托于政府政策的支持会加快发展，和相关企业或者上下游企业相互联系、相互合作，则可以快速拓宽科技企业的市场渠道，使企业获得更多有利的行业信息。当然，科技创新载体也可以通过自身的经验与优势开拓市场，在专业领域中形成关系网中心，通过开展展会以及专业论坛等方式增强自身的专业性，为后期产品市场的开拓打下坚实的基础。科技创新载体努力建立"官、产、学、研、资、信、介、贸"一体化的创新孵化网络体系,为科技企业带来超值的服务。

第三节　科技创新载体的未来发展策略

国家创新驱动发展战略的核心是原始创新和集成创新。为了获得经济增长,创新不再是一个不错的选择,已经成了一个必要条件。我国创新载体已经逐步形成"技术研究开发机构＋科技企业孵化器＋科技企业加速器＋科技企业服务器＋大学科技园＋产业技术创新联盟＋众创空间＋创客空间＋创意工场＋科技园区"等一系列功能完整、相辅相成的载体系统。

一、科技创新模式

随着全球化进程的不断加快以及信息化水平的不断提升,创新也拥有了更大的发展空间和平台支持,可以说,创新要素已经不再单单局限在本国内,而是开始了全球化、国际化的拓展,最终以一个自由化、全球性、流动性的巨大创新生态链体系的形式出现在人们面前。在创新活动进入新的发展阶段的当下,科技创新模式呈现出以下四个发展趋势。

第一,创新主体来源更广泛,形式更多样。未来,随着技术的进步与制造业的发展,除了传统的科研院所、高校和企业外,还将出现新型科研组织团体。随着众包、分享、共享等形式的发展,普通大众也能参与到创新的活动过程当中,科研组织将变得更加社会化、灵活化。

第二,小微企业创新支持需求大幅增长。未来的制造业由于新材料、新能源以及革新的生产流程,将快速满足个性化、小批量的技术需求,部分大规模产业化制造将被快速柔性制造取代,中小型企业的科技创新服务将更加重要。

第三，创新活动更具开放性，强调协作、多元集成。科技创新将凸显多学科交叉、融合发展的特点，科技创新相关的跨领域、跨组织合作也日趋频繁，一个创新项目要由来自不同学科领域、不同组织、不同国籍的科研人员组成，学科交叉融合成为当今科技创新发展的重要特征。

第四，衍生出了众多跨学科的科研组织机构，并具有范围较广、规模较大、水平较高的基本特征。科研组织的内部结构在很大程度上会受到综合化的科学技术、交叉化的学科发展趋势影响。在解决综合学科及其快速产业化问题上，相互独立的组织形式（如科学院、高等学校、实验室等）逐渐暴露出了力不从心的劣势，在这种情况下，整合各种专业和领域专家的共同力量来满足大范围、大规模和高水平科技创新需求就显现出了一定的必然性。

同时，为了进一步便于不同研究领域的优化整合和不同研究部门的联合科研，就需要使创新组织规模扩大化，提升多机构、跨学科研究的融合度，以及在科研环境上给予充分的保障。这种整合和优化是与科学技术发展规律相适应的必然选择。一方面可以发展壮大交叉学科，另一方面可以使科研效率和成果转化率得到显著提高，有利于科研实力的整体提升。

相对于传统的机械式、靶向式和精准式创新模式所一以贯之的"市场"或"工厂"机制目标，创新生态的动态性、自组织性、开放性和多样性的特征更加凸显。它可能会在诸多"物种"相互杂居的过程中衍生出一种新"物种"，并形成一片全新的"雨林"。可以说，作为一种全新的创新模式，创新生态将成为新时代创新浪潮的引领者。

二、创新雨林

典型的热带雨林富含原生的碳、氮、氢、氧原子，这些元素混合在一起，能够不断产生新的动植物群落。对于这些新物种，雨林只是提供了合适的环境以培养意外的进化，而最有希望的生命形态，总是出人意料地崭露于异常肥沃的环境中。创新雨林的本质是建立一种开放的文化，来消除多样性和信任之间的矛盾，这种文化就像热带雨林的阳光和雨水一样。创新雨林模式并不试图迫使个体产生创新，而是设计与营造合适的环境，培养创新自主的生成并繁荣。

创新行为往往是自下而上的行为，而不是自上而下的；创新应该是专业背景多样性的个体之间充分交流与交易的结果。最重要的是建立一个系统或者人际关系网，让人才、思想和资本更加自由地流动，创新就可以持续。一个最高层面的创新生态架构主要涵盖以下层级：以大都市为代表的核心城市；以初创期和创新型为主要特征的企业；科研基础设施、科研机构和高等院校；孵化器、产业园区、产业基地；基础设施（如通信、交通等）；以专业服务体系（如咨询、会计、人力资源、法律、金融等）和优美生态体系（其主要呈现形式为青山、绿水、蓝天）为核心的其他非硬件要素。

创新生态一旦形成，将带动城市创新水平的跨越式提升。创新成功的绝对数提升既与创新主体有关，也与创新生态有关；而创新成功的相对数（概率）提升只与创新生态有关。

三、四代科技园区

国内外产业园区先后经历了生产要素聚集、产业主导、创新突破、财富凝聚等四个阶段。美国硅谷已经进入财富凝聚的科技创新都市阶段；中国北京中关村科技园区、中国上海张江高新区核心园、法国索菲亚·安蒂波利斯科技城等处于创新突破阶段的高端，正在接近硅谷。四代科技园区的典型及其导向类型和产业类型，具体见表4-1[①] 所示。

---

① 李湛，张剑波. 现代科技创新载体发展理论与实践 [M]. 上海：上海社会科学院出版社，2019：191.

表 4-1　四代科技园区的典型及其导向类型和产业类型

科技园区／产业集聚集群代际	科技园区特征	典型代表	导向类型和产业类型
第四代	财富凝聚的科技创新都市	旧金山湾区的硅谷、纽约（硅巷）、洛杉矶（硅滩）	产业资本、社会资本和技术资本相互作用，催生"四新"经济和财富创造
第三代	创新突破的科技园区	荷兰埃因霍温（欧洲硅谷）、特拉维夫（硅溪）、中关村、张江、深圳、杭州滨江、新竹等	战略性新兴产业和技术密集产业
第二代	产业主导的科技园区	中国中东部多数国家级高新区	出口导向型中低附加值产业
第一代	生产要素聚集的园区	中国中西部部分高新区、经开区	低附加值，劳动密集型出口加工产业

在企业家精神引领下的国际一流科技园区应具备四个特征：第一，新兴产业的发展能够对其他国家的产业发展产生积极影响；第二，科技园区具备较强的内生增长机制，在国际市场竞争中占据重要地位；第三，科技园区聚集了高端要素和专业要素；第四，不管是科技园区的发展模式还是其制度文化，都体现出明显的时代性特征。

四、科技创新载体生态体系

（一）科技创新载体生态体系的概念界定

创新生态系统是创新系统在新的发展时期所拥有的新范式，具体来讲，它又由外部环境子系统、内部环境子系统、创新群落子系统等部分构成，其中，创新的消费者、分解者和生产者是群落子系统的主要参与主体。

科技创新生产群落是指由国家或者企业组织的，具有高水平技术研究、能够聚集和培养人才、繁殖新想法、促进科技进步的机构或组织，如企业研发活动中心、国家重点实验室、国家工程实验室、国家工程（技术）研究中心等。

在国家财政政策、知识产权保护制度和其他相关行业制度的影响下，科技创业者在获取经济效益的同时，还将发展成果反馈给社会，从而使这些创业效益转化为创新资源。

创新消费者群落通常指的是一些科技创业企业，其职责通常表现为：①对生产者产出的具有经济效益的科研成果进行产业化处理，从而满足市场的科技产品和科研服务需求；②培养具备创业家素质的创业者，这些创业者大多由科研型、技术型科技人才转化而来。

创新分解者群落指的是那些能够通过财政政策、知识产权保护、完善的相关行业制度及其他行政手段，将科技创业者在创业活动中所溢出的经济、技术、文化等效益反馈给社会，使之成为可被生产者重新利用的创新资源，进而完成物质循环的各级政府部门。

单独的集群不能带来创新，要经过聚集、聚合、聚焦、聚变这四个阶段，才能构建一片热带雨林。同群落的主体之间因为拥有相同的生存方式，往往表现为竞争关系；不同群体的主体之间则往往表现为互利共生、协同发展。

（二）科技创新载体生态体系的构建策略

如何实现群落内部之间以及不同群落之间的协同发展，是实现科技创新载体可持续发展的关键，主要在于科技创新载体生态体系的构建。

1. 支持"产学研"合作

"产学研"三位一体的合作模式集结了科技企业、国内外大学和研究机构的科研优势，通过对企业技术创新的推动，实现科技成果的商业化转变。作为科技创新载体优质发展、高效发展的重要途径，经过实践研究证明，"产学研"工作模式对科技创业园区的发展产生了积极的促进作用。

从本质上来讲，"产学研"合作过程是科技资源转化为技术成果的商业化过程，高新技术产业的发展就是这样循环往复的正向变革。因此，在全面落实"产学研"合作模式的过程中，要始终坚持政府的引导，在利用政府的政策、制度等支持的前提下，优化整合不同合作主体（即企业、研究机构、大学）的优势，充分发挥市场供需机制和利益分配机制的调节作用。

从政府参与"产学研"合作工作的层面来讲，为了充分发挥科技创业特区在吸引高校和研究单位转化技术成果产业方面的重要媒介作用，应进一步推进特区企业、高校和研究机构三者之间"产学研"合作关系的建立。政府用于支持科技创新载体建设"产学研"合作平台、开发"产学研"合作项目的政策主要体现在：①扶持政策，如为建设"产学研"合作平台提供场地和资金；②税收政策，比如通过减免税收的方式对校企"产学研"合作项目提供扶持，免除因知识产权转让或技术转移而产生的税收等。

2. 积极发展科技中介服务业

对于科技创业而言，各种类型的专业性中介和咨询机构所提供的产品测试与认证服务、技术转移服务、知识产权服务、会展服务、国际贸易服务、市场营销顾问、管理顾问、法律顾问、人员培训、人才服务、投资管理咨询等支持，发挥着重要的动力和服务保障作用，因此，各类专业性中介服务业的发展与提升对于科技创业的可持续发展十分重要。与此同时，汇集众多高层次专业人才和职业人才的专业性中介服务机构在推动可持续发展建设方面的贡献同样不可小觑。

因此，为了全面支持科技创业工作，要对各类高品质中介咨询机构将自身的分支机构设置在孵化器、园区等科技创新载体内，以确保业务开展的及时有效。同时，在中介、咨询机构设立和工商注册的前置性审批上要予以政策上的适当放宽；在从业水平和服务品质的提高上，要通过中介咨询业行业协会的设立及其标准化的制度予以规范和引导；通过减免税收、设立专项资金等方式，使这些机构能够少投入、多产出，更好地服务于科技企业。

3.建立综合科技创业服务平台

对于创业企业来说，信息不完全也是发展初期面临的问题之一。通过信息平台建设可以推进区域内各种资源的整合与交流，实现区域内部资源共享产生的内部规模效应和对外资源交流产生的外部规模效应，显著降低企业面临的信息约束和成本。

通过信息平台与外部世界接轨，从更广阔的空间中汲取科技产业发展所需要的资源，形成一条信息高速公路，从根本上解决科技创业载体在可持续发展过程中面临的信息不对称情况。

4.加强对人才的培养和激励

第一，制定专业性、有效性的人才培训计划。首先，对于学历培训和非学历培训，通过科技载体、相关大学、社会化培训机构三位一体的稳定的孵化器管理人员培训体系合作关系的建立和巩固，对各种培训类型以扶持；其次，从国外先进培训经验中汲取精华，融入自身培训教材的编制和工作队伍的建设上，从而提升管理人员和创业服务人员培训质量的层次性和有效性。

第二，严格落实企业管理人才岗位资格认证机制，即企业相关服务人员必须持证上岗，无证人员需要通过培训获得岗位资格认证证书，要在人事管理部门的协同合作下对管理人才进行相应的技术职称评定。

第三，最大限度地发挥管理人员、服务人员的积极性、创造性。要进一步完善绩效制度，以激励态度积极、富有创造性的人或事，同时对态度消极、缺乏自主性的人或事予以规范和约束。

我国各地的科创载体在孵化功能、服务内容、产业培育等方面都是不同的，因而各地具备或需要的空间资源、专家资源、资本资源、科技与政策资源等也不同，应有所侧重、因地制宜。当今全球性竞争加剧，如何实现经济的可持续发展是全世界面临的一个问题。科技创新载体要积极抓住机遇，迎接挑战。

第五章　科技创新资源的建设与发展研究

第一节　科技创新资源的内涵阐释

科技创新资源是指能直接或间接推动科学技术进步的一切资源，包括一般意义的劳动力、专门从事科学研究人员、资金、科学技术存量、基础条件、信息和环境等。它是科学研究和技术创新的生产要素的集合，也是科技活动得以展开的主要条件。科技创新资源就是以物力资源为主的，包括科技信息资源和科技人才资源在内的综合性的科技创新资源体系，物力资源中包括大型科学仪器、科技文献资源等实物科技创新资源，科技信息资源以网络化、信息化的科技创新资源信息为主，目的是构建实物资源能够开放共享的大环境。

一、科技创新资源的分类

国内外对于科技创新资源的分类有几种不同的方式，如二分法、四分法、五分法等。将科技创新资源简单地分成人力资源和财力资源就是二分法，美国和日本常用这种分类方法。依据这种分类制定政策，进一步完善了与实物资源利用相关的法规政策，进一步规范了实物资源的管理工作，使之摆脱了过分依赖对实物资源的分析利用所面临的困境。而四分法是站在信息资源、财力资源、物力资源和人力资源四个维度来汇总科技创新资源的方法，我国目前使用的就是这个分类方法。

自20世纪90年代开始，我国开始使用四分法，虽然包含四个方面，但由于其他三类资源较为规范，实践中最关注的仍是物力资源的利用状况，近年来文献分析中提及科技创新资源时，一般特指科技实物资源。五分法是在四分法的基础上把科技管理这一无形的资源引入科技创新资源。目前来讲，无论是公共技术平台、科技人才、实验动物，还是科技文献、科学数据、大型科学仪器等，科技创新资源共享的理念已经得到了多数发达国家的一致认可和广泛普及。

在我国的科技工作实践中，科技物力资源会被科技基础条件所替代，这种趋势也正好印证了科技物力资源的重要性，同时，也将其与科技财力资源、科技人力资源进行了明确的区分。从国家的角度来讲，国家相关部门先后出台了一系列重要文件来鼓励科技创新资源的发展，如构架科技进步法、国家科技基础条件平台建设纲要、国家中长期科学和技术发展规划纲要等。具体来讲，可以对科技创新资源进行以下细分。

一是大型科学仪器和研究实验基地。这两个放在一起需要注意一点，从国家的层面更加侧重管理大型的、昂贵的科学仪器，以及研究实验基地这种大规模的大型科学仪器设施，价值相对较低的科学仪器通常由地方进行管理，因此各个地方出台相关管理规范时会区别对待大型科学仪器和研究实验基地，其主要区别就是价值的高低。

二是科技数据。为了彰显其基础性地位，科技数据也有科技基础数据中心的别称，主要包括形成于研究过程中的科技成果、研究报告和形成于科学研究过程中的其他数据资源等，虽然这些内容超越了科技基础数据的领域，但目前国家较为重视有关重要项目数据带来的科技成就，并在全面推动科技创新资源数据的交汇融合方面提供了大量支持，以尽快实现科技数据资源的公开和共享。

三是自然科技资源。标准物质资源、微生物资源、动植物资源、种质资源等均属于自然科技资源的范畴，对自然科技资源的保存需要相关人员具备一定的专业度，需要具备良好的配套实验条件和充足的存储空间，这也就意味着作为一种专业性较强、体量巨大的资源类型，自然科技资源需要巨大的投入成本、较长的建设周期，以及较长的效果呈现时间。长期以来，对自然科技资源的开发、管理和共享多以国家为主导，比如国家农作物资源中心、国家遗传物质资源中心，以及由上海地区开发的实验动物中心和组织样本库建设项目。

四是科技文献资源。文献资源是科学研究活动的前提条件，作为最基础的研究内容，它与科技工作者密切相关，文献资料利用便捷。随着网络资源的不断发展，电子化的文献资料不断被国家和各个社会机构推广，使得科研人员的使用更为方便。

五是网络科技环境。网络科技环境是指网络科技展示空间，是基于网络创建的虚拟的、具备相应功能的平台。当前网络科技环境的建设主要集中在科技普及服务平台。在实践中，科技创新资源的网络化管理同样要依靠网络科技环境，在资源利用和区域合作方面提升效率。

二、科技创新资源的整合

科技创新资源的整合即是要利用好各类科技创新资源，使其发挥最大的使用效能。科技创新资源整合的目的也是促进科技创新资源的共享和共用，而对资源进行整合就需要一定的条件和体制模式的配合，这一套相关的整合机制与工作模式，就是科技创新资源的服务。科技创新资源服务是科技创新资源整合与共享的系统化的支撑体系，是提高科技创新资源使用效率、加快科技发展、提高国家科技创新水平的重要手段。而实现科技创新资源服务的构建、模式打造和机制探索，通常称之为科技创新资源服务平台。在国家开展科技创新资源服务的前期，用的不是科技创新资源服务平台的名称，而是用了更加细化的名称，比如科技基础条件平台等，目的是体现对基础条件资源开发使用，而 2009 年之后开始使用一个新的名词即技术创新服务平台，目的是提高科技创新资源服务社会、为企业科技创新提供服务的功能，其关注点从科技创新资源使用效率的提高，逐渐转移到科技创新资源社会经济效益的体现。

第二节　科技创新资源服务平台的构建

一、科技创新资源服务理论

（一）创新体系理论

从地域的角度来讲，创新体系又有国家和区域之分。20 世纪 80 年代后期，美国创新经济学家克里斯托夫·弗里曼和理查德·纳尔逊首次提出了国家创新体系的概念。他们一致认为：国家创新体系是不同部门之间协同合作的网络系统，基于国家政策的支持，持续促进技术更新和整合，为企业研发工作提供帮助。

为了创造、传播及利用新知识和新技术，由一个地区的公共或私有组织所建立的网络体系，即为国家创新体系。以创新体系的角度来看，科技创新资源及其服务产生的效果是国家创新体系建设的基础，通过合理运用可以持续积累和提升政策资源、技术资源的效能。高效利用科技创新资源，将科技创新的结果快速应用到经济领域，可以不断地推动经济增长。

各个国家科技创新资源的情况和创新能力各不相同、各具特色，科技创新资源匮乏的国家则需要从其他国家获取资源，发展经济创新体系。科技创新资源丰富的国家，如美国、德国采用更高的技术标准，通过建立公共研发项目促进关联产业的发展。国家创新体系主要由研发部门、高校、科研机构和企业等构成。

区域创新体系指的是，通过引入新的经济发展要素或者采用要素的组合，使一个国家某个区域内的资源配置方式产生的效益更加显著，开发出新的功能，可以更加有效地运用此区域的经济资源，从而进一步提升区内企业的创新水平和创新能力，促进经济结构调整、产业升级以及经济的迅猛发展。

（二）公共服务理论

科技创新资源服务属于政府行为，是构建服务型政府的一部分。科技创新资源的公共产品特质使它成为一种公共的服务，对这种服务的质量进行评价则需要配套的公共服务理论的支撑。

1. 公共服务型政府

作为衡量现代社会是否完善的重要标志，公共服务集中体现了政府的核心职能，同时，公共服务职能也随着经济社会的不断发展而愈加明显。政府的职责之一是提供公共服务，政府职能转变的重要表现是创建公共服务体系。通过提升公共服务的能力，促进政府职能的转变，通过推广科技创新资源服务完善资源配置，使科技创新资源的利用率及利用效率得到提升。基于政府的职能转变及政策支持，科技创新资源可以充分发挥自身的效力，在全社会的协同下建成科技创新资源服务体系，开发越来越多的科技创新资源服务产品。与此同时，政府需要对公共服务加以指导和归类，拓宽服务及管理的方式方法。

2. 公共产品供给

公共产品的供给形式多种多样，为了使全社会获得适合的科技创新资源产品，需要政府加大人力和财力的投入，通过政府的财政支持推进产品的开发与开放。作为公共产品资源之一，科技创新资源服务具有公益的属性，科技创新资源服务产品为企业服务时，由于各个企业具有不同特色，有明显的差异化需求，在需求非常紧急以及企业之间存在竞争因素的情况下，由政府负责促进公共产品的提供更为恰当；另外，与其他公共产品相比，高科技公共产品普遍运行成本较高，受益方具有一定的局限性。由政府负责组织创建具备科技公共服务职能的单位和机构，这样在提供公共产品时才能给予各个企业全面的服务体验，建设全方位的科技创新资源服务体系。

二、科技创新资源服务平台的相关内容

（一）平台

"平台"原来是对高于附近区域平面的一个总称，之后延伸为实现工作所必需的环境或者条件的总称。计算机技术的不断发展和信息技术的进步使得"平台"有了更广阔的定义，可以表示人们学习、工作和交流的场所。现在"平台"一般是特指的计算机平台，开始表示的是资源和软件平台，之后主要指的是应用性平台。平台集合了多个地域、多个领域的信息和资源，通过整合后对外开放，获得高效的资源利用率，并促进网络效应的产生，由此得知，积聚和应用是平台最本质的特征。正因为平台具有这两个基本的因素，从而使得其在科技创新和信息利用上有着得天独厚的优势，为此也获得了广泛的发展并被人们所青睐。

以实践的角度来说，科技基础条件平台和技术创新服务平台均被统称为"平台"，平台的建设能够在很大程度上推动共享、共建创新资源的实现，也

有利于专业公共服务的实现，同时，在一定程度上推动了政府管理模式的转变，满足了社会对公共产品和服务的现实需求。"平台"由三个层面组成：首先是科技创新资源的整合共享体系；其次是公共服务功能的服务体系；最后是为用户提供高质量的创新服务体系。

（二）公共服务平台

公共服务平台，指的是基于一定的资源整合来为特定公共服务产品服务的机构，可以为社会大众、企业或者科研机构提供相应的服务和产品。

公共服务平台是在平台的基础上融合公共服务的特性而形成的，并依据平台的不同服务功能来分类。资源整合和实现共享是公共服务平台构建的核心目标，二者基本上都具有一个特性即公共性，也就是要面向全社会提供服务。因此可以将公共服务平台理解为提供公共服务和产品的机构和部门，这也是一种简化的公共服务平台定义。按照提供产品的属性可以将其分为科技公共服务平台、交通公共服务平台、教育公共服务平台。

对于国家来说，公共服务平台所产生的积极作用也是不可忽视的，政府主导了大部分的公共服务平台，或向其提供了资金支持。

（三）公共技术服务机构

公共技术服务机构是科技公共服务平台的具体化，通过对共性技术开发、中间试验、产品测试等资源和条件的整合来研究高新技术领域的重要技术标准，并以产业共性技术、关键技术的集成和提升服务水平为目标。共性技术协作服务机构是跨部门和跨单位的部门，它有效提供了专业化公共服务，有利于专业化服务水平的提升，同时还使得创新成本有所下降，研发效率也得到显著提升，有利于产品工业化进程的缩减。

从功能上来划分，公共技术服务机构是最常用的一种划分方式，不过专业技术服务机构的服务对象、运作流程以及建立机构都有着不同属性，这里是以上海科技公共服务体系框架为基础，对科技创新资源服务平台专业技术服务系统来进行研究的。

一般来说，公共技术服务机构包括在科技创新资源服务平台中，根据服务内容的不同，科技创新资源服务平台可以分为两类：第一类是科技基础条件平台，主要是为科技创新资源条件提供保障；第二类是技术创新服务平台，主要是以提供技术为主的公共服务平台。由于科技基础条件平台是技术服务平台的成立基础，所以，从本质上来讲，作为资源服务平台的升级版，技术创新资源服务平台的服务范围更广；同时，社会和经济的发展与其存在着紧密的内在联系。也可以这样理解，科技创新资源服务平台是基于诸多的专业技术机构、其他研发基础条件，以及研发转化条件之上进行搭建和整合而形成的更为广阔的专业化技术服务平台。

毋庸置疑，公共技术服务机构的运作中也将政府和市场的关系予以了体现，其关系表现在政府对市场力量和市场规则予以尊重，同时也要对市场作用进行宏观调控。为此，上海公共研发平台下的专业技术服务机构体现出以下几个特征。

第一，开放性和公共性，这也是非排他性公共技术服务机构对国家引导作用的一种体现，而且是平台辐射效应产生的一种方式，这和西方的公共技术服务机构也是有所不同的。该特征也是上海研发公共服务平台的公共技术服务系统所独创的，这也更好地支撑了科技创新活动的开展，其系统是面向全社会开放的，具有多用户、多功能、多学科等特征，并体现出了一定的公益性和进步性。

第二，非市场竞争性。公共技术服务机构并非是为了追求经济效益，它更重要的职责是完成国家政策的引导意义，若是和其服务对象进行竞争就和成立初衷相违背。

第三，以中小企业为服务对象。中小企业的资金实力较薄弱，在发展中也会遭遇各种各样的难题，因此可以利用公共技术服务机构的作用和优势，为高科技产业发展提供一定的技术支持，并以此体现出国家宏观调控和引导作用。

第四，有选择地在产业链的某个位置研发或服务。受政策导向性和资源稀缺性的影响，公共技术服务机构不可能完成对产业链的每个位置提供服务，若是技术开发已经日趋成熟化后，公共技术服务机构对企业的帮助和引导作用将逐渐淡化，此时就应该对其存在的必要性进行考虑了。只有在最需要公共技术服务时它才会出现。

第五，满足有效需求。受资源稀缺性的影响，公共技术服务机构必然要对企业最迫切需要的环节予以支持，是中小企业最大需求的真实体现，所以企业的需求也是公共技术服务机构设立的基本前提和要求。

公共技术服务机构对产业发展具有重要的政策导向作用，它是以服务于企业或者中小企业为目标的，是对产业链中的关键环节提供有效的公共技术服务的一种非营利性的平台。公共技术服务是公共技术服务机构为中小型企业提供有关检测、测试、设计等非最终产品的技术性支撑，并向中小企业提供平台上的整合资源，为中小企业的科技创新提供新的途径，为中小企业的资源共享提供条件，为中小企业降低了准入门槛和科技创新成本，并为其成果的转化、利用和扩散提供条件，加强了人才、技术和资本的整合和发展。

从某个角度来说，应积极引导公共技术服务机构的发展。趋于成熟化的上海公共技术服务机构就具备了以下几个条件：首先，具有强大的资源支撑。即具备了足够的技术水平和完善的硬件基础设施，且具有稳定的能力。其次，具有开放性的服务。即形成了网络化的服务，并覆盖了较广的范围，社会影响力得到了不断的提升，其运行机制也开始向成熟化发展，吸纳了大量有影响力、健全机制的平台的加入。

科技创新资源服务平台实质上是聚合了大量的资源和服务的一个网络化体系，并为需求方提供一定服务的机构，以便实现资源需求方创新发展的目标要求。

科技创新资源服务平台就是通过聚合各种科技创新资源，并将其向社会开放，为需求者提供无差异化的共享共建，促进科技创新资源利用率的提升，以便为社会发展提供科技创新资源的优势和价值。从平台的角度来看，它的作用主要体现在整合科技创新资源并予以输出，为需求方和平台之间建立联系，并将资源和服务提供给需求方，为需求方的创新发展提供动力和支持；从用户的角度来看，需要利用科技创新资源，并通过平台提供的技术成果来促进自身的发展，并将其作为新资源进行整合并反馈给平台，这也是科技创新资源服务平台不断扩展和提升的一个重要途径。

三、科技创新资源服务平台的现状与特征

（一）科技创新资源服务平台的现状

科技创新资源服务平台是开放性的平台，它和通常意义的开放网络源代码平台有所不同，它是基于网络共享而成立的，主要是对各种创新资源予以开放的，为此也获得了"开放式科技创新资源服务平台"之称。科技创新资源服务平台是社会创新资源的提供者，而且在对这个平台的管理中也有效地整合和梳理了各类科技创新资源，为全社会提供了一个共享共建的资源库。从科技创新资源共享的角度来看，它具有开放性的环境，为工作深化提供了条件；从企业的角度来看，它为企业和科技创新资源服务机构之间的资源交流提供了渠道；而从全社会的科技创新角度来看，它也是实现共同交流、共同提高的一个重要平台。

现在，国内的科技创新资源服务平台的建设和运行模式还尚未成熟，这

也是国家和地方都比较重视的问题，虽然具备了较好的实践经验，不过相对来说其封闭性还是比较突出的。为何会出现这种无法满足企业需求和相对封闭的资源现象？究其原因，可以分为以下几类：首先是科技创新资源服务平台的建设还没有较高的整体水平，需求方和所有方之间的沟通和交流还比较缺乏，覆盖整个社会的开放式共享体系的建设还尚在摸索中；其次是对研发服务资源的宏观配置和管理还比较缺乏，很多资源所有者没有将资源用于服务社会经济发展中，加上资金分散、配件不足等原因，导致开放性平台发展举步维艰；最后是国内还没有统一的标准来规划科技创新资源服务平台，其开放共享的机制还有待进一步的改进和完善，很多科技创新资源单位和平台还不能完全以开放式的心态将自己拥有的资源进行共享。

（二）科技创新资源服务平台的共性特征

通过大量的分析和调研发现，科技创新资源服务平台从微观层面来说具有如下特征。

第一，运营目标并非纯粹以利润为导向。这一特征是源自科技创新资源服务平台的本质，国内主要是由政府来设立科技创新资源服务平台，这是国家对高新技术产业发展的一种宏观调控作用，为此也使得科技创新资源服务平台和一般的应用型企业有所不同，其规模发展不可能和一般企业相比，而且也不是以运营和营利为主要目标，偶尔还会出现收入和成本不相匹配的情况。

第二，科技创新资源服务平台的运行蕴含着政府对产业发展的战略思考。为政府提供科技创新资源管理和共享服务，并发挥科技创新资源的价值，也是科技创新资源服务平台的主要目标。一般来说，政府对某些高新技术进行扩散主要是通过平台来实现的，它可以对整个产业链形成一定的促进作用。从这一角度来说，科技创新资源服务平台也具有行业导向性。

第三，不同行业的科技创新资源服务平台可能相差很大。虽然科技创新资源服务平台并非以利润导向为主要目标，不过这和其追求利润是不矛盾的，平台的良性稳健发展必然是建立在有能力生存基础上的。平台工作的差异性非常大，像生物医药产业、电子信息产业，其需要的科技创新资源服务就是截然不同的。

第四，平台工作绩效具有难以考核的特性。受科技创新资源服务平台非营利性运营本质的影响，盈利水平将不会成为衡量工作绩效的主要指标，其考核指标的量化是非常困难的，而且由于行业差异的影响，科技创新资源服务平台不同，其行为和所带来的产出也有所不同。从横向的角度来说，从事发展迅速产业的科技创新资源服务的平台就具有较好的盈利水平，而有些服务于市场化程度不高的平台甚至都无法保障自己的生存，还需要政府给予资金支持；从纵向的角度来看，同一个平台在不同时期的盈利水平也有较大的差异。由此也可以证明，政府是很难统一衡量考核其工作绩效的，需要依据公平性和效率性来实现考核。

（三）科技创新资源服务平台的发展特征

从宏观的角度来说，科技创新资源服务平台具有以下三个发展特征：首先是从简单到复杂。目前科技创新资源服务平台还处于起步阶段，其服务项目集中化特征比较显著，暂未完全体现出作用和价值来，不过其发展趋势还是比较强劲的，将会成立更多、更全的科技服务创新资源平台，其运营复杂性也会越来越显著。其次是虚拟工作环境更为突出。科技创新资源服务平台是以网络化组织模式和分布式在线协作发展为主的，它能更好地促进虚拟团队和虚拟组织的形成。最后，将从个人行为发展到企业组织行为。目前主要还是由个人来完成科技创新资源服务行为，不过大项目逐渐增加，个人行为将无法满足其需求，因此企业组织形式和虚拟团队的发展将是一种重要趋势。

以创新环境创建的层次来说，科技创新资源服务平台的主要特征在于其开放性、共享性、适应性、稳定性和体系性。开放性特征为其服务边界的开放程度提供了依据，能够和周围环境进行自由的输入和输出，同时还能促进平台与环境之间的交流。而且科技创新资源服务平台的自我生存能力也主要是由其适应性所决定的，并能确保其稳健地运行，在政策的大力支撑下也能获得更好的发展机会。

平台中的资源主要是来自各个机构，并被不同的机构共享，这也是其共享性的主要体现。体系性主要是体现在各个主体之间在同一个发展目标下所形成的一种关联；而且各个主体之间会形成一定的合作关系，从而促进平台的系统化发展。稳定性则证明资源服务平台中的各个主体和结构在较长时间内会保持一定的稳定关系，这也是平台发展所不能缺少的因素。

从国内的实际情况来看，科技创新资源服务平台除了以上特征外，还有一些显著的其他特征，如具有政府主导型、集聚性等优势。政府主导了科技创新资源服务平台的发展，推出的各项政策和规划都有利于从宏观的角度来调控科技创新资源服务平台的发展，并对资源和服务有一定的集聚作用，为科技创新资源服务平台的统筹规划提供了机会，也有效避免了重复发展问题的出现，促进了资源的高效配置。其集聚性特征主要是针对技术人才和科技基础条件来说的，同时也体现在资源主体和企业的合作上，从而促进了资源型经济的形成。科技创新资源服务平台的共享能够将技术和成果进行分享，在成本分摊和开发风险的控制上都产生了积极的作用。

四、科技创新资源服务平台的构成与功能

（一）科技创新资源服务平台的构成

从社会的真实情况能够看出，最先构成科技创新资源服务平台的是科技创新资源，接着是保证资源能够顺利运行的机构，然后是管理资源的技术人

员和提供相应服务的人员，最后才是保证体系正常运行的规章制度。资源共享、资源共享制度、科技中介服务、服务管理和其他功能性平台都直接关系到企业的创新。资源共享所包含的物质资源基本都会符合用户的需求，如相关的大型仪器设施、科技文献、资源条件、科学数据等，各种各样的资源通过这个系统得到整合，从政府和市场的需求出发，将合适的资源提供给用户。

功能性平台要从各行业领域的特征出发，将专业的技术服务提供给某企业或行业。在科技中，用户能够享受到的服务有产业化、技术转移以及知识资源管理等，进一步强化企业产品、技术和研发成果，让企业创新和高校等机构产生直接的联系。在平台建设的初级阶段和运行阶段，资源共享制度可以发挥出十分明显的作用，同时，协调手段、服务制度、激励机制等方面也是保证平台正常运行的关键所在。

以上海科技创新资源服务平台建设为例来分析其构成，它由六个部分共同构成：①资源整合体系：通过资源加盟机制集中那些处于分散状态的资源加盟平台，加盟机制可以用补贴和奖励的方式进行巩固，让资源得到高效、合理的利用；②组织管理系统：它不仅要对平台有长期的规划，还要有整体的设计，保证各个部门之间的相互协调与合作；③用户管理体系：它可以保证平台由资源聚集型转变为服务型，转变平台的服务模式，如用主动对接代替被动服务、用一对一的追踪服务代替信息服务、用服务产业代替个人服务、用重点集中服务代替分散服务等，可以保证服务向着个性化、标准化、系统化和专业化迈进；④制度保障体系：科技创新资源要在相关法制的保障下实现开放共享，其中有修订科技进步条例，推行四个配套政策以及实施共享法规等；⑤服务推广体系：将不同的服务机构和资源主体相互联结，如各种科技中介服务机构、高新技术服务园区管理机构和科技创新资源服务机构等，将科技创新资源的构建放眼于全市，打造一站式的服务体系，在一个网络内实现资源的传递、共享、汇聚、开放等方面的管理，让资源服务有更高的效率；⑥服务人才体系：培养一支具备高素质、优秀的科技服务人才队伍，保证平台能够提供专业的服务，出台相应的激励政策，完善人员保障机制。

科技创新资源服务平台所处的环境是虚拟的，需要不同的参与者相互合作。要想科技创新资源服务平台得到快速的发展，就要建立有效的信任机制。此外，科技创新资源服务并不同于普通的平台运作模式，在通常情况下，在完成资源服务的过程中需要一定的跟踪和监控，而且要有科技含量。因此，现有理论只是建立信任形成机制的一部分，同时还要和国内的科技创新资源服务平台特征相结合，这样才能对科技创新资源服务平台蕴含的内在规律进行探索和研究。

（二）科技创新资源服务平台的功能

科技创新资源服务平台发挥出的作用能够体现在平台建设实践中。在发展科技产业时，科技创新资源服务平台既能够共享新的技术和成果，也能够将多方资源进行整合，所以整合功能、协调功能以及共享和协同创新功能等都是科技创新资源服务平台所具备的。

第一，整合功能。科研院所、高校和重点企业等才是科技创新资源服务平台发展的依靠，它能够对主体和资源进行不断的整合与创新；新技术多来源于科研院所和高校；重点企业则主导着相关产业链的发展，其中的配套服务多来源于不同的中小企业。技术上存在的优势与不足之处会表现在资源的主体和使用者之间，这是由不均衡的科技创新资源造成的。科技创新资源服务平台能够集中不同的资源，并将其提供给不同的主体，实现融合与互补，社会上分散的科技创新资源能够在平台的作用下进行整合，这可以让社会具备更好的创新能力，让全社会的科技创新资源都可以得到合理、妥善的使用。

第二，协调功能。资源共享也是科技创新资源服务平台的重要内容，这项工作是在各个部门和资源单位之间进行的，有时也需要跨区域开展，这意味着要将各个地区、单位和部门之间的利益进行很好的协调。资源服务平台的重点就在于保证不同的利益方能够顺利地完成合作。要想让平台有良好的协调功能，政府可以采取相应的管理手段。

第三，促进知识共享和协同创新。创新集群是非常复杂的，其涉及的组织包含了科研院所和众多企业等。因此，要想建立创新集群并且发挥最大的作用，就要将不同主体之间的关系进行协调，而这就需要一个公信力和权威性都很高的机构。科技创新资源服务平台是不缺乏权威性和公信力的，因为它有行业龙头企业、权威机构和政府的支持。它既能够进行专利交易，也能够完成知识共享，进而加快建设创新集群社会网络。

总的来说，在创新集群中，科技创新资源服务平台应该扮演中枢的角色，将各方都连接起来。不仅如此，要有互动出现在科技创新资源平台和创新集群之间，这表明科技创新资源服务平台要同时进行资源的收集和资源服务的提供，这样才能不断发展壮大，企业的收益也会随着服务能力的提升而增加。

五、建设科技创新资源服务平台的服务模式与意义

（一）建设科技创新资源服务平台的服务模式

科技创新资源服务平台的建设是在政府的支持下进行的，而且有不少的大专院校和高新技术企业为其提供了技术支持，共性技术基本依靠生物医药、信息产业等重点行业，在不同的领域内完成合作，在共享资源的同时促进研发。一般情况下，政府会参与指导科技创新资源服务平台的建立，所以它所具备的基础研究设备都是比较完善的，而平台要充分发挥这些设备的作用，为客户提供更好的服务。

科技创新资源服务系统决定了科技创新资源共享只能占据小部分的科技创新资源服务平台工作内容。提供不同的科技创新资源服务只是科技创新资

源服务平台的一部分内容，它还要时刻跟随社会发展的脚步，努力地进行创新，提高研发的水平，实现各个方面的共同进步与发展。

在科技创新资源服务平台的这支队伍中，既要有人专注于技术研发，也要有人专注于推广这些技术，人员的比例是由科技创新资源服务平台的定位和行业需求决定的。而服务内容是根据服务对象的需求提供的。每个科技创新资源服务平台都有自己的服务流程，但基本都是顾客在了解了服务平台的情况之后才和平台签署相关的合同，让平台进行相关的研究，或者是使用平台的设备和技术等。通常是平台完成客户的委托之后，客户再支付费用。

（二）建设科技创新资源服务平台的意义

站在普遍意义的角度上来看，建设科技创新资源服务平台具有如下意义。

第一，科技创新资源服务平台有助于实现国家和企业技术创新工程的对接。国家科技创新资源服务平台和国家技术创新工程都需要科技创新资源服务平台进行支撑，让企业不断创新技术。

第二，科技创新资源服务平台是提升产业技术创新能力，实现产业发展的需要。科技创新资源服务平台的建立能够集合不同的科技创新资源，集中力量突破技术中的难点，从而提高我国在技术方面的自主创新能力。

第三，科技创新资源服务平台的研究有利于提高企业技术创新竞争力。科技创新资源服务平台使用公开的方式为企业提供它们不具备的资源和技术能力，帮助企业提高技术创新竞争力，以及利用新技术研发出新产品，提高企业的经济效益。

第四，科技创新资源服务平台建设有利于完善平台管理体制和运行机制。科技创新资源服务平台与之前的科技条件服务平台（如工程中心、重点实验室、科研仪器中心、企业技术中心等）是完全不同的，这是通过它的定义和定位体现出来的。科技创新资源服务平台的重点在于对现有资源进行激活，充分发挥其效果；让平台在市场机制的作用下增加能动性；平台以企业和产业作为导向不断地提高生产力。

第五，科技创新资源服务平台能够整合不同创新主体和资源。高校、科研院所以及重点企业等都共同支撑了科技创新资源服务平台，从而对创新主体和资源进行了相应的整合。新技术基本都诞生于高校和科研机构中，重点企业则主导着相关产业链的发展，其中的配套服务多来源于不同的中小企业。

中小企业不仅可以通过科技创新资源服务平台获得多元化的服务产品，如技术疑难解决、专家咨询、培训机会等，还能获得价格高昂的科技创新资源，这在很大程度上推动了企业的发展，特别是那些处于初创期企业的发展，同时也让整个产业获得了技术上的进步。

第三节　科技创新资源服务平台的成效与市场化模式

一、科技创新资源服务平台的成效

平台的服务成效是对其进行考核的基本依据，只有将其成效分清楚之后，才能据此进行下一步的考核。成效考核实际上就是促使其达到应该达到的服务目标。根据现有的理论分析和实践经验，可以从以下五个方面来总结科技创新资源服务平台的成效。

第一，降低技术创新成本。创新是一场成本较高、风险较大的突破性活动，其中尤以中小企业的创新成本和风险最为突出。基于此，为了有效降低企业创新风险，政府应为科技创新资源服务平台提供必要的政策，使其掌握先进的技术和产品，以整合社会的优质资源。因此，平台能给予企业技术创新方面的帮助，企业无须再购置相关资源。

第二，推动创新集群的形成和完善。比如上海市生物医药、集成电路等产业的集聚现象联动产生了良好的化学反应。以某一产业为核心，创新主体（主要以新兴的中小企业和国内外知名企业等为主）之间协同竞争、进行技术创新，建立了以张江高科园区为中心的科技创新集聚地，依托这种环境优势，在规划和建设相关科技创新资源服务平台的过程中，上海市锁定全市范围内的创新资源集聚群来完成其创新资源服务平台的搭建工作。

第三，推动产业经济发展。服务企业创新也好，服务共性技术开发也好，科技创新资源服务平台归根结底都是为了推动企业乃至产业的发展。

第四，促进产业转型。单个企业的创新行为是在市场竞争下催生的一种行为，旨在脱离政府直接干涉的情况下实现企业自身经济利益的增长，其发展目的在于带动整个行业的良性发展。

第五，促进知识共享和人才培养。科技创新资源服务平台在推动知识共享方面的作用主要在于其对相关领域内知识和创新技术的掌握和连接。除此之外，由科技创新资源服务平台举办的公益培训会和宣传在培养人才和共享知识方面也发挥了重要作用。

总之，科技创新资源服务平台在创新集群中应当成为一个连接各方的中枢，并利用自身整合的资源和技术优势服务于集群中的企业主体。科技创新资源服务平台和创新集群之间是互动成长的，科技创新资源服务平台为创新集群服务的同时，可以从创新集群中整合更多的优质资源，收获经济效益，并推动自身的不断发展。

二、科技创新资源服务平台的市场化模式

协调处理市场化服务和公益性服务之间的内在关系是市场化模式设计的关键。设计的核心体现在对平台资源服务的市场化配置上，其延伸则体现为平台门户的市场化服务。本书经过理论分析与探索，介绍几种比较实用而且已经有不少成功经验的市场化模式：发放创新券模式、增值服务模式和后补助模式。

（一）发放创新券模式

创新券最早是在欧洲出现的。创新券本身并没有什么使用价值，但是可以在一定程度上鼓励那些创新能力不足、科技创新资源缺乏的中小企业，使其能够前往寻求具备丰富科技创新资源的高校和科研院所或者拥有更多科技创新资源的大企业的资源支持而采取的科技创新资源与技术服务的一种形式。

这种形式非常值得探索，因为创新券在外行手中没有任何价值，只有在需要这些服务的中小企业手中才能发挥其应有的作用，这比直接发放现金更有价值，因为企业对现金还需要进行分配使用，而创新券已经明确了其使用目的。何况如果企业没有使用手中的创新券，那么这些创新券的价值就没有体现出来，也不会造成资金的浪费，所以说创新券避免了现金流奖励的弊病，将科技创新资源的服务功能直接推送到企业手中。从创新券问世以来，欧洲很多国家开始实施这项政策，如荷兰、意大利、英国等国家。

在新常态经济发展背景下，我国中小企业在很大程度上推动了中国市场经济的快速发展，提升了社会就业率和社会稳定性。各个地区在兼顾我国发展现状的基础之上相继出台了一系列具有针对性、可操作性和有效性的创新政策，通过优化配置科技资源实现了经济效益和社会效益的双赢。

（二）增值服务模式

增值服务模式是互联网经济中最常用的模式之一，基本模式是基础服务，是免费（或成本价）提供的，而增值服务则需要付费。在互联网服务中，QQ聊天服务即是该模式的典型案例，在科技创新资源服务平台建设中，增值服务体现在平台提供的公益性之外的服务项目之上，这些额外的服务就可以按照市价进行收费，为平台带来更多的收益；或者科技创新资源服务平台还可以为公共部门以及公益性科研机构提供基于成本价的科技共享服务，而对其他诸如企业的市场主体提供基于市价的科技增值服务。基础服务与增值服相辅相成，增值服务为平台提供持续、稳定的运行经费。

增值服务模式的主要优点体现在：免费或成本价的基础服务保障平台的科技创新资源最大化地被社会所利用，实现了公共科技创新资源的社会效益最大化；免费的基础服务能有效、快速地集聚用户，从而为少数用户（小于5%）提供增值服务得以实现，增值服务不得与免费服务产生冲突，增值服务为平台后续运营提供资金补助。

增值服务模式的主要缺陷在于，免费服务的边际成本很低，一般提供虚拟资源或检测类服务的平台较易实现；另一个限制是增值服务要有一定的市场需求。该模式适用的平台以数据资源、文献资源为主。

（三）后补助模式

后补助模式是政府购买公共服务的一种模式。在科技条件平台门户的运行服务过程中，后补助模式保证了科研经费的安全有效使用，发挥了雪中送炭的作用，提高了相关企业研究人员的自主性和积极性。其优点主要体现在三个方面：①激励科技平台强化公益性服务；②发挥财政科技资金的杠杆作用，促进资源配置；③减少立项风险和管理成本。

科技平台根据自身条件对所有合格的用户参照市场环境定价，并一视同仁提供专业化服务。与此同时，针对平台的公益性服务情况，平台管理部门会定期进行评估审核，政府部门也会以服务数量和质量或特定用户的使用情况为依据，提供一定比例或者额度的财政资助。网络科技创新资源、文献资源、数据资源、实物资源、仪器设备等多种类型的平台均可采用这种模式。

第四节　科技创新资源开放共享机制的构建目标与策略

随着我国产业转型升级的不断推进，对先进科技资源的需求量日益上升，科技创新资源面临共享需要和实际缺口。为落实创新驱动发展战略要求，我国要结合现实需求，不断完善开放共享、协同创新的机制，使科技资源的开发共享和高效利用得到最大限度的实现，从物质技术层面为自主创新提供强有力的支持，以协同创新成果转化、技术研发和基础研究三大内容，助力创新型国家建设目标的尽早实现。

一、科技创新资源开放共享机制的构建目标

随着科技创新资源开放共享氛围的日益浓厚，构建开放共享机制要以精准获取科技创新资源用户的需求为前提，通过科学识别共享需求，提供与需求相匹配的产品和优质服务，实现科技创新资源的开放共享目标。

（一）精准获取共享需求

建设开放共享机制的基础是精准获取用户的需求，基于用户需求提供高质量的共享服务。为此，需要开放共享平台全面了解资源供给能力，确保收到共享需求后能够为用户提供相匹配的优质资源，避免因为需求信息对接不足所造成的共享服务偏差。

首先，利用共享平台收集用户的显性需求，并分类统计科技创新资源及服务的次数、要求等信息，通过准确描述科技创新需求资源的功能与分类，确保用户需求与资源供应的高效匹配。

其次，收集用户的潜在需求。平台要结合科技创新的现实环境，根据用户的反馈结果，对科技创新资源需求进行精准分类和清晰描述，深度挖掘潜在需求，切实满足用户需要。

最后，持续收集用户的未来需求，适应科技创新的战略性发展。通过持续关注科技创新环境，聚焦国际国内新兴行业发展，借鉴其他共享平台建设经验，发现科技创新资源未来需要，适应科技创新的发展变化。

成立于 2015 年的"重庆科技服务大市场"通过建设共享平台网站，收集用户潜在需求、未来需求，积极适应科技创新发展变化，为用户提供高度匹配、有效对接的优质科技资源，取得了平台建设的理想成效，为科技创新资源共享探索了科学路径。

（二）科学识别共享需求

在精准获取科技创新资源需求后，资源供给者要从多个维度对该需求进行科学识别，通过掌握现实需求、分析潜在需求、科学研判未来需求，为科技创新资源需求者提供精准服务。

第一，要结合科技创新的战略要求和现实需要，借助多种手段对区域内科技创新资源信息进行详细探究、科学汇总和综合评估。

第二，由科技创新资源开放共享平台对供给资源进行详细分类、统一标码和科学描述，并对其使用状况进行持续追踪，以高效应用和动态管理科技资源。

第三，要根据科技创新资源共享服务目标，在工作中贯彻分类型、分行业的原则，使实际利用效率得到显著提高，并调动综合平台的综合优势，使需求者的多种需要得到最大化满足。

2019 年 12 月，由湖北、湖南和江西三省协同推进，包含三省的 19 家高校、科研院所、服务机构联合申报的"长江中游城市群综合科技服务平台"

项目,以科技服务平台建设为基础,构建了鄂湘赣三地跨区域、多行业的科技服务市场,科学识别了区域内相关主体的科技创新需求,通过发挥平台优势,满足了科技创新资源需求者的多样需求。

(三)实现需求与供给的科学匹配

科技创新资源开放共享机制可以通过精准获取科技创新资源需求,对开放共享平台的资源供给状况进行科学识别,实现科学匹配科技创新资源需求与供给平台的目标。

一方面,科技创新资源开放共享机制要稳步推进科技创新资源需求与服务相对接。目前具有科技创新资源需求的主体为高校、科研机构和科技型企业,基于此,在开放共享平台提供科技创新服务时,要根据需求主体分类,提供针对性服务。比如,科研机构和高校院所的主要科研需求为基础性理论研究,平台要有针对性地提供科研文献或藏书等基础性资源。通过融合科技创新资源主体的实际需要,提高资源的共享利用程度。

另一方面,科技创新资源开放共享机制要按照服务内容及服务方式,推进服务与需求相对接。目前,科技创新资源共享机制主要提供信息提供、知识协同和智慧共享等服务内容。

2019年6月,中国科协正式推出了创新资源共享平台——"绿平台",该平台以资源共建共享为基础,将我国各地区学会、科协及高校等7类共建主体和可以共建共享的资源统一汇聚至"绿平台",实现了创新服务产品化、服务产品定价化和创新资源可视化三大功能。通过搭建线上线下一体化协同的创新平台,汇聚了各类创新要素,为科技创新提供了智慧化建议,实现了科技服务供需的有效对接。"绿平台"通过对科技创新资源进行分类、整合,增加了服务过程中的资源选择性,成果共享,满足了用户的创新性科研需要。

二、科技创新资源开放共享机制的构建策略

科技资源是推动科技进步与创新发展的基础，科技创新资源的规模、利用效率等供给质量直接关系着科技创新的成效。我国要加快科技创新资源开放共享机制的建设，推进资源聚集与共享共建，做大做强科技支撑。

（一）统筹发展布局，深化改革力度

（1）在统筹科技创新资源开放共享机制的发展布局中，要以我国现阶段的科技创新趋势和国家创新驱动发展战略为出发点，充分发挥资源共享平台在推进科技强国战略中的支撑作用。要重点落实好国家科研管理领域政策，追踪重大科研设施管理共享机制实施效果，全面推进科研设备国际化合作，发挥科研设施在科技成果研发中的积极作用。要重视提升科技创新资源的质量和利用水平，构建国家主导、地方参与和高校融入的全链条科技资源管理服务机制，充分发挥科技资源对万众创新、科技研究的积极作用。

（2）要重视营造科技创新资源共享的社会环境，倡导科技创新资源供给主体形成积极开放、主动分享的协作意识和现代思维，通过打造平台共建、资源共享的良好氛围，全面推动科技创新平台的建设。与此同时，系统化整合现有的科技创新资源及发展规划，为现有的科技仪器设备注入动力，为科技创新资源开放和共享平台吸纳更多大型科研企业和科技成果转化中心，以区域一体化为核心，健全资源开放共享机制，提高科技创新资源互动共享和交流传播的效率，提高资源利用效益。

（二）建设激励体系，提升服务效能

（1）建设科技创新资源开放共享机制要引入市场化理念，完善科技创新有偿使用制度，发挥市场调节优势，推进优质科技创新资源动态流动。通过细化科技资源类型，树立知识价值导向，形成与各类资源相匹配的考评机制，

构建科学、合适的科技创新资源利益分享体系。通过逐步实施有偿使用机制，将考评结果与科技创新资源使用费用、利益分配机制相融合，探索包含科研机构、一线创新人员和中小企业的利益均衡分配体系，调动科技创新资源共享机制的市场活力，实现科技创新资源的市场化流动，和精准化对接。

（2）利用互联网、大数据等新技术优势，加快科技创新资源开放共享机制的智能化建设进程，实施"互联网＋"发展理念，构建智能高效的开放共享平台。通过将资源审核机制引入科技创新资源开放共享平台，规范资源发布流程，完善资源审核体系，确保开放共享机制供给资源的真实性。要切实增强管理平台的服务功能，提高平台的管理效率和服务效能，切实打造一批具有专业服务能力的科研设施机构，全面推进科技创新成果及优势资源的广泛流动。

（三）引入多元力量，完善体系建设

（1）围绕产业发展方向，引入多元参与力量，打造以骨干科技服务机构为核心，科技仪器设备拥有及使用单位广泛参与的科技创新联盟，形成以强带弱、统筹协调的资源共享格局。通过加强区域内科技创新资源共享机制，能够吸引先进科技企业和社会资本积极参与资源共享平台的建设，形成多元力量共建、共享的发展格局。

（2）要以大型科研仪器共享服务为基础，向其他企业提供多样化的基础服务和增值服务。基础服务主要包含大型科学仪器设施共享使用、检验检测服务的信息上报、信息查询和在线预约。增值服务主要包含项目合作、文献查询和工作流程管理等。通过推进科技创新资源开放共享机制，完善科技研发、学术服务内容，实现科技创新资源的最大价值应用。

（3）在"万众创新"环境下，构建功能完善、协调管理和便捷服务的科技创新资源开放共享体系，对释放科技创新资源优势，提升科技创新能力，推进协同创新有重要意义。未来，要发挥"互联网＋"优势，进一步优化科技创新资源共享平台建设，完善评价体系和激励机制，营造良好的创新生态环境，推动线上线下资源融会贯通，实现科技创新资源的市场化流动，实现最新科技成果转化与创新活动的深度融合。

第六章　科技创新的人才培养与团队建设

第一节　科技创新人才的内涵阐释

科技创新离不开知识，知识需要人才，所以科技创新特别是高水平的科技创新更离不开人才。要想进行科技创新，就要对富有科技常识和能够开展知识创新的智慧群体进行培养并调动其积极性，也就是对科技创新人才开展培育，并构建和完善相关机制。

一、科技创新人才是全面发展的人才

创新是社会发展的第一生产力，科技创新有利于推动人类社会的发展，科技人才已经成为市场中的优质资源，极具竞争力。科技创新人才具备较强的科技创新能力、动手实践能力，善于使用科学技术手段解决实际生活中的问题。通常情况下，我们可以将科技创新人才分为技术创新型、知识创新型两大类。

（1）知识创新型人才。所谓的知识创新型人才是指能够使用新方法、新思路解决现存问题的综合型人才。这类人才往往能够将理论与实践相结合，敢于探索新领域，通过获取知识而不断提升、丰富自我，知识已经成为他们前进道路上的重要组成部分。他们能够将知识转化为无穷的力量，使用完善、丰富的知识体系解决社会生活中存在的一系列问题，不断地优化产品类型以

及结构。科学技术的发展与创新型人才息息相关，能够进一步推动社会科技的发展。

（2）技术创新型人才。与上述所提到的知识创新型人才相比，技术创新型人才更具创新力以及主观能动性，思维更加缜密，善于使用科学的方法与手段解决所存在的问题，敢于探索、勇于实践，通过大量的实验、数据分析来发现外界事物的客观规律、创造力以及逻辑思维能力，能够为社会创造更大的价值。在人才团队中，技术创新型人才必不可少，他们在人才团队中占据重要地位，因为科研能力以及创新能力会直接影响整个团队的发展进程，科技进步才是推动人类社会发展的根本动力。技术创新型人才恰恰是具有这种科研能力、创新思维的高素质人才，因此在社会中更具竞争力。

科技创新人员应当具备敏锐的洞察力，善于思考、勇于实践，将理论知识运用于实际操作中，不断提高自身的创新能力以及科研水平。其创新能力与科研成果的质量密切相关，甚至会决定整体的科研水平，可见创新思想、实践操作能力的重要性。

二、科技创新人才的实质与核心

人才是科技创新的根本资源，我国的创新伟业必定需要创新人才。人才是创新活动的根本，创新驱动的实质就是人才驱动。

（一）推陈出新是科技创新人才的实质

科技创新人才的实质就是"出新""更新""超越"。科技创新在不同的历史环境和时期具有不一样的表现形式，即经验累积型和知识累积型。在农业经济时期，良工巧匠的技术创新主要表现在对工具的改良和制造技艺的日渐革新上，这些都是凭借经验、总结和积累而得出的，就是所谓的"熟能生巧"，属于经验累积型。在工业经济时期，机械系统和制造技艺的改进是以自然科学知识和实践技术理论的提升为根基的，这是科技创新人才科研创新的果实，属于知识累积型。在知识经济时期的科技革新中，各学科相辅相成显得越发明显，重要科技创新成果的产生更是充分展现了多学科、多技术相互推进和交织的重要性。

如果没有发明出数学上的二进制，就没有现在的电脑；如果没有结合生物分子领域的探索，我们就不会知道遗传基因的排列顺序，而电脑也正是研究这项技术的重要手段之一。这恰好结合了科技创新的两种表现形式，既需要知识累积，又需要经验累积。

因而，"推陈出新"是科技创新人才的实质，现代的科研创新活动要以富有创新思维能力、接受过专业培训、掌握大量学科知识、拥有丰富实践经验的科技创新人才为主体，尤其是要以有着不凡的创新能力的科研精英为骨干。科研知识的累积和革新是科技进步的首要力量，也使当代科研活动赋予了科技创新的内涵。

（二）追求创造是科技创新人才的核心

科技创新还可以分成普通创新、重要创新和飞跃式创新这三种形式。产品质量的改善、生产方式和方法的变革等都是出现在平常的制造过程中的普通科技创新，属于科技革新中"量"的进步。技术上的重要革新，如蒸汽机、动力机、涡轮机等一系列机械的发明，展现了动力技术上的重要变革，它属于科技革新中"质"的变化。想要达到这种质变，一般要历经几十年甚至几百年的时间。

核动能技术的产生更新了人类原本的发电方式，利用这一技术，我们可以最大化利用核能，使人类得到了取之不尽、用之不竭的资源。这是动力技术革新中最有意义、最具影响力的发明，这种技术创新可以称为飞跃式的创新。20 世纪末期，互联网信息技术、克隆技术、航天技术、移动电话等高科技的产生都是科技革新的重要质变和革命，是飞跃式的创新，是时至今日人类做出的最高水平的科技创新。

　　无论是普通创新、重要创新还是飞跃式创新，科技创新人才都是其主体。没有科技创新人才，也就不会有创新成果，便谈不上科技革新及社会发展等问题。因此，追求创造是科技创新人才的核心。

第二节　科技创新人才的培养流程

一、科技创新人才的激励

　　科技创新人才激励制度和机制激励的对象为创新型人才，尤其是研究型科技创新人才，这些人才具有一定的创新思维、创新意识和创新能力，并且在一定程度上取得了一些创新成果。对科技创新人才的激励要符合相关法律法规，要以正确的价值取向为依据，包括精神和物质两个激励维度。在科技创新人才整体开发过程中，激励是极为重要的组成部分，它能够在调动人才积极性方面发挥巨大的作用。同时，对提高创新意愿，促进个体将创新想法转换成科技成果，推进我国科技创新事业的发展，推动我国跻身世界科技强国具有重要意义。

　　目前，我国针对科技创新人才的激励政策逐渐形成以业绩和能力为导向，知识产权保护逐渐得到各方面重视，逐步加大了薪酬制度建设，在实践中逐步形成了市场化人才激励机制。

　　进入 21 世纪以来，我国科技创新人才发展进入一个新的阶段，各地区人才开发都取得了显著成绩。由于自然环境、人口分布、生产力布局、地区经济技术与历史文化发展水平等地域差异，加之各地近年来围绕人才培养、引进和使用，不断因地制宜地制定科技创新人才的激励政策，在人才开发激励方面形成了一些区域性特征。

以北京、天津、上海、江苏、浙江、广东省市为主要代表的东部地区，科技创新人才激励政策的主要特征是：领导重视程度高、政策出台早、措施新、力度大、配套全、视野宽，以能力和业绩为导向的激励政策逐步形成。另外，在云南、贵州、四川、陕西等西部地区，国家会相应出台一些扶持性的人才激励政策。

为了更好地适应科技创新人才的工作特点，我国目前采用了工资＋绩效的薪酬制度，工资作为固定收入，起到保障科技创新人才基本生活的作用，奖金则作为主要激励手段。奖金的发放是我国企业对科技创新人才最为直接的工作回报，现在的企业大多数都建立起自己的奖励体系，将个人和小组的工作情况结合在一起进行奖励；同时，还构建了企业的福利制度，作为奖金激励的补充。常见的企业福利有学习教育方面的津贴、医疗和交通以及通信等方面的补贴等，企业通过这些福利待遇吸引人才、留住人才。同时，员工持股、股权激励等长期激励形式也已成为我国企业激励科技创新人才、留住人才的主要形式。

激励是人力资源领域重要的组成部分。针对科技创新人才，只有通过科学的评估方法，在全面掌握科技创新人才的需求后，从科技创新人才的素质特征、需求、动机等方面，结合我国科技创新人才激励的发展现状及存在的问题，吸收和利用激励理论，采取有效的措施和相应的激励手段解决人才评价监测的问题，才能使人才实现更高的绩效，创造更高的价值。

从目前国家级人才计划和省级科技人才计划来看，对科技创新人才的激励主要集中在为科技创新人才提供扶持政策、提供平台和提供资金（包括解决住房、配偶就业、子女入学等问题）等方面。主管部门寄希望于给予充分扶持政策后，科技创新人才能够有更好的创新创造，这主要是基于行政管理的考虑。而实际上，人的需求是多方面的，物质固然重要，精神需求更是关键——精神需求始终是人才的核心需求，这也是老一辈科学家远渡重洋、不辞万里返回祖国，投入到国家百废待兴建设的关键动力。因此，建议在现有人才激励体系的基础上，在妥善解决人才评价反映问题的基础上，增加以下四项内容。

（一）建立团队意识

无论是"千人计划""万人计划"，还是其他科技人才计划，每一位进入计划的科技创新人才都是各领域的高端人才，不是以一个独立的个体存在的，而是一个整体。对科技创新人才而言，也绝对不仅仅是一种社会荣誉，更应该是沉甸甸的责任。作为人才计划的管理部门，定期组织人才集中培训，有以下三大益处。

（1）增强集体荣誉感。科技人才计划是我国鼓励创新创造的顶层设计成果，无论是入选哪一个层级的人才计划都是对科技创新人才的肯定。要让每一位进入计划的人才增强自身对计划的向心力、认同感和荣誉感。

（2）寻求跨领域、跨专业的解决方案。科技创新人才通过培训平台分享各自领域研究成果并解决遇到的技术"瓶颈"，通过对各高端人才的头脑风暴，探寻跨领域、跨专业的技术解决方案，进而实现该项目的技术突破和创新。

（3）扩大朋友圈。在不涉密的项目中，可邀请企业家、风投资本等共同参加分享会，扩大科技创新人才的朋友圈，增强项目、资金、管理的互联互通，给项目提供进入市场检验的机会，打通技术和市场"两张皮"的问题，推动技术项目产业化。

（二）支持个体创造和提升

要鼓励科技创新人才敢于冒险，要鼓励他们在学术领域具有反传统、反等级、大胆猜想和批判精神。

科技创新人才的自我激励是内生的原动力，其他任何激励因素都是通过对它的强化来实现的。激励科技创新人才最重要的因素是其自身的兴趣和科学理想，即个体的科技创新动机。

创新人才具有一些共性特征：①有自己的个性和科学价值观；②具有很强的工作能力和主动性；③求知欲和发展需求比较强烈；④具有创新精神，执行力强；⑤渴望得到社会的认可。因此，组织应当甄选出真正具备科研能力与科学道德的科技创新人才，在组织内部构建"崇尚创新、追求真理、求真务实"的价值观。

（三）非经济刺激，社会关注与认可

科技创新人才作为自然人，通过经济刺激手段固然能够得到激励。但是在我国现有体制下，经济手段是受制度、规范限制的。另外，从精神需求来看，通过给予荣誉、肯定等非经济刺激手段对绩效有更优的激励效果。

相对于物质方面的奖励，科技创新人才更在意精神方面的满足，如得到自己在意人员的肯定和关注，这种社会性的赞许在管理中可能会产生比金钱奖励更大的作用，也可以用在正式的表扬中，起到积极的作用。另外，作为领导者和管理者也要允许和体谅科技创新人才在科技创新上走弯路、走错路，应给予他们足够的信任和耐心。

对科技创新人才的激励要注重其工作任务难度的设置。对科技创新人才提出挑战性的工作目标，有利于其个人价值的创造与实现，进而激发个人内部动机，起到真正的激励效果。

（四）领导者匹配的激励手段

作为人才计划的领导者和管理者，应根据不同类型的人才、不同的情形采取相应的激励措施，对有效激励科技创新人才实现更高的绩效有重要的助力作用。

（1）愿景激励。人才计划领导者应该清晰、明确、连续地向科技创新人才阐述未来可实现的发展目标，让有共同抱负和理想的人围绕在组织周围，使大家更好地凝聚在一起，并更好地为目标开展工作。

（2）情感激励。领导者不以物质和理想为刺激，而是以感情联系为主要手段作为激励，真诚地关心人才，包括生活和未来发展前景。

（3）赞赏激励。人总是渴望得到赞赏的，要适时对人才的工作表现进行赞赏和认可，肯定人才的贡献。对组织来说，领导的赞赏激励能加强组织凝聚力，有效地提高工作绩效。

（4）参与激励。领导者应适时让科技创新人才参与到重大事项的决策和管理的讨论当中，并鼓励人才对未来的发展建言献策，这样不仅能激发人才的潜能，也能提高决策的质量，更能提高效率和管理水平。具体的参与方式可分为沟通对话式和授权式。

（5）形象激励。主管科技创新人才计划的领导者通过自身形象对人才的思想和行为产生积极影响，因此对领导者自身的道德、学识、能力水平有更高的要求。

科技创新人才的激励方式可归纳为：政策、资金、平台、时间、空间、信任、耐心、跟踪、解困、市场、体谅等。即作为主管领导和部门，不仅要给人才提供政策、资金和平台，同时要给他们足够的时间、空间、信任和耐心，更要及时地跟踪评估他们的需求，及时解决他们遇到的生活生产困难，给科技项目提供进入市场检验的机会，最为关键的是给予充分的体谅，允许他们走弯路、犯错误。这是对科技创新人才激励的关键，也是以人为本的科技创新的重要一环。

二、科技创新人才的早期培育

在儿童和基础教育时期，及时发现学生的科技创新潜力，并为他们提供全面合理的教育，满足其发展需求，开拓其发展空间，就是科技创新人才的早期培育。

这一机制的涉及面较广，既涉及政府、教育部门、学校等组织，也涉及不同领域、不同部门之间的合作。因此，可以说，无论是哪个部门、哪个层级，一切参与到培养工作中的组织和人员之间形成的合作方式与相互作用，就是科技创新人才早期培育机制。

科技创新人才的早期培育，可以从以下方面出发。

（一）建造支持性环境

第一，制定国家层面的人才教育政策和专门机构。国务院所属的教育部、科技部等相关职能部门，应当针对当前科技创新人才培育的实际需求，成立相关的工作小组或者指导部门，出台面向全国科技创新人才工作的相关政策。地方各级政府应配套成立对应机构，层层落实，确保建章立制。有条件的地区可以探索建立专门的科技人才培育机构、学校、班级、小组等。在保证基础通识教育的基础上，面向广大适龄受教育人群，发现、培育科技创新人才，通过有针对性的选拔和支持，为其提供帮助引导、帮扶鼓励，充分发挥科技创新人才的能动性、创造性，应当尊重、鼓励、支持人才的劳动价值和思考成果，并进行科学引导和资金扶持。

第二，建立正式规范的早期选拔机制，更早、更准确地发现科技创新人才。当前的体制机制藩篱在于，早期人才选拔仍停留在考试层面，通过各种选拔性考试的分数高低来决定对早期人才的培养，简单追求各种怪题、难题、超过学生认知水平太多的题。正确的做法是建立合理的机制，把一次性选拔变为阶段性选拔、把中心化选拔变为去中心化选拔、把目标性选拔变为开放性选拔，使得选拔的路径多元化，实现对人才深层次的挖掘；应当去除科技型人才选拔与入学、评奖、择校等之间的挂钩，以避免其本意被曲解。

第三，学校和教师应重视营造开放的课堂气氛。课堂环境是学生接触和认识世界的重要平台，应当鼓励学校和教师建立开放式的课堂，在有条件进行小班教学的地方，要探索性地推进课堂研讨、头脑风暴，鼓励学生表达不同的意见，给出不同的想法和思考。教学理念和教学价值的多元化才能带来学生创造力的蓬勃发展。

第四，学校应充分利用信息化网络建设平台，鼓励学生探索、创新。新事物的发展必将代替旧事物，传统教学模式需要改进，应当看到这种演变规律，推动学生利用互联网提供的便利性，增大学习的广度和深度。学校应该建立基于数字平台的交互式学习系统，鼓励学生在云端探索知识，并发现、发扬、发表自己的创新成果。学校通过数字平台，发现并掌握早期科技人才的思想动态和才能趋势，加以针对性引导，保护其知识产权和创新自主性。

（二）建立有价值、有意义的任务

第一，学校必须重视科技教育课程和个性化课程的设计、开发和实施。在教学实践中，学校应当增大科技类、兴趣类课程在教学计划中的比重。当前，中国乃至全球正在进行新一轮的科技革命，只有在早期培育阶段就站在了科学技术发展的最前沿，才能培养出更多尖端科技人才。科技实践、个性化科学探索等课程都应渗透进学生的主要培养计划中，学校或者跨区域教学共同体应当注重设计和开发更多科学可行的科技教育课程。

第二，学校需要定期评估学生的能力水平。教学反馈就是对教学质量和教学实际成绩进行衡量。学校应当形成机制，定期评估学生的受教育情况，获取学生的评价性意见，尤其是需要征求学生本人的真实意见。在此基础上，修改完善学校的培养内容，提高学校的培养方式，满足学生个性化发展要求，建立符合人才发展路径的培养模式。

（三）培养学生取得成功的信心

第一，教师应当与学生保持积极互动，鼓励学生相信自身能力。学校应该在教师队伍中有针对性地选拔一批全职或兼职教师从事科技人才的早期培育。教师应当在教育心理学的原则上与学生保持积极互动，尊重学生的创新成果，与学生经常性讨论创新的可行性。在此基础上，教师应当定期撰写科技人才培养的专项报告，就专门的人才情况、培养计划等进行详细的说明，并需要对学生的心理和创造力进行针对性的引导和鼓励，保持与其父母进行沟通，共同协助学生进行自我调节。

第二，家庭的重视和培养。我们应当倡导这样的一种家庭氛围和理念，即多元、包容和鼓励，这是孩子的创造力得到最大挖掘的保证。在家庭中，家长应该重视从不同视角、不同标准来看待孩子身上出现的所有现象，而不能简单地凭借自己的认知来干预。孩子天然具有渴望关怀和鼓励的需求，在一个充分向上的家庭环境中，有助于孩子培养发散性思维，也更有利于其科学能力的塑造。

三、科技创新人才的培训与开发

培养与开发科技创新人才的工作具有高度的探索性、创新性、交叉性、复杂性和综合性。科技创新人才培养与开发是指运用各种培养方法和培养模式，培养和强化创新理想，优化知识结构，引导和训练创新思维，强化创新意识，培养所需的个性心理特征，全面提升科技创新人才创新认知能力和创新实践能力的过程。

为了更好地培养和开发科技创新人才，我国需要营造和培养良好的学术氛围，注重培养科技创新人才良好的人格修养和品德修养，使创新人才有执着的追求和献身科技的精神。

（一）科技创新人才培养与开发的内容

（1）创新理想。科学研究工作的过程是很曲折的，需要科技工作者付出劳动和汗水。科技创新人才要坚守科技工作岗位，专注于科技创新的工作而不被浮华和利益所诱惑，需要有强大的创新理想作为支撑，需要有对科学的热爱和强烈的献身精神。因此，对科技创新人才的培养要继续强化创新理想的培育。有了明确和坚定的创新理想，科技创新人才才能选择稳定的研究方向，在自己的专业领域不断地深入研究。因此，创新理想是推动研究人员进行科技创新的动力。

（2）知识结构。专业知识的学习在学校教育阶段只是打下了基本的理论基础，对于前沿性的知识和发展变化的专业知识，需要科技创新人才在工作中不断地学习和更新。为了适应研究工作的需要，科技创新人才要在与自己专业相关的几个学科领域内获得一定广度与深度的交叉学科知识，工作中才能有灵活的思路。科技创新人才的知识结构需要扎实的专业知识、专业视野和交叉学科知识。此外，由于科技创新人才需要随时获取科学前沿知识，参加国际交流和活动，把研究成果撰写成研究报告和论文在国际上报告或发表，因此特别强调外语能力的培养。

（3）创新思维。创新思维是科技创新人才所具备的知识和积累的经验，在这个基础上对问题和信息进行分析和处理，提出自己的看法和新的疑问，综合分析得到解决问题的新方法，这个过程被称为创新思维过程。在科学发现和技术发明方面，都离不开创新思维。对科技创新人才而言，需要强调逻辑思维、逆向思维和发散思维。逻辑思维能力是科技工作者所必备的，它与形象思维相对，是利用概念和语言符号进行思维，与形象思维共同构成科学创新的必备能力。创新往往从形象思维开始，然后在联想中获得创新的启发，最后用逻辑来进行验证。逆向思维要求人们改变常规的正向思维模式，用反向探求的方式来思考，这种思维模式要与最正常的习惯背道而驰，打破一切合乎情理的思维，用完全不同的思路与视野去发现问题，并以截然相反的思维方式来分析和解决问题。发散思维在创新活动中是广泛存在的，涉及想象力，指的是以一个问题为出发点，多方向进行思考，从而寻找出更多解决问题的思路与方法。

（4）创新意识。科技创新人才必须具有超前的创新意识，要摆脱传统思维和传统观念的束缚，创新意识要旺盛，思维状态要活跃。对事物发展的趋势、发展的结果创新性地做出预判，主动谋思，别人没有想到的要想到，别人没有做过的要做到，主动地改变生搬硬套的教条主义思想，辩证地思考和分析问题。科技创新人才的工作具有很强的探索性，它要走的路是以前和现在没有人走过的路，要做的事是以前和现在没有人做过的，提出的想法和意见也是之前没有人提出过的。只有具备超前的创新意识，才能做到这些。

（5）创新实践能力。创新不是灵光的乍现，它是长期不断地学习、实践、思考、积累的过程，创新离不开思考，更需要调查研究和科学实验。科学研究必须证实，不能空想，科学要基于事实并接受事实的检验。科技创新人才是在实践中不断成长的，只有提升科学实验的能力，才能在实践中不断提高发现问题、分析问题和解决问题的能力。

（二）高等教育层次科技创新人才培养体系

1.扩大科技创新人才招生规模

随着教育改革的不断深入，国家在国民教育体系投入了巨额的经费。从本科教育开始就要扩大科技相关专业的招生规模，可以效仿民办学校招生策略，制作精美的宣传册进行现场宣传；也可以制作相关视频，放到网上，让学生高考结束后在线观看；此外，还可以利用微信扫一扫或者制作专门的App，让参与高考的学生获得通道，有空的时候进一步了解。

随着市场化不断深入，各行各业都在抢人才，科技创新也要抢占人才先机，发挥各种人才保障机制，吸引广大人才对科技创新的关注度。高考的招生规模在很大程度上决定了日后科技创新人才队伍的规模，一个学文科的本科生一般难以跨专业到科技创新相关专业进行深入学习。科学家走进课堂，给学生讲科学发现和发明，能够很好地激发学生的兴趣和好奇心，让学生尽早接触创新和科技，有利于催化学生的创新理想。科技创新人才有了明确的创新理想，会主动地选择相关的科技专业进行深造，获得专业知识和素养，为日后的分层分流培养做准备。

2. 优化专业教育

进入大学（本科）教育体系后，要构建科学与人文并重的课程设置体系，注重科技创新人才的全面发展，应采用富有启发性的教学方法。在创新理想的驱动下，学生选择科技创新相关专业进行学习。在专业教育阶段，一方面要让科技创新人才掌握扎实的专业知识，全面提升学习能力，为日后的创新工作打下知识基础；另一方面要培训科技创新人才的创新思维，创新思维是优化专业教育的基础。关于创新思维的培训方法，主要有以下七种。

（1）智力激励法（又称"头脑风暴法"）。采用会议的形式，参会者围绕特定的议题，激发灵感，发表各自的见解，互相间不加讨论，在短时间能获得大量的观点。

（2）检核表法。最广泛应用的是奥斯本检核表，首先要明确需要解决的问题，或者需要创新的技术，然后找出与之有关系的因素，找到解决问题的方法或者是创新的想法，最后目标实现创新。

（3）和田十二法。这是一种思路提示法，创新的技法有加一加、减一减、扩一扩、缩一缩、变一变、改一改、联一联、学一学、代一代、搬一搬、反一反、定一定。

（4）六项思考帽法。这种训练模式能够有效地避免在争执中浪费过多时间，其目的在于找到一条发展之路，寻求所能做的内容，而不是在对错上反复争论。这种模式的好处在于能够帮助人们摆脱混乱、理清思路，变无意义的争执为广泛收集有益的信息。

（5）替代法。替代法指的是用一种东西（成分、材料或方法）代替另一种东西，也就是说，通过寻找有效的替代物来解决创造问题的方法。

（6）溯源发明法。指的是从现有的发明创造出发，不断追根溯源，然后从根源上进行发明创造的方法。在所有领域的发明创造活动中，这种方法都存在且适用，在原有事物的基础上进行迭代、寻求新的路径是发明功能实现的新手段。

（7）金鱼法。这是一种摆脱思维惯性的方法，采用的是反复将构想中幻想的部分划分出现实与幻想两部分，直至解决问题、实现构想。

列举法、联想法、组合法等训练创新思维的方法也很有实用的价值，在实际培训工作中可以结合具体的对象进行选择，以实现提升科技创新人才创新的能力，提高科技创新人才的质量。

科技创新工作的项目一般复杂性很大，任务非常艰巨，工作的性质决定了靠个人能力强或想单干是不行的，必须有协作精神。所以在对学生进行专业教育的时候，不能忽略团队协作性的培养，应该寻找一个科研创新项目，让学生都参加到该项目中，在实践中感受团队合作的重要性。

（三）职场教育层次的科技创新人才培养体系

随着经济社会的高质量发展，科技创新人才培养体系也日趋多层次、多样化。基于职场教育层次的科技创新人才培养方法如下。

（1）派遣人才参加国内外高层次的研修班。具体的操作方法是从科技创新人才中选拔出最优秀的人才，将这些人才派遣到发达国家的高校、企业等地进修。与国外知名的大学或企业合作举办讲座和培训，尽可能创造更好的条件，为更多的创新人才提供学习的机会，从中选拔出最优秀、最拔尖的人才。在我国，国家会采用公派留学的方式，选拔顶尖人才，促进科技自主创新，扩大国际影响力。从效果来看，公派留学模式在多方面发挥了重要作用，对我国的学科发展、技术发展、人才培养、国际交往等都有很强的促进作用。国家要支持和鼓励青年人才参与国际协作、跻身国际舞台，国际化已经成为高层次科技创新人才成长的必经之路，但必须有相应的约束机制，防止人才流失。

合理的人才流动是必需的，但是核心人才不可流失。针对当前我国科技人力资源出国人员数与回国人员数差距较大的情况，要采取行之有效的措施来避免。一方面，通过爱国主义教育，情感留人，事业留人，宽松的学术环境留人；另一方面，通过一定的强制手段，避免科技人力资源的流失。比如，可以对科技人力资源设定等级，达到一定级别的科技人力资源实行重点关注和管理。

（2）参加国内外重要学术的交流与合作。可积极承办国际性的学术会议，通过会议来开拓视野、掌握信息、了解学术前沿，从而达到思维与能力的全面提升。比如，韩国就将在韩召开国际会议作为一条途径，促进国际合作、网罗大量人才、跟踪国际科技前沿信息。除此之外，各高校应鼓励青年学者参与到国际科技合作项目中去，并为此提供有效的激励与支持，激励青年人才参加重大国际学术交流活动，保证他们在海外学习、培训和开展合作研究期间的升职机会及福利待遇，为他们安心学习和深造创造条件。

（3）倡导"导师制"培养模式。导师对人才的影响至关重要，特别是在博士后或访问学者研究时期，这一时期的导师，其学术地位及荣誉对人才的学术发展道路有着深远的影响。"导师制"的核心是导师，重点是导师对学生的指导工作。在导师与学生的教学互动中，学生既能够学习导师的知识与思想，又能够接受导师的教导和启发，从而培养创新意识和创新精神，进而提升创新能力，最终成长为创新人才。

（4）通过"项目制"提升创新实践能力。发掘有培养前途的青年学者，将其统一安排到一个项目或重要任务中，使其学习与研究的能力得到明显提升，这就是"项目制"，也就是常说的"依托重大工程培养青年人才"。优秀的科技创新人才必须具备两方面的能力：一方面是扎实的知识体系，这是在学校教育中习得的；另一方面是创造性能力，这是在不断的实践活动中培养出来的。

（5）"创意制"开拓了科技创新人才的职业方向。选择人才本身有价值的创意，逐步深入并不断取得突破，这就是"创意制"。国家或基金会通常采用这种模式对一些有价值的研究进行投资，为其提供资金方面的支持。这种模式不遵循指令，一切以人才为导向，所凭借的是对有价值的人才及其创意的选择，这里强调的是敏锐的洞察力。"创意制"的模式营造出一种较为宽松的研究氛围，有利于对顶尖人才的选拔与培养，同时也有利于人才在职业方面的多元发展，从而推动我国的科技创新工作。

（四）自我学习层次的科技创新人才培养体系

（1）涉猎交叉学科知识。科技创新人才在工作之余应不断自我提升和发展。由于现代科学和技术的复杂性，单一学科知识远远不足以透过现象了解事物的本质。而且要想有新的思路和新的视角，必须打通学科间的屏障，形成跨学科的知识体系，为灵感的产生提供知识储备。

（2）强化创新意识。要积极主动地发现新的问题，不断优化解决问题新思路，科技创新人才要做到一直保持着创新意识。科技创新人才要靠自己不断强化创新意识，时刻保持活跃的思维状态，最终内化成自己的专业素养。

（3）增强自信心。在接受了专业化的教育，职业发展过程中又经历多种形式和多途径的培训，加上自我学习和提高后，科技创新人才应不断地进行自我心理暗示，进行自我激励，增强自信心。

第三节　科技创新人才的职业发展

职业发展应当引起每一位科技创新人才的重视，因为明确的目标、清晰的方向、详细的计划能够帮助科技创新人才取得更大突破。职业发展方向十分广泛，个体应当结合自身的发展情况，选择适合自己或者自己所热爱的方向并为之付出努力。

在职业发展过程中常见的职业发展变动一种是职务变动，另一种是非职务变动。职务变动的具体内容如下：我们可以将职务变动发展细分为两种形式，即晋升和平行调动，前者实质上是一种成功的标志，晋升是绝大多数个体的共同追求，这种形式能够鞭策、鼓励员工。后者则没有职务的提升，而是相似岗位、同阶岗位的相互调换，平行调动主要是为晋升奠定坚实的基础。

与职务变动发展相对的则是非职务变动发展，此形式已经成为科技创新人才职业发展的重要组成部分。我国的经济状况变动较大，组织扁平化现象严重，这也就意味着晋升的压力随之增大。在企业中，晋升并不是获取成功的唯一途径，原地发展实质上也是一种提升，非职业变动也能够丰富员工、提升员工的综合素养以及创新能力。通过平行岗位调动的方式，能让员工了解更多的相关知识，掌握更多的方法技能，为进一步发展做好铺垫。职务逐步趋于多元化，对于个人发展而言具有重要意义，企业不仅会在薪资待遇上有所偏向，还能够丰富、完善自我，确立正确的职业发展方向并且取得最终的成功。

无论是职务变动的发展还是非职务变动的发展，都需要有明确的发展通道作为实现职业生涯目标的途径。科技创新人才队伍具有重大意义，关系到科技创新发展的战略大局，是科技创新体系的重要人才支撑。想要提高创新能力，向创新型国家转变，国家必须高度重视科技创新人才的作用。

一、建立科技创新人才职业发展管理平台

一个人的职业生涯包括不同的阶段，处在不同阶段的人对职业发展所考虑的着重点会有所不同，科技创新人才也是如此。要实现科技创新人才在职业生涯的每个阶段都顺利发展，组织必须搭建一个科技创新人才职业发展管理平台来保证在不同的职业生涯发展阶段科技创新人才都能够在平台之上通过努力和组织的支持实现职业理想，达到组织和个人共同发展。

平台内容具体包括以下三个方面：首先，科技创新人才管理平台要允许个人在不同的发展阶段对自我情况进行分析，根据自己的才干、动机、需要和价值观等确立自己的职业锚；而组织也要为科技创新人才提供明晰的职业发展信息，让科技创新人才在不同的发展阶段找到与其职业锚相匹配的发展机会。其次，科技创新人才经过分析自我确立职业锚之后，组织要结合个人确立的结果对他们进行评估，协助个人制定和确认科学的职业发展目标。最后，职业发展目标确立以后要被纳入人事发展管理。组织根据个人的职业目标，制定详细的个人发展规划细则和考核标准，定期跟踪诊断每个科技创新

人才的职业发展情况，对于落后于职业发展目标的科技创新人才及时进行培训；对于培训后仍然不能达成目标的，要适时进行职业发展目标调整，人尽其用。

二、建立科学的科技创新人才职业发展双通道

从人的需求层面来看，科技创新人才或者企业管理者不仅希望能够得到物质上的满足，更希望自己的个人价值能够实现，更关注自己的职业前景。对创新型科技人才要搭建起良好的职业发展平台，还要完善职业发展的相关配套措施，加大对人才的奖励机制，鼓励科技人才大胆创新。在此需要改进的是传统的职务晋升这种单一的岗位晋升途径，管理职位晋升和专业技术职位晋升双轨道并行，实现互通互认。

根据人才"职业锚"理论，当人们步入职场后，经过一段时间的锻炼，结合这段实践经验和自身所具备的技能、价值观，以及自己实际需求后，对自己的职业规划有清晰的认识，并能形成稳定的职业观。更多的科技创新人才在职业发展路径上会选择专业发展的道路，因而，在专业技术职位通道上，要为科技创新人才设立更为科学、合理、精细的职业发展路径，不限制科技创新人才的发展，为他们提供发展空间，在实现事业发展的同时也实现个人价值。

首先，科技创新人才的发展通道在设计上要保证各个通道并行发展，相对独立，通道之间相通但不交叉。部分管理者是具有技术背景和较强科研能力的科技人才，如果这类人才要想走专业技术的职业发展通道，应当在辞去管理职务的基础上方能进入。在专业技术职业发展通道的人员，根据自身的特长，如果想走企业管理人员的职业发展通道，则需辞去科技岗位职务，方能进入企业管理人员职业发展通道。专业技术突出，同时又具备杰出管理才

能的人可以做管理顾问一职，但是不同于以往的专业技术和管理"双肩挑"的模式——管理顾问不直接参与管理，只提供管理和技术咨询。

其次，按照各通道中职位层级相匹配的原则，应确保同层级专业技术职位与管理职位的薪酬水平相当或略高，同时要保证专业技术岗位薪酬水平的市场竞争力，保持科技创新人才职业发展通道的吸引力。

再次，不同的职业发展晋升途径之间的转换应当设置一定的条件，在晋升或者转换岗位的时候严格把关，可以通过绩效考核、能力评价等方式选拔有知识、有能力的人才实现岗位的转换。

最后，需要强调的是，必须打破只上不下的传统观念，要将晋升与降级适用于日常工作中，使得每个通道的员工在工作中形成竞争意识，从而促进组织健康发展。

三、促进跨专业、跨组织与跨部门的人才流动

人才流动起来才能实现更高的价值，人才流动有助于提高自身能力素质，在流动的过程中接触到不同的知识，为创新研究活动提供灵感，提升人才职业发展的荣誉感和积极性。由于我国当前在人才培养上是以长期雇佣为前提条件的，在跨专业、跨组织、跨部门的人才流动是较低的。

当前我国中老年劳动力持续增加，要想充分运用各阶段的人才力量，实现各个年代的人才都能"人尽其用"，就应该设立促进人才流动的体制机制。政府在科技创新人才职业发展规划道路上要充分发挥自身作用，鼓励支持多样化发展，建立跨学科、跨领域的研究推进机制，推进人文社会科学、自然科学等所有学科领域之间的人才交流。

四、营造良好的人才发展社会氛围

营造良好的人才职业发展社会氛围对提升人才的工作主动性和积极性有重要的正向效应。尽量减少"技而优则仕""官本位"及"名人效应"等导向，保证科技创新人才把主要精力放在科技研究上。要为创新人才提供相应的待遇，在办公条件、医疗、交通、通信、住房等方面享有与同级别行政管理人员相当或略高的待遇，保证高级科技创新人才参与有关决策会议。

社会层面上要为部分杰出的科技创新人才提供参政议政的权利，因为参与制定对自身利益有关的政策对员工做出更大的绩效有积极影响，特别是在针对本地区科技政策制定、科技人才培养等方面，要能够充分听取科技创新人才的建议和意见。

第四节　科研创新的团队建设

科研创新的团队建设就是以科技创新人才为中心构建创新型的团队，最终目的是构建成一个以具备科技创新素养和技术能力的技术专家为核心，以高层次团队协作为基础，具有统一清晰的团队目标，并依托一定的平台和科技项目，对内能产生高科技绩效，对外能对科技领域的发展和创新作出重要贡献的人才群体。

科研创新团队构建应当符合四个特点：首先，团队构建应当围绕科技创新人才进行，即团队中科技创新人才应当在团队成员中占据较大比例，团队成员构成以技术专家和研发项目领军人物为主。其次，团队应具备解决各种复杂新奇的科学难题的能力，并能够依据团队成员之间的互相协作将创意转化为绩效。因此，团队中的成员一方面应具有相应的技术能力及创新意识，另一方面还需具备良好的互相协作能力。再次，团队的构成能够全面反映团队绩效的要求，既包括任务的层面，也包括团队的合作质量。最后，整个团队应具有明确的目标。同时，为了实现这个目标，团队内部具有明确的分工和职责划分。

具体的团队构建涉及团队成员的选拔、团队角色的划分，以及团队建设方针的确定。

第一，在团队成员的选拔方面，成员首先必须具备技术上的胜任力，具有达到既定目标的技术和能力，特别是在科技领域上具备创新意识和核心科学技术，同时个人的技术特点还应与团队整体特点相匹配；其次，团队成员在个人特点的胜任程度上要具备与他人一起工作创造辉煌的能力，即与团队中的其他成员进行有效配合与合作的能力；最后，还应具有强烈的团队意识和贡献愿望，这将有助于团队高绩效的产出和团队内的和谐稳定。

第二，在团队角色方面，应根据成员的特性安排适应的团队角色，合理设计团队的组织架构，使得每个成员在组织中有合适的工作定位。同时，在构建团队的过程中不能忽略领导在团队中的作用。领导的存在一方面要对团队的目标进行细分并下达相关安排，另一方面要确保团队内部沟通机制顺畅，避免因团队冲突所引起的团队整体绩效的下降。

第三，在团队建设方针方面，应强调团队的价值观及团队目标。由于该团队注重科技创新能力，因此团队的构建过程中应当着重营造一种创新的文化氛围，并且能够鼓励创新，具有一定的风险承担力。此外，由于需要有关科技创新方面的信息交流，因此在团队构建时，应当注重信息流通渠道的构建。

科研创新团队是创新政策贯彻落实、创新行为组织实施，以及创新绩效产出的最直接力量，是当今和未来信息化、人工智能时代推动国家和组织发展的主要力量，其构建与发展的成熟与否是一个国家和组织核心竞争力的最直接体现。我们要把影响创新型科技团队发展的制度、政策、法规环境建设和维护好，把支撑创新型科技团队构建的基础理论研究好，理顺科技团队创新的运行机制，完善人岗匹配的选人、用人机制，丰富鼓励创新的激励考核机制，构建维护创新的文化氛围，以及完善创新能力提升的教育和培养机制，提升我国在科技创新团队构建和运作方面的能力，切实推动我国快步迈入创新驱动发展的行列。

一、科技团队创新的宏观层面

科技团队创新的宏观层面也就是国家层面，在宏观层面需要国家为科技团队创新做好秩序维护、制度建设、资金支持、理论支撑、人才培养、兜底保障、产业引导等，为科技团队创新塑造一个自然孕育和持续发展的环境。

（一）发挥市场在科技领域配置资源的决定性作用

由市场来决定资源配置是社会经济活动中的重要规律，让科技领域的资源配置由市场来充分发挥决定性作用，充分发挥供求、价格、竞争相互联系、相互制约、相互作用。在科技领域无论经营主体是国有还是民营，都应充分引入竞争机制，打破垄断，建立以市场供求为基础的价格形成和相互竞争机制，充分发挥竞争的"鲶鱼效应"。竞争可以使科技创新过程充满活力，进而才能推动创新向更深层次发展。

市场配置资源还可以防止由层层行政审批或行政命令来进行的政府分配资源模式对创新文化氛围造成的不良影响，有效防止政府通过行政审批或行政命令配置资源给创新团队内在驱动力带来挫伤，有效减少人事摩擦，给创新团队创造一个聚焦主业主责的公平环境。

（二）发挥政府在科技领域中推动创新的作用

市场是逐利的、盲目的，只有更好地发挥政府在科技领域中推动创新的作用，就是要弥补市场的缺点。具体来讲，主要包括以下五个方面。

第一，"抓大放小"，弱化政府在科技领域微观方面的管理职能，把人员激励、科创企业审批等职能放权给市场主体，让市场主体与创新主体协商确定创新成果共享的方式和比例。

第二，做好科技领域市场秩序的规范和监管，完善知识产权保护，强化知识产权违法打击查处力度，在全社会形成一个鼓励创新的良好市场环境。

第三，做好科技领域创新人员的社会兜底，解决科技创新人员在养老、医疗、子女教育、失业等方面的后顾之忧。在宏观层面构建科技领域科技创新人员的内生动力，同时降低微观领域创新的成本。

第四，建立和完善科技领域创新的资金保障制度和支撑平台，利用财政补贴、低息贷款、股权融资、专项基金等多种方式给科技领域的创新提供资金保障和支持。

第五，做好科技领域团队创新的基础理论研究，为科技创新团队的构建和经营提供可操作的理论支撑。

（三）引导科技领域重点产业的创新

为更好地体现科技创新对经济和社会发展的巨大支撑和引领作用，有关部门需要深入分析近年来国家的产业政策，全面把握国内外经济形势和发展势头，对国家未来一段时期产业发展的重点及新兴产业领域做出合理预测，优化人文环境、政务环境和创业环境，从而使科技创新团队建设能够最终服务于国家需要。

此外，应侧重在关键技术研发和做好重点发展产业布局相匹配的前提下，以团队建设为基础，以领军人才为核心，从国家战略层面确定我国科技创新人才团队的布局，制定时代发展需要的科技创新团队构建的宏观规划。

（四）加大对创新团队的资助力度

加强政策法规、资金配套等方面的支持，引导政府、国有企事业单位支持科技创新团队的建设与经营。当前，我国在专门促进科研创新团队构建方面的政策法规还极少，且大多是指导性的文件，可具体操作的更是少之又少。在进行政策法规制定时，应充分考虑政策、资金在引导重点产业创新时的"指挥棒"效应，结合国内社会和市场的切实需要，以及对国内、国际科技创新发展的研判和需要有所侧重和规划，真正发挥在科技领域创新的引导作用。

此外，我国对科技创新团队的资金和经费支持力度相比创新驱动发展的国家和地区还不高，反映出国家和各级地区对科技创新团队的重视程度不够。政府在加大资金投入力度的同时，还要采取积极鼓励引导企业投入、引进金融资本、以优惠的经济政策作扶持等政策手段，全力支持科技创新团队的建设工作。

（五）深化改革，为科技领域团队创新引进人才

创新需要支撑创新的资金、制度、文化等基础，也就是说创新驱动发展是需要整个社会具备支撑创新的特征，其中最关键的是人的因素。绩效的创造靠人，创新的目的是为人服务，影响创新的宏观、中观、微观因素中最主要的是人的因素。科技领域团队创新更是如此，没有胜任科技创新团队的大批人才，"创新"也只能空喊。

要培养大批适应科技团队创新的人才，在宏观层面就应深入研究创新人才的特征，研究创新人才的培养规律，深化我国中小学教育和高等教育在教育内容和教育方式等方面的改革；同时，有重点地引进一批科技创新人才，送出去培养一批适应科技领域团队创新所需要的人才。

二、科技团队创新的中观层面

科技团队创新的中观层面也就是宏观层面政策落实以及微观科技团队主管的层面，需要在宏观政策法规的框架内做好微观主管的放权、指导、服务，以及科技团队创新的人才队伍建设。

（一）营造科技创新氛围，发展利于科技创新的文化

为促进创新型科技团队的建设，必须要在更大范围内形成良好的科技创新氛围。

第一，加强文化建设。对科技创新团队来说，更需要倡导敢于创新、善于包容、接受失败的文化精神，还有尊重科学的求实求真风尚，塑造尊重创新、尊重竞争的科技创新氛围，形成有利于创新的社会文化环境。

第二，鼓励学习。号召创新人才共同学习、持续学习、终身学习，提升社会整体创新能力，鼓励人们广泛参与到创新创造中来。

第三，培育创新意识和创新精神。在社会上倡导尊重创新、敢于接受失败的创新文化环境，加快科技创新型社会的建设。除此之外，还应在组织层面对创新团队的管理进行创新，形成才能至上的用人环境，鼓励团队之间、个人之间的竞争，按功劳大小进行奖励。

（二）加大创新平台建设，提高团队的创新能力

加大创新平台建设对于提升团队创新能力而言具有重要意义，此平台依赖于开放的互联网络、高新技术产业，通过对资源的合理配置来进行信息的系统化处理，不断加强团队内部的协作、提升团队的创新能力。科技创新平台系统中囊括了众多小的平台，常见的有政策平台、资金平台等，不同类型的平台具有不同的功能，但创新平台主要用于产品制造，即通过一系列的高新技术来扩大生产规模，提高市场影响力与竞争力。

创新平台可以将不同团队的优势进行融合，将不同领域的创新研究融为一体，共享公共资源，实现资源的合理配置，避免出现浪费、重复等不利于企业发展的现象，加大创新平台建设，在一定程度上实现团队在实践创新方面的突破。

总的来说，企业应当高度重视科技创新平台的建设工作，倡导并鼓励团队之间相互帮助、紧密合作，在平台中交流经验、共享资源、加强合作，提高团队的整体实力，让团队变得更具竞争力。

（三）强化科技创新人才队伍建设

中观层面要统筹科技领域的重要创新平台，尤其要关注重点产业中重点创新平台对人才培养的作用，重点开发创新型企业中的重点产业，运用各种方式吸引并能留住人才，特别是有知名度、影响力的创新领军人才，利用科技创新领军人才主导重点产业和领域的虹吸效应，吸引和培养一批科技重点产业需要的高层次创新人才；充分利用科技重点产业的重大项目、重大工程、重点实验室、"产学研"中心等培养锻炼一批科技领域创新人才；为科技人才的创新以及创新成果转化提供激励、资金、人员等保障和支持。

三、科技团队创新的微观层面

科技团队创新的微观层面就是科技创新团队的管理层面，主要包括团队领导、运行机制、选人用人、任务分配、考核激励、培养锻炼、团队文化建设等，应建立灵活合理的选人、用人机制。

首先，要加强成员之间的有效沟通，增进各成员对团队目标和愿景的理解，并建立广泛的目标认同感与集体归属感，增进成员彼此之间的信任，充分发挥团队的整体协同力，达到 1+1＞2 的效果。

其次，应该根据研究任务的特性和对科技创新人员的素质要求进行选人，杜绝任人唯亲现象的发生，真正做到"按需设岗"，并通过柔性用人机制使全国各地的优秀人才能够"为我所用"。

最后，要突出科技创新人才中领军人才的作用。领军人是一个团队的核心人物，必须具备战略眼光、市场意识以及扎实的专业基础和高超的问题解决能力。

此外，领军科技人才除了专业素养外，还需要具备良好的组织协调能力，使团队能够始终保持在朝着目标奋进的正确轨道上。还要具有良好的意志品质，做到创新精神和奉献精神的统一，求真务实，淡泊名利。

第七章　科技创新能力评价与税收政策研究

第一节　科技创新能力评价及其指标体系

一、科技创新能力评价的内涵阐释

科技创新能力主要是指科技创新支持经济社会科学发展的能力，科技创新对现代化的发展具有引导作用，也是国家全面进步与发展非常重要的因素。综观世界近现代历史，科技创新能力相对强的国家必然对世界经济的发展起着推动作用。因此，创建合理的科技创新能力评价指标体系利国利民，意义重大。

（一）科技创新能力的评价对象

如果我们从内在运作机制的角度出发来理解科技创新，那么可以将创新能力概括为以下几方面的内容：①创新投入能力，比如人力的投入能力、R&D经费投入能力；②创新产出能力，比如产出新的专利、论文等知识和技术的能力；③科技创新的效益能力，将科技成果产业化形成的产品产值的能力。

基于科技创新能力评价的可使用性、数据可获得性，以及科技创新工作的主要参与者和贡献者，通过分析《中国科技统计年鉴》，可将科技创新能力的评价对象分为省域、省域工业企业、省域高技术产业、省辖市 4 个层面，如图 7-1 所示 [①]。

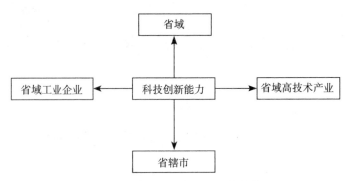

图 7-1   科技创新能力的评价对象

省域，即我国除港澳台三地之外的 31 个省、自治区、直辖市。创新型国家建设是我国的发展战略，要建设创新型国家就必须建设创新型省份，评价省域的科技创新能力对于创新型国家的建设具有一定的意义。

省域工业企业是指规模以上工业企业。要建设创新型省份，就要抓重点。相对于个人、高校、科研机构而言，工业企业在科技创新的人力、财力投入和科技成果产出方面分量更重，对一个省的科技创新工作和能力的贡献率更高。因此，评价省域工业企业的科技创新能力，对于创新型省份的建设是非常必要的。

省域高技术产业是指高精尖技术集中的行业，包括医药制造，航空、航天器及设备制造，电子及通信设备制造，计算机及办公设备制造，医疗仪器设备及仪器仪表制造，信息化学品制造等六大行业。高技术产业代表着科技创新的最前沿，对于创新型省份的建设也起着举足轻重的作用。所以，衡量省份是否是创新型省份，需要对省份的高新技术产业所具有的科技创新能力做出评估。

---

①   王鸣涛 . 科技创新能力与知识产权实力评价研究 [M]. 北京：科学技术文献出版社，2018：6.

省辖市是创新型省份建设的基本单元。当省辖市的科技创新达到了一定的水平之后，就会持续地产出科技水平高的创新成果，创新成果持续产生就代表省份实现了创新建设。所以，评估省辖市科技创新的水平和实力对于创新型省份的建设具有重要意义。

（二）科技创新能力的评价原则

第一，科学性以及整体性原则。科技创新能力评价应当冲破传统思维模式的束缚，评价指标应当逐步趋于多元化，有针对性地对科技创新能力进行系统性评估。量化指标绝对是科技创新能力评价的首选指标，当然，企业应当保证这些指标的准确性以及权威性，只有这样才能够提升评估的可靠性。在评估过程中，除了选用量化的指标外，还需要使用科学的评价方法，建立相对完善的指标体系。

第二，核心性以及实用性原则。科技产品应当从实际生活出发，能够为人们的生活带来更多的便利，只有坚持实用性原则，产品的发展才能是可持续的。对于产品来讲，不可以只关注表面的开发，而是应当从实用的角度出发，不断优化产品的内部结构。所谓的核心性原则实质上是指产品应当充分发挥其自身优势。产品功能很难做到面面俱到，因而评估应当具备针对性，从科技创新工作的核心出发对其进行评价。

第三，结构性与多样性原则。科技创新能力评估是一个相对漫长、复杂的过程，在此过程中，指标的选取应当多元化，指标体系应当具有层次，这样才能够更加真实地还原整个科技创新的过程。

第四，数据可获得原则。评价体系不仅应该选取定量的指标，同时也应该考查和论证每个指标数据的可获取性，便于分析和评价。

第五，区别性原则。不同角度的评价指标体系应该有所区别，例如，我国省域和省辖市科技创新能力评价的指标体系其共性都是区域，但设计指标并不完全一样——省域指标测度相对粗糙，而省辖市测度相对精细。此外，《中国科技统计年鉴》是从国家层面、省级层面统计各项信息的，而省统计年鉴是从省级层面、市级层面统计各项信息的，两者指标也有不同。

第六，定性定量相结合的原则。我们应该在评价创新能力的过程中结合使用定性指标和定量指标，双管齐下才能真实地评估科技创新能力。

（三）科技创新能力的评价内容

其一，科技创新投入水平。企业如果想在科技领域取得重大突破，必须加大科技创新投入，因为投入与产出往往成正比，并且投入是产出的基础，企业的科研能力以及科技创新与其投入水平密切相关。主要包括人力资源以及资金两大方面的投入，资金可谓是企业发展的基础，人力资源是公司运作的核心力量，缺乏人力资源的企业创新活动都是空话。当然，企业若想将规划变为现实还需要大量的资金投入，资金是企业运作的基础，资金投入为人力资源的发展提供了坚实的基础，二者已经成为衡量科技创新能力的重要指标。企业实际上可以与市场进行合作，实现研发人员的资源共享，校企合作恰好能够满足这一要求。

其二，科技创新产出水平。资金投入以及资源的合理配置是科技创新的基础，更重要的是对科技创新的产出水平进行评估与分析。科技创新产出能够直接反映企业的整体水平，也能够从侧面反映此企业的创新能力。发明专利、发表论文对于企业而言显得尤为重要，这不仅能够扩大企业的知名度，还能够彰显企业的文化、创新能力以及综合实力。在技术研发领域，专利以及论文已经成为衡量企业发展状况、科研水平的重要指标。好的产品还应当具有好的销量，只有获得较好的认可度以及经济收益时，才意味着此产品的生产具有市场竞争力，销售额、市场占比自然也就成为企业衡量科技创新能力的重要标准。

其三，科技创新支持。企业的发展离不开多方合作、政府支持，对于企业发展来讲，投入方面必然离不开资金的投入、人力的投入、物资的投入，特别是开展科技创新需要的时间、金钱、人力等资源更甚，为了保证科技创新的顺利开展，加快创新步伐，政府需要加以干预，发挥积极作用。政府不仅可以通过加大拨款数额来增加资金投入，还能够帮助企业树立良好的企业形象，开阔市场，提升其核心竞争力。

二、科技创新能力评价的指标体系

对区域的科技创新能力进行评价，最重要的一点是评价标准的确定。就目前的情况来看，我们还没有形成比较完整的、相对系统的评价体系。在评价体系这方面的研究文献和研究成果还不多见，而且因为研究的出发角度不同，有的观点相对片面，所以无论是站在理论的高度还是实践的需求角度，都需要增加研究与科技创新能力评价标准有关的课题。通过综合国内文献的调查，本节构建了省域、省域工业企业、省域高技术产业、省辖市四个层面的科技创新能力评价指标体系。

（一）省域科技创新能力评价指标体系

1.省域科技创新能力评价指标体系构建

评价一个省域的科技创新能力，应该从科技创新能力工作的全过程出发，包括科技活动的投入、科技成果的产出、科技成果带来的经济效益三个方面，具体见表 7-1①。

---

① 王鸣涛 . 科技创新能力与知识产权实力评价研究 [M]. 北京：科学技术文献出版社，2018:17.

表 7-1　省域科技创新能力评价指标体系

一级指标	二级指标	指标权重	
		一级	二级
科技活动投入类 U_1	R&D 人员全时当量 / 人年 U_{11}	0.28	0.35
	R&D 经费内部支出 / 亿元 U_{12}		0.35
	R&D 经费投入强度 U_{13}		0.30
科技成果产出类 U_2	R&D 项目数量 / 项 U_{21}	0.34	0.38
	有效发明专利数量 / 件 U_{22}		0.35
	SCI 收录科技论文数量 / 篇 U_{23}		0.27
科技成果效益类 U_3	技术市场成交额 / 亿元 U_{31}	0.38	0.70
	规模以上工业企业新产品销售收入 / 亿元 U_{32}		0.30

2.省域科技创新能力评价指标释义

以下省域科技创新能力评价指标均按照同一年为单位进行统计。

（1）科技活动投入类指标（U_1）。科技活动投入类指标用来评价一个省份开展科技活动所投入的人力和财力程度，这是科技创新的基础，可以用以下三个指标来表征。

① R&D 人员全时当量（U_{11}）。R&D 人员全时当量是国际公认的衡量科技活动当中人力投入的一个指标，它具体指的是每年从事 R&D 活动的总时间占所有工作时间九成比例以上的 R&D 全时人员和非全时人员的工作量总和。

② R&D 经费内部支出（U_{12}）。所谓的 R&D 经费内部支出代表的是一个省份在一年之内投资在 R&D 方面的经费数额，也就是一个省份进行 R&D 活动所花费的实际支出数。经费包括直接活动消耗的金额，也包括间接活动消耗的金额，比如说管理和服务费、R&D 活动开展需要的基础设施建设费用等。

③ R&D 经费投入强度（U_{13}）。R&D 经费投入强度指一个省份当年的 R&D 经费支出金额占同年本省第三产业 GDP 的比重，该指标从相对率的角度测度 R&D 经费的投入。GDP 按照行业可以分为第一产业、第二产业、第三产业，科学技术属于第三产业，为了更加精准地测度研发经费的投入强度，应选择第三产业 GDP 作为参照对象。

（2）科技成果产出类指标（U_2）。科技成果产出类指标用于反映一个省份科技活动的产出成果，主要包括项目、专利、论文三个方面，可以用以下三个指标来表征。

① R&D 项目数量（U_{21}）。R&D 项目数量指的是省份在本年内已经成功立项的项目，以及之前年份当中没有完成而需要继续进行研究的项目，这些项目当中包括研究失败的项目，但是委托外部单位进行研究的项目不包括在内。

②有效发明专利数量（U_{22}）。有效发明专利数量指的是省份内部对专利权人作出的专利数量的调查统计，统计包括其本年度所拥有的国内和国外的所有知识产权部门许可的并且还在有效期内的专利数量。我们根据内容的不同，可以把专利分成发明专利、外观设计专利以及实用新型专利。外观设计和实用新型专利可以在原有的基础上进行一定的改进，做优化后再次获得新专利。但发明专利完全是发明和创造，因此，发明专利的技术含量非常高，所以应选用"发明专利"作为评价指标。发明专利有申请量、授权量、拥有数量三个统计口径，申请量只能反映申请人的知识产权意识、从事科研活动的积极性；授权量可以反映一定的成果实力，但发明专利批准周期时间比较长，有些可能已经失效。因此，应选用有效发明专利数量作为专利成果的代表指标。

③ SCI 收录科技论文数量（U_{23}）。SCI 收录科技论文数量是指一个省份的科研人员当年在国内外期刊上发表的科技论文被 SCI 收录的数量。科技论文指的是发表在学术期刊当中，可以被其他学者进行重复实验、重复验证的研究成果，科技论文是值得整个科技学界去关注、去引用的。世界比较著名的科技文献检索系统一共有三个：第一个是科学引文索引，也就是我们常说的 SCI；第二个是工程索引，也就是 EI；第三个是科技会议录索引，也就是 ISTP。这三个系统是国际公认的可以对科技论文进行科学评价和统计的工具。这三个系统当中，科技论文期刊收录的比较全的是 SCI，其中的论文质量非

常优秀，所以它一直受到来自世界各地科技研究专家们的关注，因此可以利用 SCI 判断科技论文的水平和质量。

（3）科技成果效益类指标（U_3）。科技成果效益类指标指的是衡量一个省份科技活动所获得的经济效益的标准，通常情况下涉及以下两个指标。

①技术市场成交额（U_{31}）。它指的是一个省份一年之内因为科技成果在实际当中的应用而获得的技术合同成交金额。通常情况下，技术市场成交额主要包括四个方面的内容：技术的开发、转让、咨询以及服务。在这四个方面当中，技术转让涉及的内容比较多，比如技术秘密、专利权、专利实施许可、专利申请权、集成电路布图设计专有权、计算机软件著作权、生物医药新品种权、动植物新品种权等。所以，使用技术成交市场份额作为标准判断科技成果获得的收益是非常适合的。

②规模以上工业企业新产品销售收入（U_{32}）。规模以上工业企业新产品销售收入是指一个省份当年规模以上工业企业新产品销售的收入，新产品的销售业绩更能反映科技创新能力。工业企业是一个省科技创新的主体，因此，选用新产品销售收入作为第二个测度科技成果效益的指标。

3. 省域科技创新能力评价指标权重确定

省域科技创新能力评价指标体系涉及一级指标和二级指标，它们具体所占的权重可以参考表 7-1。指标权重的确定利用的是层次分析方法，其中判断矩阵则通过德尔菲法来确定。

（二）省域工业企业科技创新能力评价指标体系

1. 省域工业企业科技创新能力评价指标体系构建

规模以上工业企业（以下简称"工业企业"）是一个省科技创新的主体，工业作为支撑每个省份科技创新发展的重要产业，理所当然是科技创新的排头兵，所以，对工业企业在科技创新方面的能力进行评价有重大价值。

对科技创新能力的评价主要从三个角度入手：一是科技活动的投入，二是科技成果的产出，三是衡量科技成果获得的经济效益。具体内容如表 7-2 所示。[①]

表 7-2 省域工业企业科技创新能力评价指标体系

一级指标	二级指标	指标权重	
		一级	二级
科技活动投入类 K_1	R&D 人员全时当量 / 人年 K_{11}	0.28	0.30
	R&D 经费内部支出 / 亿元 K_{12}		0.30
	R&D 经费投入强度 /% K_{13}		0.25
	有 R&D 活动企业数占总企业数比重 /% K_{14}		0.15
科技成果产出类 K_2	R&D 项目数量 / 项 K_{21}	0.34	0.34
	新产品开发项目数量 / 项 K_{22}		0.38
	有效发明专利数量 / 件 K_{23}		0.28
科技成果效益类 K_3	新产品销售收入 / 亿元 K_{31}	0.38	1.00

2. 省域工业企业科技创新能力评价指标释义

以下省域工业企业科技创新能力评价指标均按照同一年为单位进行统计。

（1）科技活动投入类指标（K_1）。科技活动投入类是指标用来评价一个省份工业企业开展科技活动所投入的人力和财力程度，这是科技创新的基础，可用以下四个指标来表征。

① R&D 人员全时当量（K_{11}）。概括地讲，指的是省内工业企业一年内的 R&D 人员全时当量。它具体指的是每年从事 R&D 活动的总时间占所有工作时间九成比例以上的 R&D 全时人员和非全时人员的工作量总和。

② R&D 经费内部支出（K_{12}）。R&D 经费内部支出是指一个省份工业企业当年的 R&D 经费支出金额，也就是一个省份进行 R&D 活动所花费的实际支出数。经费既包括直接活动消耗的金额，也包括间接活动消耗的金额，比如管理和服务费、R&D 活动开展需要的基础设施建设费用等。

③ R&D 经费投入强度（K_{13}）。R&D 经费投入强度是指一个省份工业企

① 王鸣涛 . 科技创新能力与知识产权实力评价研究 [M]. 北京：科学技术文献出版社，2018：20.

业当年的 R&D 经费支出金额占同年本省工业企业收入的比重，该指标从相对率的角度测度 R&D 经费的投入力度。

④ R&D 活动企业数占总企业数比重（K_{14}）。R&D 活动企业数占总企业数比重指的是进行 R&D 活动的企业数量在所有的企业数量当中所占的比值。如果比值的数值比较大，那么说明该省份在科技基础方面的实力是比较雄厚的。

（2）科技成果产出类指标（K_2）。科技成果产出类指标用于反映一个省份工业企业的科技活动的产出成果，可用以下三个指标来表征。

① R&D 项目数量（K_{21}）。R&D 项目数量是指一个省份工业企业在本年内已经成功立项的项目，以及之前年份当中没有完成且需要继续进行研究的项目，这些项目当中包括研究失败的项目，但是委托外部单位进行研究的项目不包括在内。

②新产品开发项目数量（K_{22}）。新产品开发项目数量是指一个省份工业企业当年的新产品开发项目的数量。

③有效发明专利数量（K_{23}）。有效发明专利数量指的是省份内部对专利权人作出的专利数量的调查统计，统计包括本年度所拥有的国内和国外所有知识产权部门许可的并且还在有效期内的专利数量。

（3）科技成果效益类指标（K_3）。科技成果效益类指标指的是衡量一个省份工业企业进行科技活动所获得的经济效益的指标。新产品销售指的是省内的工业企业通过新产品的销售获得的经济收入，新产品的销售业绩更能反映科技创新能力。

3. 省域工业企业科技创新能力评价指标权重确定

省域工业企业科技创新能力评价指标既包括一级指标，也包括二级指标，指标所占的权重可以参考表 7-2。确定指标所占的权重使用的方法是层次分析方法，然后需要进一步利用德尔菲法进行矩阵的判断。

（三）省域高技术产业科技创新能力评价指标体系

1.省域高技术产业科技创新能力评价指标体系构建

高技术产业指的是产品的生产使用的是高端技术的行业集群。高技术产业主要涉及六个行业：医药制造行业，电子设备以及通信设备制造行业，航空、航天器以及其他航空设备的制造行业，计算机和办公设备制造行业，信息化学品制造行业，医疗仪器、设备以及仪表的制造行业。高技术产业和其他的制造业之间存在的最大的差别是高技术产业投入了更高的 R&D 强度，也就是说，R&D 经费支出在所有的主营业务收入当中占有的比重更重。而且高技术产业具有极强的创新性，使用了很多高水平知识和技术，所以，我们必须对高技术产业所具有的科技创新能力进行评估。

在评估高技术产业所具有的科技创新能力的时候，我们应该从三个方面进行评价：一个是科技活动的投入，一个是科技成果的产出，还有科技成果能够获得的经济效益，具体情况如表 7-3 所示[①]。省域高技术产业科技创新能力评价指标体系当中既涉及了绝对量指标，也涉及了相对量指标，在测量创新水平比较高的高技术产业时必须依赖这两个指标。

表 7-3　我国省域高技术产业科技创新能力评价指标体系

一级指标	二级指标	指标权重	
		一级	二级
科技活动投入类 D_1	R&D 人员全时当量 / 人年 D_{11}	0.28	0.35
	R&D 经费内部支出 / 亿元 D_{12}		0.35
	R&D 经费投入强度 /% D_{13}		0.30
科技成果产出类 D_2	新产品开发项目数量 / 项 D_{21}	0.34	0.38
	平均每个企业新产品开发项目数量 / 项 D_{22}		0.16
	有效发明专利数量 / 件 D_{23}		0.32
	平均每个企业有效发明专利数量 / 件 D_{24}		0.14
科技成果效益类 D_3	新产品销售收入 / 亿元 D_{31}	0.38	0.70
	新产品销售收入占主营业务收入的比重 /% D_{32}		0.30

[①] 王鸣涛.科技创新能力与知识产权实力评价研究 [M].北京：科学技术文献出版社，2018：22.

2. 省域高技术产业科技创新能力评价指标释义

以下省域高技术产业科技创新能力指标均按照同一年为单位进行统计。

（1）科技活动投入类指标（D_1）。科技活动投入类指标是用来评价一个省份高技术产业开展科技活动所投入的人力和财力程度，这是科技创新的基础，可用以下三个指标来表征。

①R&D人员全时当量（D_{11}）。概括地讲，R&D人员全时当量指的是省内工业企业一年内的R&D人员全时当量。它具体指的是每年从事R&D活动的总时间占所有工作时间九成比例以上的R&D全时人员和非全时人员的工作量总和。

②R&D经费内部支出（D_{12}）。所谓的R&D经费内部支出代表的是一个省份在一年之内投资在R&D方面的经费数额，也就是一个省份进行R&D活动所花费的实际支出数。经费不仅包括直接活动消耗的金额，也包括间接活动消耗的金额，比如说管理和服务费、R&D活动开展需要的基础设施建设费用等。

③R&D经费投入强度（D_{13}）。R&D经费内部支出是指一个省份高技术产业当年的R&D经费支出金额占主营业务收入的比重，该指标从相对率的角度测度R&D经费的投入力度。

（2）科技成果产出类指标（D_2）。科技成果产出类指标用于反映一个省份高技术产业的科技活动的产出成果，可用以下四个指标来表征。

①新产品开发项目数量（D_{21}）。该数量指的是省内一年当中高技术产业新开发出来的所有项目的总和。

②平均每个企业新产品开发项目数量（D_{22}）。该数量指的是省内所有高技术产业一年之内开发的所有产品除以所有的产业群数量得到的数值。该指标从相对量的角度来测度新产品的开发情况。

③有效发明专利数量（D_{23}）。有效发明专利数量指的是省内的高技术产

业当中的企业在一年内获得的国内外所有知识产权行政部门认可的，并且专利处于有效期内的专利数量。

④平均每个企业有效发明专利数量（D_{24}）。平均每个企业有效发明专利数量是指一个省份高技术产业中每个企业拥有的有效发明专利数量，该指标从相对量的角度来测度发明专利情况。

（3）科技成果效益类指标（D_3）。科技成果效益类指标是用来评价一个省份高技术产业开展科技活动所带来的经济效益，可用以下两个指标来表征。

①新产品销售收入（D_{31}）。新产品销售收入指的是省内高技术产业在一年内通过新产品的生产和销售而收获的所有收入，可以根据新产品销售收入情况观察省内的科技创新能力水平。

②新产品销售收入占主营业务收入的比重（D_{32}）。该比重指的是省内高技术产业一年之内获得的所有新产品销售收入在所有高技术产业收入当中所占的比重，这个比重反映了新产品销售对整个高技术产业收入所做的贡献比例。

3. 省域高技术产业科技创新能力评价指标权重确定

省域工业企业科技创新能力评价指标既包括一级指标，也包括二级指标，指标所占的权重可以参考表 7-3。确定指标所占的权重使用的方法是层次分析方法，然后需要进一步利用德尔菲法进行矩阵的判断。

（四）省辖市科技创新能力评价指标体系

1. 省辖市科技创新能力评价指标体系构建

评价省辖市的科技创新能力同样应该从科技创新能力工作的全过程出发，包括科技活动的投入、科技成果的产出、科技成果带来的经济效益三个方面，具体如表 7-4 所示[1]。

---

[1] 王鸣涛. 科技创新能力与知识产权实力评价研究 [M]. 北京：科学技术文献出版社，2018：25.

表 7-4　我国省辖市科技创新能力评价指标体系

一级指标	二级指标	指标权重	
		一级	二级
科技人员投入 Q_1	科技活动人员数量/人 Q_{11}	0.13	0.32
	每万人从业人员中科技活动人员数/人 Q_{12}		0.21
	R&D 人员全时当量/人年 Q_{13}		0.47
科技经费投入 Q_2	R&D 经费支出金额/亿元 Q_{21}	0.13	0.45
	R&D 人员人均经费支出金额/万元 Q_{22}		0.32
	R&D 经费投入强度/% Q_{23}		0.23
科技成果产出 Q_3	R&D 项目数量/项 Q_{31}	0.32	0.23
	有效发明专利数量/件 Q_{32}		0.41
	科技论文发表数量/篇 Q_{33}		0.13
	科技著作出版数量/种 Q_{34}		0.23
科技成果效益 Q_4	技术市场成交额/亿元 Q_{41}	0.42	0.75
	专利所有权转让及许可收入/万元 Q_{42}		0.25

2. 省辖市科技创新能力评价指标释义

以下省辖市科技创新能力评价指标均按照同一年为单位进行统计。

（1）科技人员投入类指标（Q_1）。科技人员投入类指标指的是衡量一个城市在科技活动方面投入的人力程度，通常使用以下三个指标。

①科技活动人员数量（Q_{11}）。该指标指的是和科技活动有关的从事者、管理者、服务提供者的总数值。

②每万人从业人员中科技活动人员数（Q_{12}）。该指标在评价科技人员实力时是从人均角度出发的。

③R&D 人员全时当量（Q_{13}）。概括地讲，这指的是一个城市工业企业一年内的 R&D 人员全时当量。它具体指的是每年从事 R&D 活动的总时间占所有工作时间九成比例以上的 R&D 全时人员和非全时人员的工作量总和。

（2）科技经费投入指标（Q_2）。科技经费投入类指标指的是衡量一个城市在科技活动方面投入的经费程度，通常使用以下三个指标。

①R&D 经费支出金额（Q_{21}）。也就是指一个城市进行 R&D 活动所花费

的实际支出数，经费不仅包括直接活动消耗的金额，也包括间接活动消耗的金额，比如管理和服务费、R&D 活动开展需要的基础设施建设费用等。

②R&D 人员人均经费支出金额（Q_{22}）。指的是在衡量 R&D 经费实力时，从人均金额的角度出发进行的衡量。

③R&D 经费投入强度（Q_{23}）。**R&D 经费投入强度是指**一个城市的 R&D 经费支出金额占当年本市第三产业 GDP 的比重。

（3）科技成果产出指标（Q_3）。科技成果产出指标指的是**衡量一个城市在**科技活动方面获得的成果达到了何种程度。通常使用以下四个指标。

①R&D 项目数量（Q_{31}）。R&D 项目数量指的是本市在本年内已经成功立项的项目，以及之前年份当中没有完成且需要继续进行研究的项目，这些项目当中包括研究失败的项目，但是委托外部单位进行研究的项目不包括在内。

②有效发明专利数量（Q_{32}）。有效发明专利数量是指截至调查年份，一个城市拥有的有效发明专利总量。

③科技论文发表数量（Q_{33}）。科技论文发表数量指的是这个城市所有的科技研究学者发表的论文总数。科技论文指的是发表在学术期刊当中，可以被其他学者进行重复实验、重复验证的研究成果，科技论文是值得整个科技学界去关注、去引用的。

④科技著作出版数量（Q_{34}）。科技著作出版数量指的是这个城市所有的科技研究学者在本年度内出版的所有的著作总数。科技著作必须是由正式出版部门出版的，内容必须是和科学技术理论有关的，著作可以是专著，也可以是高校使用的教科书，但是必须是学者著作的，翻译他人的作品形成的只能算是翻译本，不能称之为著作。著作数量的统计者是著作者的所在单位。

（4）科技成果效益指标（Q_4）。科技成果效益指标指的是衡量一个城市在科技活动方面产生的经济效益达到了何种程度，通常使用以下两个指标。

①技术市场成交额（Q_{41}）。它指的是一个城市一年之内因为科技成果在实际当中的应用而获得的技术合同成交金额。

②专利所有权转让及许可收入（Q_{42}）。能够申请成为专利的都是相对重要的成果，所以需要专门设置衡量专利所有权转让及许可收入的指标。

3. 省辖市科技创新能力评价指标权重确定

省辖市工业企业科技创新能力评价指标既包括一级指标，也包括二级指标，指标所占的权重可以参考表7-4所示。确定指标所占的权重使用的方法是层次分析方法，然后需要进一步利用德尔菲法进行矩阵的判断。

第二节　税收政策对科技创新研究的影响

一、税收政策促进科技创新的理论依据

（一）理性人假设理论

在西方经济学活动中，人普遍被认为是理性的，作为经济人，都是理性主义者，在通常情况下，都会在衡量自身最大利益的情况下做出投资决策。所以，随着科技创新的发展，作为理性投资者的经济人在决策时必然会将自身的利益最大化，瞄准最能赚钱的行业进行投资。

科技创新活动需要承担较高的风险，而且需要投入较多的资金，但是它的收益却不是十分确定的，所以，投资者更愿意将资金投入高收益、低风险的行业，这直接影响了企业进行科技创新活动的积极性。因此，政府需要从政策的角度鼓励投资者投资科技创新领域，让创新产业可以获得更多的资金支持。政府的政策除了税收优惠之外，还应该从投资回报率的角度入手，为投资者提供更高的回报率，最终刺激其资金投入科技研发活动中。

（二）外部性理论

外部性指的是社会经济活动当中的主体之间产生了外部影响，而且这种影响无法在市场当中进行买卖。即经济主体不需要通过市场支付相应的报酬，就可能因为外部经济而增加收益，此时边际私人成本小于边际社会成本。或者经济主体不能通过市场补偿其因外部经济而减少的收益，此时边际私人成本大于边际社会成本。

企业研发活动的正外部性主要表现为研发成果和所得受益是由所在行业的所有企业均摊的，并不能由研发的主要投入企业来独享。企业得到的创新收益与投入的创新成本不成正比，在没有政府政策干预的情况下，企业自然缺乏创新意愿。在竞争激烈的今天，企业越来越重视创新，不断形成自己的竞争力以免被淘汰。但是，我国目前知识产权保护体系还有待完善，这个时候政府必须发挥自己的政策引导作用，为企业提供财政优惠政策，鼓励企业更加积极地开展科技创新活动。

（三）公共产品理论

社会经济学理论指出，可以把社会当中的产品分成两类：一类是私人产品，一类是公共产品。公共产品指的是产品并不会因为一个人的消费而影响到其他人的消费。总的来说，公共产品体现出的特点有三个：效用不可分割、消费没有竞争性、受益也不相互排斥。正是因为公共产品的这三个特点，消费者产生了使用公共产品的侥幸心理，所以一般都是由政府或者社团提供公共产品。

科学技术具有公共产品的一些特征，但是在收益上具有可排他性，属于混合产品，不属于纯粹的公共产品。科学技术具有消费的非竞争性，并不会因为消费者的增多而导致其他消费者对产品的消费权益受到影响。技术主要有三个要素：劳动工具、劳动技能以及劳动对象。劳动技能需要依赖于劳动工具和对象才能发挥作用，对于技术来讲，劳动工具和对象的效用具有可分割性，但是技术的核心内容、劳动技能的效用是不可分割的，因此技术的效用具有不可分割性。科学技术的这些特征就决定了科技产品不能只由企业提供，还需要政府的政策保障，保护科技创新企业对创新成果的受益，同时补偿其科技创新活动的成本。

二、税收政策促进科技创新的作用表现

（一）税收政策可以降低企业科技创新的资金压力

在市场经济中的企业都是以营利为目的的，在一定的投资风险水平下，企业投入创新活动的首要动力就是获得高额投资收益。而科技创新活动具有高风险性，收益具有不确定性，所以，企业并不会积极、主动地将资金大量地投入到研发活动当中。所以政府需要使用宏观的政策调控手段——税收优惠政策，去引导企业做出决策改变。具体来讲，体现在以下方面。

第一，国家可以对参与创新投资的企业设置一定的销售优惠政策，以此来鼓励企业在创新当中投入更多的资金，增加科技创新的资金来源。

第二，实施针对科技创新过程的税收优惠政策，利用加计扣除、加速折旧等税收手段，降低企业税负，从而降低企业科技创新活动的投入成本，减轻创新过程中的资金压力。

第三，通过对符合条件的创新投资收益采取减税、免税措施，增加投资收益，以此来鼓励企业创新投入，以及对科技创新成果转化收益采取减免税措施，增加研发成果收益，进一步促进科技创新。

我国的科技型企业与国外的相比，一方面，整体规模相对较小，拥有的知识、专利权、研发技术等无形资产相对较少，市场价值难以评估，且有很大的不确定性，对于银行来说贷款风险较大，所以科技型企业与那些传统的

风险较低、收益稳定的大型企业相比，更难从银行获得贷款资金；另一方面，科技型企业对技术创新能力要求高，前期研发投入的资金规模大，研发项目周期较长，且时间跨度长，短期内很难为企业获得利润，预期收益率也难以确定，从而增加了融资难度。政府可以对科技创新活动的前端实施各项税收优惠政策，提升风险投资企业及银行等金融机构的投资意愿，从资金来源方面缓解公司的资本压力，同时也对企业研发活动的正外部性进行补偿。

（二）税收政策可以降低企业科技创新的风险

科技创新项目需要的高投入以及承担的高风险都使得企业在投入人力资源、物力资源、财力资源的时候有所顾忌，而税收政策可以通过企业风险资金的筹集以及企业是否决定生产来影响企业的风险投资。

国家的税收政策是通过公司的投资效益来影响公司的风险投资意愿的，进而影响公司的资产组合。如果有政策对风险投资进行充分补偿，就意味着政府帮企业分担了一部分的风险，即使投资失败，企业也不再是创新投资风险的唯一承担者，企业的损失也会减轻，那么企业就会更愿意把资金投入到风险资本。当没有政策对企业的风险投资进行补偿时，会很大程度削弱企业投资的意愿，甚至会导致企业的投资意愿消失。从上面的分析可知，政府的损失补偿制度能够调节和刺激企业的风险投资意愿，税收政策可以在一定程度上影响企业的风险投入资本，税收激励力度的大小影响着纳税人风险投资的选择。

（三）税收政策可以影响企业人力资本的配置

科技创新的发展需要人力资本的支持和推动，但是科技创新活动具有的正外部性效应会对企业从创新当中获得的收益产生一定的影响，进而影响企业开展科技创新活动的积极性，抑制企业增加人力资本的投入。税收是政府可以使用的宏观调控工具，税收政策会影响企业在科技创新当中的人力资源投入，我国教育发展资金主要来源于税收收入，税收收入的多少和规模会直接影响我国教育发展能够获得的经费金额，间接影响着对未来科技人才的培养；从微观层面来看，税收政策可以通过影响企业、个人的成本和收益，进而影响企业对人力资本的需求和个人人力资本的供给决策。

（1）税收政策影响个人人力资本的供给。传统效用函数当中，闲暇时间和个人可支配收入会直接影响效用的大小，个人在进行投资时会追求效益的最大化，目前实行的累进个人所得税制会导致个人的闲暇成本降低，这在一定程度上导致劳动供给受到了抑制。因此，如果政府需要促使个人人力资本投入到科技创新活动中去时，就有必要实施一些个人所得税税收优惠政策来增加个人投入人力资本的收益，引导人力资本在科技创新领域积累。

（2）人力资源的需求受税收政策的影响。税收对企业人力资源需求的影响主要体现在两个方面：一个是对人力资本投资能力有影响，另一个是会导致企业人力资本投资正外部性有所降低。企业人力资本投资正外部性通过税收激励政策消除或者减少，在一定程度上可以弥补企业人力资本由于科技创新所形成的个人利益小于社会收益损失，由此使得人力资本的投入收益增加，从而达成激励企业进行人力资本支出增加的目的。企业生产经营活动中，企业在人力资本的投入主要用在职业培训费用当中，当政府推行税收激励政策时，通过增加相关职工培训费用扣除标准，让企业人力资本投入成本降低，从而激发企业投资人力资本的积极性。

三、我国促进科技创新的主要税收政策

自从实行改革开放政策以来，我国始终强调要提高我国的科技创新水平，并且在鼓励企业开展创新活动方面做出了很多政策规定，为企业提供了政策优惠、政策支持。我国在税收方面实现的鼓励政策比较复杂，而且涵盖很多税种，有多种优惠形式，可以梳理归为以下类型。

（一）流转税政策

（1）如果软件产业或者动漫产业增值税实际税负大于3%，那么开始实行即征即退政策。

（2）对部分符合条件的企业免征增值税，比如，科技企业孵化器、大学科技园以及其他符合免征增值税要求的企业。对于企业来讲，免收的增值税主要有房产税和城镇的土地使用税。

（3）对科技成果转化和应用环节进行税收激励。主要涉及技术转让、技术咨询、技术开发、技术服务四个方面。

（4）对进口环节实施免税。免征进口环节关税和增值税主要包括用于研究进口产品、设备和技术科学教育支撑国家企业生产重大技术设备所需的关键零件及原材料，以及动漫产业自主研发所需的进口商品等。

（二）所得税政策

第一，低税率税收优惠政策。这一政策主要针对高科技企业、技术先进服务企业以及优惠期结束之后的集成电路生产企业，这些企业的税收可以达到15%的低税率。

第二，加计扣除。企业为了开发新的技术、生产新的产品所使用的研发费用，如果没有形成无形资产，没有计入当期损益，那么可以按照开发费用的50%进行加计扣除；如果形成了无形资产，那么可以按照无形资产成本的150%实行摊销。我国在2017—2019年实行的政策是：如果企业符合科技型中小企业的要求，那么可以按照75%的比例进行加计扣除。后来，国务院常务会召开会议认为，这一政策应该推广应用于所有的企业，最终提议通过。

第三，税收减免。税收减免主要包括免税和减税。首先，免税和减半征税。如果企业是新办的软件企业，那么享受的优惠政策是所得税两免三减半；线宽数值小于0.8微米的、进行集成电路封装的、进行集成电路测试的以及集成电路专用设备生产的，这几种企业在所得税方面也是两免三减半；企业在实行技术转让时，如果获得的数额在500万以内，那么不征收所得税，如果超过了，那么施行减半征收所得税的政策；如果集成电路生产企业生产的线宽小于0.25微米，或者它的投资额超过了80亿，那么可以实行五免五减半的所得税政策。其次，税前扣除。如果创投企业对中小型的高新技术企业进行投资，或者对创业时间没有达到两年的科技型企业进行投资，那么它应该缴纳的所得税可以减免投资额的70%，如果当年的所得税没有达到70%，可以在下一年继续减免；2018年开始到2020年结束，比期间如果企业购买研发活动需要的设备价值在500万以内，那么可以直接扣除应该缴纳的所得税；集成电路企业或者软件企业对员工进行培训需要的培训费可以税前扣除。

第四，加速折旧。对于集成电路生产企业来讲，它可以缩短设备的折旧年限，但是最短不可以少于三年。我国六大行业的固定资产折旧年限在缩短时不可以超过所得税法当中规定的年限的60%。除此之外，也可以使用双倍余额递减的方法。这一政策规定，企业如果购买用于研发活动需要的设备价值超过100万，那么可以在不超过所得税法当中规定的折旧年限到60%的情况下缩短设备的折旧年限，也可以使用双倍余额递减的方法进行加速折旧。需要注意的是，在2018年开始到2020年结束期间用于研发活动的设备购买金额不是100万，而是500万。

第五，个人所得税。科技人员获得的国家级奖金、省部级奖金、国际组织奖金不征收个人所得税；个人收到的来自学校或者科研机构给予的科技成果股权奖励也免征个人所得税；个人受到的高新技术企业颁发的股权奖励，可以实行分期缴纳个人所得税的政策；除此之外，中小型的高新技术企业当中个人股东也可以实行分期缴纳个人所得税的政策；如果科技人员在2018年7月1日之后收到职务科技成果转化收入当中的现金奖励，那么奖励减免50%之后计入科技人员的个人工资，然后进行个人所得税的缴纳。

四、国外促进科技创新的税收政策借鉴

（一）国外促进科技创新的税收政策

1. 美国促进科技创新的税收政策

（1）针对基础研究的税收优惠政策。美国非常重视发展基础研究，颁布的许多税收政策都是向基础研究倾斜的。在美国的税收政策中，大学及科研机构等非营利性科研组织享受到的税收优惠是极大的，他们往往可以享受到减税优惠甚至是免税的待遇。企业如果将一些基本的试验或研究工作委托给科研机构、高校等，其支付费用的 65%便可享受在税前扣除的待遇；当年未能全部扣除的结余部分，抵免额向前追溯 3 年，向后结转 5 年；企业可以在税前扣除用于资助科研机构及高校等的研究开发费用。

（2）针对风险投资的税收优惠政策。美国当局曾经连续几次降低所得税税率，以降低企业的投资风险、激励企业资本向研发投入转移。仅在 20 世纪 80 年代的十年中，研究投资开发税的税率就从 49%降为 25%。企业用于研发创新产品的支出在计算缴纳企业所得税时有 20%的抵免限额。并且，如果当年研究开发费用超过前三年的平均值时，超出的那部分研发费用的抵免限额可以提高到 25%，如果有抵免结余，可以向前追溯 3 年，向后结转年限长达 5 年。

（3）对研发设备的税收优惠政策。允许企业在购置研发设备后的前几年里按其购入价格以较高的比例计提折旧，对于符合政策规定的特殊的机器设备，则可以在第一年以 100%的比例一次性全部提取折旧。美国还规定创新产业用于研发的设备有 3 年的加速折旧期限。企业采购的正常法定使用年限超过 5 年的研发设备，在计算缴纳企业所得税时税前扣除比例为其采购价的 10%；法定使用年限仅为 3 年的设备，税前扣除比例则为采购价的 6%。

（4）激励科技人才的税收优惠政策。美国规定从事本专业的科研人员可

以享受免征个人所得税的待遇，从事科技研发活动的人员按照 20% 的退税比例减少个人所得税。

（5）针对小企业的税收优惠政策。美国相继出台了"SBIR（小企业创新研究计划）"和"SDTP（小企业技术转移计划）"等政策，重点扶持小企业技术创新，该项计划惠及小企业从研发环节到商业市场化阶段的整个过程，从源头和环境上给小企业技术创新提供税收政策支持，旨在带动小企业与大中型企业的协调发展，促使社会经济整体进步。

2. 英国促进科技创新的税收政策

技术创新导向、创意产业导向和新经济导向是英国激励创新所得税优惠政策的三个导向。在技术创新导向方面采用普惠性的所得税优惠政策，而且优惠政策面向所有企业，如果是中小型企业那么还可以享受税收抵免政策，比如，英国非常支持中小型企业的发展，设置的税收优惠力度比大型企业要大得多。中小型企业享受的研发支出扣除比例是 230%，但是大型企业销售的扣除比例只有 130%。例如，自 2013 年起，英国引入"专利盒子"（The Patent Box）制度，该政策大力支持企业在英国境内发展专利技术与产品，创造高价值工作岗位，规定企业可以按照 10% 的税率缴纳因拥有专利权获得的相关利润所得税。

英国还实行创意产业税收减免计划，这一计划针对的主体是电影行业、动漫行业、视频游戏行业、高端电视行业和影院行业。根据计划显示，只要是通过了文化测试的创意产品就能够享受低税率政策和免扣除税等一系列税收优惠政策。

在新经济发展方面，自主创业者的水电和房租可以使用按揭利息，自主创业者使用的网络通信费可以直接税前扣除，与此同时，如果企业对电子商务中小企业以及新信息技术中小企业进行投资，那么可以享受 100% 税前扣除优惠政策。

3. 日本促进科技创新的税收政策

日本各类企业可从当年应纳税所得额中抵免基础研究方面的费用支出，具体的抵免比例需要视企业的规模而定。如果是大型企业，那么可以抵免研发支出总额的 8%~10%；如果是中小型企业，抵免最高可以达到研发支出总额的 12%。除此之外，企业如果加大研发费用的投入或者是企业当年的研发费用比企业的平均销售收入多 10%，那么企业可以在之前抵免的基础上再额外抵免研发用品的采购资金。此外，为促进中小企业的技术创新，日本政府还制定了一套专门针对中小企业的研发补助金制度，补助金额高达 50%。在企业费用扣除方面，员工培训费可以全部税前扣除。此外，日本税收政策还允许发生亏损或无法上缴所得税的创新企业往前和往后分别延长 5 年的优惠期。

对于购进研发设备方面，国家重点项目引进的先进设备根据政策规定可以在第一年按 50% 的折旧率计提折旧。高新技术企业购置的用于研发的固定资产，资产总额超过十亿日元的，允许按其引进价格的 55% 在第一年计提折旧。

此外，日本还颁布了《促进基础技术开发税制》《增加试验研究费的纳税减征法案》等一系列的法律，规定新材料、高性能机器人和太空技术等一些高端科技创新项目可以享受 7% 或 10% 的免征额度的税收优惠。

在激励创新人才方面，日本也制定了很多针对科研人员的税收优惠政策，减少了科技人员个人所得税的缴纳金额。例如，科技人员如果向国外进行技术输出或者转让工业产权或者申请专利，那么这些方面的收入的 7% 可以弥补亏损；如果提供的是咨询服务，那么收入的 12% 可以弥补亏损。

4. 印度促进科技创新的税收政策

作为发展中国家的印度，综合衡量自身的情况，税收优惠政策比较侧重于那些适合自己国家环境、切实为国家带来利益的行业。软件技术开发行业是印度最具代表性的产业，享受了极大的税收优惠力度。政府规定：免征软件企业的生产经营用房房产税；软件行业适用较低税率的印花税；软件行业相关的附属设备免征或减征入市税。

在进出口环节软件企业也享受了较大力度的税收优惠：在进口环节，进口的软件设备免征关税，并且享受加速折旧的企业所得税税收优惠；在外销环节，为了鼓励产品出口，印度政府规定企业可以自行从几种关税的缴纳方式中根据自身情况选择缴纳，而且如果软件企业将生产出来的全部软件产品都用于外销，就可以享受到免交企业所得税的超优惠待遇。

印度还设立了一些高科技园区来促进创新产业的发展。根据政策规定，只要企业的注册地是在高科技园区，无论是何种类型的企业、行业，不管其资本来源，都可以享受 10 年免缴企业所得税的优惠政策。在高科技园区内的软件开发行业还可以享受特定的税收优惠政策，如采购的研发设备免税且可以加速折旧。

在提高企业研发投入以及激励研发成果转化方面，印度也相应制定了有针对性的税收政策。在鼓励研发投入方面，被认证为 R&D 机构的企业，在认证后的 5 年之内可以享受所得税的减税政策，且对其进口的研发设备（包括一些附属装置）免征关税；在激励人力资源投入方面，在非营利机构带领团队研究国家专项计划的科技人才可以享受加量减免的个人所得税优惠政策；在资金投入方面，为了保障企业研发活动所需的现金流，允许企业建立技术研发基金，对从事风险投资的资本利得给予免税优惠，企业引进新技术，可按引进金额的 5% 征收研发税；在促进研发成果转化上，政府规定允许企业税前扣除研发项目相关的购进技术成果支付的费用，以此降低技术研发成本，促进科技成果转化。

（二）国外税收政策对我国的启示

第一，重视企业科技创新全过程的激励。美、英和日三国针对企业科技创新不同阶段的特征，在初始投资、研发环节、成果转化环节等都制定了相应的税收优惠政策。税收抵免、投资免抵和加速折旧等多种税收政策在美国、英国、日本及印度得到了广泛应用，这几种税收政策在促进企业科技创新过程中起着关键作用，贯穿于企业的各个阶段。通过这种激励政策可以有效地吸引投资，减少企业的投入成本，促进企业的大胆创新，并且对企业实现产业化目标具有促进作用，能够让创新成果迅速投入市场，由此缩短收益周期。

在不同的企业发展阶段，所采取的税收优惠政策也不尽相同。通过灵活的税收政策体系能够及时有效地解决企业在科技创新过程中的资金压力问题，并且能够形成与完善科技创新相关的税收政策体系，避免片面性的税收政策。

第二，加大对科技人才的税收激励。我国在未来制定税收政策时应考虑到人才对于科技创新的重要性，增加针对科技人才的税收激励政策，通过税收的减免激发人才主动积极地进行研发活动。在科研人员的个人所得税方面，降低科研人员专利收入应该缴纳的所得税税率，以及个体创新活动获得收入应该缴纳的个人所得税税率，或者增加扣除项，通过降低个人从事创新活动收益的个人所得税来鼓励个体开展科技创新。就企业所得税而言，根据我国现行税收政策规定，允许扣除的企业职工教育经费比例为应纳税所得额的8%。科技创新型企业属于技术密集型企业，知识、技术更新快，需要持续投入职工教育费用，8%的扣除比例过低，导致企业建设创新型人才队伍的需要无法满足，所以应该提高扣除比例，甚至允许企业职工教育经费全部扣除，为企业培养创新型人才降低成本。

第三，为企业风险投资保驾护航。企业科技创新具有高风险性，这一特点也是制约其发展的主要因素。风险投资是企业创新活动重要的资金来源，可以为科技创新活动提供持续的动力源。美国可以说是风险投资领域的领先者，早在 20 世纪 80 年代就采取了大规模的减税措施，十年中的企业所得税税率一共降低了 29%，风险投资金额随之以平均每年 46% 的比例大幅度上升，这一举措有效促进了创新型企业的发展。印度为了刺激风险投资增长，采取了对风险投资资本利得长期免税的税收政策为风险投资保驾护航。政府帮助创新型企业分担负担，解决企业的后顾之忧，对风险投资企业和投资者几乎都是完全免税，这就为企业科技创新活动提供了良好的资金保障。

为了促进科技创新，目前大部分国家都建立了比较完备的准备金体系，允许进行科技创新活动的企业在税前按一定的比例提取特定用途的准备金，比如亏损准备金、技术开发准备金、风险准备金以及新产品试制准备金等。这样一来，能够很大程度上减轻企业的后顾之忧，因为即使企业研发失败，也不会损失过大。与之相比，我国缺少准备金相关的政策法规，风险投资得不到保障，企业创新投资风险较大。我们有必要借鉴其他国家设立风险准备金体系的做法，结合我国特点逐步构建符合我国国情的准备金体系。

第四，发挥间接优惠税收政策的优势。间接激励方式是大多数国家都采取的主要方式，相对于间接优惠方式，直接税收激励是对获利企业的奖励，是一种事后激励手段，无法在企业创新活动各个阶段发挥作用，难以为企业创新提供持续的动力。间接的税收优惠方式具有事前优惠、针对性强、实施灵活、方式多样等突出的特点，能够直接激励企业特定行为，贯穿企业技术创新起始阶段和研究开发的各个环节，将税收激励的时点提前到获利环节之前。间接的税收优惠可以降低企业的开发成本，降低各个创新阶段和环节存在的潜在风险及不确定性，保障企业收益，大大提高税收优惠政策的实效。我国应当总结并借鉴各国成功经验，逐步完善我国促进科技创新的税收政策体系，尽快同国际接轨，寻求新的发展动力。

五、我国促进科技创新税收政策的优化策略

在世界大变局与新的时代背景下，科技创新不应当仅仅作为促进经济增长与提高人民生活水平的手段，而应当将其本身就作为一种必须要实现的重要目标、与经济增长的地位同等重要的目标、国家和民族的根本性战略目标。促进科技创新在我国具有新的时代内涵，并因此迫切要求通过税收政策促进、加快科技创新。

（一）优化流转税与所得税优惠并重的税收政策体系

1.加强增值税的税收激励政策

第一，增加增值税税收优惠。我国的所得税优惠政策基本上只对获利企业有效，三免三减半的优惠政策难以使初创期企业和连续亏损企业等短期内很难获利的企业享受到优惠。而增值税优惠政策作为一种间接优惠税种可以惠及企业经营的各个阶段，能够减轻企业在创新过程中的资金压力，对初创期和亏损企业能够达到较好的扶持效果。

第二，确立较广泛的增值税可抵扣范围。企业科技创新活动往往周期长、过程复杂、资金循环时间长，且需要投入大量人力资源和无形资产，将这些研发相关的费用全部纳入增值税抵扣范围，能够减轻企业税收负担，间接降低企业的科技创新成本。

第三，对于科技创新成果转化环节设定较低的增值税税率。可以借鉴软件、动漫行业的增值税优惠政策，对科技创新型企业实行增值税税负超3%部分实行即征即退的政策。

2.完善企业所得税的税收激励政策

第一，适当拓宽适用低税率的行业领域，放宽高新技术企业的认定条件。将当前规定的高新技术企业由电子信息、生物与新医药等8个行业放宽到更

多创新领域，同时将"双软"企业认定标准由仅限软件和集成电路产业适度扩大。

第二，适度延长科技型企业的减免税期间和亏损结转年限，或者重新规定享受三免三减半政策的起始时间，将从盈利年度起改为获利年度起，并针对初创期企业设定更长的经营亏损结转年限。

第三，允许企业提取科技创新活动相关风险准备金或研发准备金等，分担企业创新风险，降低企业科技研发风险。

应使税收优惠政策能够贯穿企业创新起始阶段和研究开发的各个环节，以降低企业科技创新活动各个阶段的资金压力，保障企业正常运转，大大提高税收优惠政策的实效。

（二）实施科技创新投资的前端税收激励政策

世界科技强国普遍运用税收政策手段对风险投资予以激励，科技创新具有高投入、高风险性，创新型企业尤其是中小企业难以从传统金融机构获得资金，所以我国应该实施促进资本向企业创新行为聚集的税收优惠政策。

第一，对创投企业、金融机构的税收优惠政策进行完善。对创投企业注册地点以及投资对象政策取消限制，让税收优惠政策能够运用到所有地区的创投企业中；创投企业的投资对象得到扩展，由中小高新技术企业扩展为科技型企业和技术先进型企业；对创投企业提供的资金以及非货币性资产投资应纳税所得额抵扣条件进行放宽；对小微企业的贷款利息收入设置优惠税收。

第二，扩大对投资主体的税收激励范围，纳入新兴投资企业及个人。将互联网众筹等企业纳入优惠范围，而不仅限于创业投资企业。制定相应税收优惠政策，将对法人投资者实行的税收抵免优惠扩大到个人投资者的个人所得税优惠。

第三，增加对创新企业长期股权投资的税收优惠政策。科技创新往往周期较长，投资的利润回报期也相应较长。为了吸引更多资金投入科技创新活动，政府应针对投资创新企业的长期股权投资的投资收益和转让收益设定税收优惠政策。

（三）提高促进科技创新税收政策的普惠性

第一，适当放宽研发费用加计扣除、低税率等政策的限制条件，应该取消加计扣除和低税率税收优惠政策适应的行业或领域限制，以生产工艺和产品本身是否符合政策为标准，将按企业对象给予优惠的方式改为按照研发项目给予税收优惠的方式，维护税收公平原则，激发全社会创新热情。

第二，大幅增加对企业创新风险的补偿力度，逐步完善针对科技创新各个环节的税收激励政策，消除某些创新过程中政策缺位的现象，激发全社会开展创新活动的积极性。比如，在科技创新活动研发初始阶段到成果转化阶段，允许企业按照投资额或销售额的一定比例计提研发准备金，并在税前扣除，以此降低企业创新风险，构建政府与创新企业共担风险、共享利润的政策体系。

（四）重视对我国科技创新人才的税收激励

要构建"大众创业，万众创新"的创新型社会，需要重视对个人的创新激励，为了推动科技发展，世界科技发达国家都普遍制定了针对科技创新人才的税收激励政策。我国也需要借鉴国外经验，同时结合国情，不断完善针对我国科技创新人才的税收激励政策。

第一，针对科技创新人员取得的创新成果、服务等收入，允许以一定比例减征个人所得税。免征科技人员参与重大创新项目、比赛等取得的奖金、补贴，以及科技人员技术入股、以奖励形式得到的股权分红的个人所得税；对个人转让专利使用权、所有权实行免税政策，以此来激励科研人员积极投身科技创新实践。

第二，对外籍科技人员、留学归国科技人员实行特殊减免税政策并配合其他人才引进政策，以此来吸引多元化的科技创新人才，为科技发展注入新的创新力量。

（五）建立健全促进科技创新税收法律体系

我国应加快促进科技创新发展的税收政策的立法进程，建立健全科学的税收优惠法律体系，让科技创新有法律做支柱。

第一，在税收立法上严格贯彻税收法定原则，保证税收优惠政策的严谨性，提高其权威性。政府应制定一套系统科学的促进科技创新发展的税收优惠政策体系，减少税收政策制定和企业操作及税务机关执行方面的盲目性和随意性。

第二，加强对企业科技创新的评价和管理，让税收优惠政策的实施更具公平性、有效性。提高税收政策的透明度，方便纳税人根据政策合理地安排自己的科技创新活动，充分利用税收政策降低企业创新风险，以获得更大的创新收益，充分发挥税收优惠政策对科技创新的激励作用。

我国目前的税收立法权过度集中在中央政府，地方政府没有立法权，不利于各地政府依据地方的情况进行宏观调节。因此，中央和地方的立法权应该进行一定的协调，让地方政府有一定的权力制定税收政策，进行中央和地方之间的权限划分有利于中央和地方更好地协调发展。同时，地方政府可以在中央立法的基础上结合地方特点制定适合本地科技创新发展的税收优惠政策。这种立法方式可以提高政府的行政效率，让科技创新产业得到进一步的发展。

结束语

我国政府面对世界的发展，结合当前的情况做出了高瞻远瞩的战略布局，那就是必须坚持创新，必须把创新当作是当前建设的核心。创新是我国未来自立自强发展的战略支撑，是时代发展的脉搏，也是当今的时代潮流，是我国经济高质量发展的动力。

本书基于经济高质量发展与科技创新相关理论，重点围绕科技创新载体发展、科技创新资源建设与开放共享、科技创新人才培养与团队建设、科技创新能力评价与税收政策等方面进行论述研究，以期帮助读者掌握我国经济发展脉络与科技创新的未来趋势，为我国经济的高质量发展提供有意义的借鉴和参考。

"十四五"时期，我国发展仍处于重要战略机遇期，构建"以国内大循环为主、国内国际双循环"的新发展格局是我国在新形势下的发展路径选择，是重塑我国国际竞争优势的重要抉择。科技创新是构建新发展格局的关键支撑，我们要紧抓数字经济发展新趋势，强化新一代信息技术与实体经济的深度融合；抢抓产业转型升级的新机遇，服务新业态新模式的构建，以应用带动核心技术的新发展；深化对外开放与国际合作，构建以我国为主的新一代信息技术国际技术体系，共建合作共赢的发展模式，推动形成双循环相互促进的新发展格局。

参考文献

［1］巴曙松，白海峰，胡文韬.金融科技创新、企业全要素生产率与经济增长——基于新结构经济学视角［J］.财经问题研究，2020（1）：46-53.

［2］董美玲.高校青年科技创新人才培养策略研究［J］.科技进步与对策，2013，30（16）：138-141.

［3］付保宗，盛朝迅，徐建伟，等.加快建设实体经济、科技创新、现代金融、人力资源协同发展的产业体系研究［J］.宏观经济研究，2019（4）：41-52+97.

［4］高建昆，程恩富.建设现代化经济体系实现高质量发展［J］.学术研究，2018（12）：73-82.

［5］高培勇，杜创，刘霞辉，等.高质量发展背景下的现代化经济体系建设：一个逻辑框架［J］.经济研究，2019，54（4）：4-17.

［6］高晓清，常湘佑.基于科技术语共享性的科技创新人才培养［J］.湖南师范大学教育科学学报，2020，19（1）：111-117.

［7］高越.政府科技资源组合策略对企业创新绩效影响的实证检验［J］.统计与决策，2019，35（7）：181-184.

［8］郭庆宾，骆康.区域科技创新资源集聚能力的空间关联研究——以湖北省为例［J］.湖北社会科学，2019（5）：46-53.

［9］国家发展改革委经济研究所课题组.推动经济高质量发展研究［J］.宏观经济研究，2019（2）：5-17+91.

［10］韩飞，郭丽芳.企业科技创新团队冲突与绩效关系研究［J］.科技管理研究，2014，34（2）：70-74+92.

［11］洪银兴，安同良，孙宁华.创新经济学［M］.南京：江苏人民出版社，2017：50.

［12］华坚，胡金昕.中国区域科技创新与经济高质量发展耦合关系评价［J］.科技进步与对策，2019，36（8）：19-27.

［13］贾利军，陈恒烜.政府在推进军民融合和国家科技创新中的资源创造作用——以美国为例［J］.教学与研究，2019（5）：53-62.

［14］揭红兰.科技金融、科技创新对区域经济发展的传导路径与实证检验［J］.统计与决策，2020，36（1）：66-71.

［15］孔春梅，王文晶.科技创新团队的绩效评估体系构建［J］.科研管理，2016（S1）：6.

［16］黎林戈.新时代培养科技创新人才的路径［J］.天水行政学院学报，2019，20（5）：14-17.

［17］李家祥.中国特色社会主义政治经济学史的创新发展阶段研究［J］.内蒙古社会科学，2019，40（5）：111-118.

［18］李林汉，田卫民.金融深化、科技创新与绿色经济［J］.金融与经济，2020（3）：68-75.

［19］李珊.当代中国科技人才战略思想研究［M］.北京：中国商务出版社，2016：60-70.

［20］李文鹣，张洋，王涵，等.动态激励下科技资源平台与小微企业创新行为演化博弈分析［J］.工业工程与管理，2020，25（2）：92-100.

［21］李湛，张剑波.现代科技创新载体发展理论与实践［M］.上海：上海社

会科学院出版社，2019：191.

[22] 李中斌.科技创新人才的培养及其发展策略［J］.人口与经济,2011（5）：24-28.

[23] 林园春.推动我国经济高质量发展的保障措施研究［J］.科技创新，2019，19（1）：36-41.

[24] 林云.创新经济学：理论与案例［M］.杭州：浙江大学出版社，2019：30-170.

[25] 刘桂芝，崔子傲.国内外青少年科技创新人才培养模式比较与检视［J］.现代中小学教育，2019，35（8）：1-9.

[26] 刘颖.科技创新人才管理与开发［M］.北京：经济科学出版社，2018：180.

[27] 骆康，郭庆宾，虞婧婕.湖北科技创新资源集聚能力的空间溢出效应分析［J］.统计与决策，2019，35（24）：105-108.

[28] 马斌，李中斌.中国科技创新人才培养与发展的思考［J］.经济与管理，2011，25（10）：85-88.

[29] 宓红.建设现代产业体系当好经济高质量发展的模范生［J］.宁波经济（三江论坛），2020（12）：11-14.

[30] 秦军，陈实.高校科技创新团队建设策略研究［J］.科学与管理，2019，39（4）：69-72+95.

[31] 秦欣梅，刘红梅.高职院校青年教师培养研究——基于科技创新人才培养视角［J］.职教论坛，2015（5）：14-18.

[32] 阮少伟.协同创新理念下科技创新资源开放共享机制研究［J］.辽宁省交通高等专科学校学报，2020，22（3）：44-47.

[33] 史丹，李鹏.我国经济高质量发展测度与国际比较［J］.东南学术，2019（5）：169-180.

［34］苏永伟，陈池波.经济高质量发展评价指标体系构建与实证［J］.统计与决策，2019，35（24）：38-41.

［35］孙立明.我国科技创新的人才保障机制探究［D］.哈尔滨：哈尔滨师范大学，2020：37-44.

［36］万程成.我国科技创新与实体经济协同发展评价研究［J］.技术经济与管理研究，2020（11）：20-25.

［37］王海峰，刘宇航，罗长富，等.基于科技创新人才培养的科研院所研究生培养机制思考［J］.高等农业教育，2015（2）：111-115.

［38］王嘉蔚，卢赟凯，韦娴婧，等.浅谈高校科技创新团队的建设和管理［J］.科技管理研究，2015，35（10）：198-204+208.

［39］王鸣涛.科技创新能力与知识产权实力评价研究［M］.北京：科学技术文献出版社，2018：6-80.

［40］王蔷，丁延武，郭晓鸣.我国县域经济高质量发展的指标体系构建［J］.软科学，2021，35（1）：115-119+133.

［41］王晓慧.中国经济高质量发展研究［D］.长春：吉林大学，2019：28-52.

［42］王越，刘进，马丽娜，等.中国科技创新人才培养未来发展的关键议题［J］.教书育人（高教论坛），2020（3）：1.

［43］翁超然.科技创新投入对区域经济增长的影响关系研究［J］.生产力研究，2020（8）：75-78+87.

［44］吴琴，吴昕芸.高校科技创新团队管理探究［J］.实验室研究与探索，2015，34（10）：219-222.

［45］辛建生，岳宏志.基于经济高质量发展视角的我国现代化经济体系建设研究［J］.改革与战略，2020，36（1）：80-86.

［46］徐静.产业转型升级中科技创新人才培养模式研究［J］.科学管理研究，

2013，31（1）：101-104.

［47］杨绪超，王旭，李保东，等.高科技产品创新资源要素协同管理［J］.
计算机集成制造系统，2020，26（12）：3471-3484.

［48］杨哲.金融发展与科技创新的协同关系研究［D］.天津：天津财经大学，
2017：49-66.

［49］余泳泽，胡山.中国经济高质量发展的现实困境与基本路径：文献综述
［J］.宏观质量研究，2018，6（4）：1-17.

［50］袁晓玲，李彩娟，李朝鹏.中国经济高质量发展研究现状、困惑与展望
［J］.西安交通大学学报（社会科学版），2019，39（6）：30-38.

［51］张道根.中国经济制度创新的政治经济学分析［J］.学术月刊，2020，
52（3）：5-14.

［52］张贵红.科技创新资源服务平台建设的理论与实践研究［M］.苏州：苏
州大学出版社，2017：50-150.

［53］张浩，杨阳.高校科技创新团队建设的问题和对策研究［J］.科教导刊
（上旬刊），2018（34）：22-23.

［54］张慧.促进我国科技创新的税收政策研究［D］.长春：吉林财经大学，
2019：35-43.

［55］张丽伟，田应奎.经济高质量发展的多维评价指标体系构建［J］.中国
统计，2019（6）：7-9.

［56］张丽伟.中国经济高质量发展方略与制度建设［D］.北京：中共中央党
校，2019：25-42.

［57］张珮珮.科技创新人才培养模式与管理策略［J］.科技经济导刊，2019，
27（27）：147-148.

［58］张艺璇.民营企业科技创新人才培养与引进研究［J］.法制与社会，
2019（17）：166-167+176.

［59］朱之鑫，张燕生，马庆斌．中国经济由高速增长转向高质量发展研究
　　　　［M］．北京：中国经济出版社，2019：66.

［60］冀丰渊．京津冀协同发展规划纲要［A］．廊坊市应用经济学会．对接京
　　　　津——解题京津冀一体化与推动区域经济协同发展（对接京津与环首都
　　　　沿渤海第13次论坛［二］）论文集［C］．廊坊：廊坊市应用经济学会，
　　　　2016：5-14.

［61］国务院关于加快构建大众创业万众创新支撑平台的指导意见［J］．中华
　　　　人民共和国国务院公报，2015（29）：7-12.